高中生古代诗歌素读

张怡春／主编

吉林文史出版社

图书在版编目（CIP）数据

高中生古代诗歌素读 / 张怡春主编. — 长春：吉林文史出版社，2020.10
ISBN 978-7-5472-7235-0

Ⅰ. ①高… Ⅱ. ①张… Ⅲ. ①古典诗歌—中国—高中—教学参考资料 Ⅳ. ①G634.303

中国版本图书馆CIP数据核字（2020）第195743号

高中生古代诗歌素读
GAOZHONGSHENG GUDAI SHIGE SUDU

主　　编：张怡春
责任编辑：程　明
封面设计：言之凿
出版发行：吉林文史出版社有限责任公司
电　　话：0431-81629369
地　　址：长春市福祉大路5788号
邮　　编：130117
网　　址：www.jlws.com.cn
印　　刷：北京政采印刷服务有限公司
开　　本：170mm × 240mm　1/16
印　　张：15.75　　　　　　字　　数：284千字
印　　次：2022年6月第1版　2022年6月第1次印刷
书　　号：ISBN 978-7-5472-7235-0
定　　价：45.00元

编委会

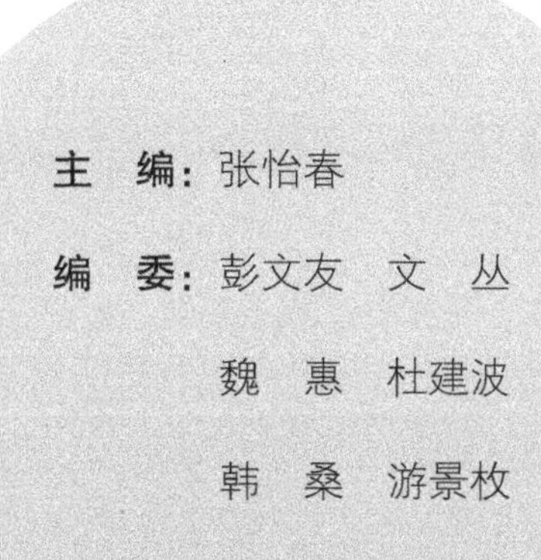

目录 CONTENTS

第一章　概　说

第二章　诗、词、曲基础知识

第三章　素读古代诗歌要自觉运用文言知识

第四章　素读古代诗歌需要联想和想象

第五章　注意时空

第六章　注意虚实

第七章　注意动静

第八章 注意人、事、物、景

第九章 古代诗歌常用技巧

第十章 高考古代诗歌题常见考点（题型）

第一章

概　说

高中生古代诗歌素读有两种情况，一是指平时拿到一首没读过的古代诗歌来读；二是指考试尤其高考当中读考卷上的古代诗歌。不论哪种情况，大家都希望有这种素读能力，能读懂个八九不离十，并能做好题目，得到比较高的分数。

素读跟“非素读”是紧密相连的。平时在教师指导下的课堂学习，以及自己课余尽可能地查找相对完整的资料所做的古代诗歌阅读，是有相关资料、相应指导的阅读，是“非素读”。“非素读”做得好，那么素读能力自会强些；素读能力强了，“非素读”也会做得更好，二者互相支撑，相辅相成。

第一节　读点儿古代诗歌好

诗歌是文学的长子。《毛诗序》里说："诗者，志之所之也，在心为志，发言为诗。情动于中而形于言，言之不足，故嗟叹之，嗟叹之不足，故咏歌之，咏歌之不足，不知手之舞之足之蹈之也。"[①]这段话说出了诗歌、音乐和舞蹈三者之间的关系。人有七情六欲，喜怒哀乐实为常态，作为有感情的动物，人生的遭遇、内心的想法等，总是会适时地表达出来。这种表达，就口头来说，除了说，便是唱了。最初的诗其实就是用来唱的，所以称为"诗歌"，而一旦用文字记录下来就成了可以阅读的材料。《毛诗序》又说："情发于声，声成文谓之音。治世之音安以乐，其政和；乱世之音怨以怒，其政乖；亡国之音哀以思，其民困。故正得失，动天地，感鬼神，莫近于诗。先王以是经夫妇，成孝敬，厚人伦，美教化，移风俗。"[②]所以，从诗歌里我们不仅可以感知人的情感，得到美的熏陶，还可以了解时代风貌，了解各地的风土人情，了解社会政治状况，孔子说："小子，何莫学夫《诗》？《诗》可以兴，可以观，可以群，可以怨；迩之事父，远之事君；多识于鸟兽草木之名。"[③]（《论语·阳货篇》）孔子很重视诗教，重视诗歌的社会教化功能。

中学阶段是学习的黄金期，记忆力好、精力充沛。诗歌由于其形式的短小精悍，其内容的抒情言志，其内在的美感，易与同学们亲近，便于诵读记忆，利于同学们知识的积累。"腹有诗书气自华"，多读多背些诗歌，对个人修养来说，是十分有益的事。俗话说，熟读唐诗三百首，不会作诗也会吟。不断地涵泳体会，看的诗歌多了，看着看着就看熟了，理解能力自会增强，而一旦掌握了诗歌的规律，有时甚至自己也可以写诗歌了。

中国是诗歌的国度，光就古典诗歌来说，从先秦的《诗经》《楚辞》，到汉乐府、唐诗、宋词、元曲，卷帙浩繁，风格多样，艺术高超，光彩夺目，是人类文学宝库里的瑰宝，在世界诗歌园地里占有一席之地。面对祖宗留下的这么多的好东西，作为龙的传人的我们，难道没有责任去学习、去继承、去发扬光大吗？薪火相传，承上启下，学习古典诗歌，理应成为每一个中华儿女的自觉行为。

当今中国，政治昌明，经济繁荣，社会稳定，文教事业发达，人民安居乐业，大家有了很好的学习环境和条件，很容易找到诗歌，纸质的、网络的，凭君选择，不再像以前那样有无书可读的窘迫。在这样的太平盛世里，劝君切莫辜负美好时光，读读老祖宗留下的那些美丽诗篇吧，能读多少就读多少，能理解多少就理解多少，只要读起来，养成阅读古代诗歌的习惯，就一定会有收获。我们今后不一定成为古代诗歌的研究专家，但作为现代公民，具有起码的文学修养，储备一些必要的古代诗歌及诗歌知识，则是生活的必需，是文化素养的要求，也是时代的要求。

【译文】

① 诗歌是用来表达思想、抒发感情的，人的思想感情存在于内心就是志，用语言表达出来就是诗。情感在内心涌动就会用语言来表现，语言还不能表现的就发出感叹，如果感叹还不足以表达，不知不觉就会用手舞足蹈来表现。

② 用声音抒发感情，声音就成为宫商等乐调，就被称为音乐。太平社会的音乐安详快乐，政事和顺；混乱社会怨恨愤怒，政事不正常；亡国的音乐悲哀忧思，百姓困厄。所以，匡正人间得失，感动天地鬼神，没有什么比诗歌更有效。先世贤王用诗歌规范夫妇原则，形成孝敬父母、敬重长者的风气，加深人伦道德修养，使教化风俗向美好的方向转变。

③“同学们怎么不学《诗经》呢？《诗经》可以抒发情志，可以观察社会与自然，可以结交朋友，可以讽谏怨刺不平之事。近可以侍奉父母，远可以侍奉君王，还可以知道不少鸟兽草木的名称。”

第二节　读懂古代诗歌不容易

中学生读古代诗歌，要多读、多背，要记一些自己喜欢的句子、篇章，希望能用到说话、作文当中去。当然也会体味其中的美感，把握其思想内容，以求与文本、作者对话。

尽管课堂上老师也会带领学生阅读诗歌，但读懂古代诗歌实在不易，对同学们来说，实在是有难度的，这不仅是一般所说的“诗无达诂”的问题。更莫说古代诗歌素读了。

第一，诗歌体裁知识上的欠缺。

“诗歌”只是一个类名，是一个上位概念，它其实还包括了许多成员，而这些成员之间尽管有着“诗歌”的共性，却也有着各自十分明显的个性，这就无形当中增加了学习者的阅读难度。就中国古代诗歌来说，尽管词从诗发展衍化而来，曲从词发展衍化而来，但诗、词、曲三者其实还有各自鲜明的特性。即使是诗、词、曲三者内部，也还有许多讲究，譬如就诗来说，近体诗与古风不同，而同为古风，四言与五言、七言、杂言有别，同为近体诗，律诗与绝句也有异；词呢，小令跟中调、长调有别；曲则剧曲与散曲各有特色。正因为如此，读《全唐诗》与《全宋词》《元曲选》难度是不一样的；读屈原的《离骚》跟读杜甫的《望岳》，感觉会不同；读小令跟读长调，读散曲与读剧曲，难易程度也有别。同学们因为对这些知识的把握并不全面，素读起来是有难度的。

第二，诗歌作品语言上的障碍。

古代诗歌终究离我们的时代久远，古今语言差别还是很大的。古文本来就是许多人的学习畏途之一，而古代诗歌是浓缩了的古文，难度自然会更大一点儿。

诗歌语言障碍既有文字上的问题，生字、冷僻字较多，认不得自然不懂其意；也有语法修辞上的问题，诗歌体裁上的要求有时会改变正常的句子结构，增加理解的难度，而追求艺术性是诗歌的内在要求，大量修辞手法等语言技巧的使用也为读懂诗歌造成了麻烦。另外，古今语音变化很多，音韵学知识的缺失，也让我们很难充分体味到古代诗歌的美感。

尽管有人说文字上的障碍不是什么太大的问题，一部词典就搞定了，但对于中学生来说，文字障碍实在不可忽视。一是汉字量大，写诗歌的人使用的字量往往超出了普通的字典、词典，读《离骚》《诗经》往往会被里面的冷僻字弄得很不爽。二是词的多义性增加了选择正确选项的难度，有时拿着词典会老半天也选不出正确的义项来，觉得这个也像，那个也像。“帝高阳之苗裔兮，朕皇考曰伯庸。摄提贞于孟陬兮，惟庚寅吾以降”①，《离骚》开头这四句不仅有难字，意思也不是那么好理解。“螽斯羽，诜诜兮；宜尔子孙，振振兮。螽斯羽，薨薨兮；宜尔子孙，绳绳兮。螽斯羽，揖揖兮；宜尔子孙，蛰蛰兮。”[②]《诗经》里的这首诗难字也多，诗句疏通也不容易。

诗歌不同于散文，字数有限，还有节律讲究（格律诗及词更有格律上的要求），因而句子结构会有变化，词类会有活用，句式会有选择，等等，也就增加了理解上的难度。“香稻啄余鹦鹉粒，碧梧栖老凤凰枝”（杜甫《秋兴八首·其八》），如果照直理解简直没法弄懂，而把它还原成“鹦鹉啄余香稻粒，凤凰栖老碧梧枝”就顺畅了。但周振甫先生认为，从全诗来看，“杜甫这诗是回忆长安景物，他要强调京里景物的美好，说那里的香稻不是一般的稻，是鹦鹉啄余的稻；那里的碧梧不是一般的梧桐，是凤凰栖老的梧桐”，所以诗句应该按“香稻鹦鹉啄余粒，碧梧凤凰栖老枝”的语序来理解（周振甫《诗词例话·侧重和倒装一》）。我们认为，周先生的意见是有道理的。

诗人往往追求更好的语言表现力，“语不惊人死不休”（杜甫《江上值水如海势聊短述》）、“吟安一个字，捻断数茎须”（卢延让《苦吟》），于是炼字炼句，讲究语言技巧，大量使用修辞，就成了诗歌写作的家常便饭。这样一来，也就加大了诗歌理解的难度。“凌波不过横塘路，但目送、芳尘去。锦瑟华年谁与度？月桥花院，琐窗朱户，只有春知处。飞云冉冉蘅皋暮，彩笔新题断肠句。试问闲愁都几许？一川烟草，满城风絮，梅子黄时雨。”[③]（贺铸《青玉案》）词是好词，但要读懂，还真的需要一番心思，比如需要把握作者的语言技巧，知道“凌波”是从曹植《洛神赋》“凌波微步，罗袜生尘”而来，也就知道上片是写偶遇佳丽生起眷慕相思和无缘相见的惆怅之情，而词的下片结尾则是连用比喻（博喻），将抽象的、难以捉摸的感情写得具体生动，这里的好处是一问三叠答，组合成一个完整的、不可分割的意象，而且富于独创性，把“闲愁”写绝了。而“闲愁”也是精心选用的，“闲愁”不是离愁，也不是穷愁，也正因为“闲”，所以才漫无目的，漫无边际，缥缥缈缈，捉摸不定，却又无处不在，无时不有。这种若有若无，似真似幻的形象，也只有那“一川烟草，满城风絮，梅子黄时雨”差堪比拟。这也足可见作者炼字炼句的功夫与用心。

第三，对诗歌作者与写作背景不了解。

知人论世是很重要的阅读方法。如果对作者尤其是作品的写作背景有所了解的话，理解起来会容易得多。

诗言志，是诗人情感的外露，而艺术性的追求又会使得诗人尽量隐藏自己的写作意图，即使是直抒胸臆，诗人也会尽量让情感表达得艺术一点儿。这时我们如果对诗人有所了解，对他的生平和为人，他生活的环境和时代，他的思想政治态度和文学主张，他的志趣爱好，他的艺术风格，他所处时代的政治、经济、文化、思想、宗教、风俗，等等，有所了解的话，那么读起诗歌来，隔阂就会小一点儿。尤其是具体作品的写作背景更为重要，如果能知道诗人是为什么而写，是在什么情况下而写，是一种怎样的写作动机和情形，等等，那么理解起诗歌来，难度会小得多。而这些恰恰又是中学生最缺乏的。“非素读”时还好，要么老师会告诉，要么可以自己去查找，但一旦素读，就得全靠平时的积累，全靠古代诗歌阅读的“语感”了，难度立马显现。

就说陆游的《书愤》和《临安春雨初霁》吧，两首诗都写于宋孝宗淳熙十三年（1186），诗中也都流露出对世事的感慨，但是，如果我们能了解一点儿两首诗各自的写作背景的话，我们就会发现，《书愤》是作者闲居山阴失意的时候写的，因而诗中多愤激之情，诗风慷慨悲壮；《临安春雨初霁》则是他奉宋孝宗之召到了临安，被任命为朝请大夫，权知严州军事，所以诗中不复幽愤，写的主要是旅居京城的孤寂心情，诗风清淡、婉丽。亲爱的同学，如果是素读陆游的这两首诗，你读懂了吗？

第四，文化积累的不足。

古代诗歌是中华文化的组成部分，也是中华文化孕育的结果。诗人，尤其文人诗人，饱读诗书，中华典籍、中华文化烂熟于心，下笔时自觉不自觉地会把这些东西写进诗歌里。而中学生对典籍不熟，对中华文化的积淀不够，这就造成了理解上的难度。比如读王维，不了解一点儿佛老思想，是很难真正读懂的；读辛弃疾，不懂典故，也很难真正读通。

第五，诗歌的多义性。

一定程度上说，文学阅读基本上可以说是“瞎子摸象”，一千个读者有一千个哈姆莱特，大家各自得到的只是相对真理而已，“诗无达诂”说的其实就是这种情况。这也无形中增加了中学生读懂诗歌的难度。像李商隐的《锦瑟》，专家解读尚且五花八门，更别说高中学生了。

【译文】

① 我是古帝高阳氏的后裔，屈氏的太祖叫伯庸。岁星在摄提格的建寅之月，当庚寅的一天我便降生。注音：裔（yì）、陬（zōu）、庚（gēng）、寅（yín）。

② 蜇螽的翅膀多又多，你的子孙聚成群。蜇螽的翅膀轰轰响，你的子孙绵绵长。蜇螽的翅膀聚纷纷，你的子孙难数清。

螽（zhōng）斯：昆虫，又名蜇螽，身体绿色或褐色，触角呈丝状，善于跳跃，雄的前翅有发音器。

诜诜（shēn）：与后文振振、绳绳（mǐn）、揖揖、蛰蛰均言其多且聚集成群。

薨薨（hōng）：虫群飞的声音。

宜：当然，无怪。

③ 她轻盈的脚步没有越过横塘路，我伤心地目送她像芳尘一样飘去。这锦绣华年可与谁共度？是在月下桥边花院里，还是在花窗朱门大户？只有春风才知道她的居处。

飘飞的云彩舒卷自如，日色将暮，我挥起彩笔刚刚写下断肠的诗句。若问我的愁情究竟有几许？就像那一望无垠的烟草，满城翻飞的柳絮，梅子黄时的绵绵细雨。

第三节　高中生古代诗歌素读能力的重要性

读懂古代诗歌本来就不太容易，现在还要大家素读，是不是在打击大家的积极性呢？不是的。困难是客观存在的，不管你承认不承认，它都摆在那里，正确的态度是正视困难，认识困难，找出规律，最后加以解决。鲁迅先生说过："真的猛士，敢于直面惨淡的人生，敢于正视淋漓的鲜血。"认识规律是解决问题的关键，而要认识规律，首先，你得老老实实地承认它的存在，你得敢于正视它。对困难故意视而不见，绕着困难走，怕它躲它，那就永远也别想解决它。古代诗歌难读你就不读，怕它躲它，那你就必然缺失有关知识，你的文化素养必然大打折扣。其次，说古代诗歌难读，并不是说它根本就不能读懂、根本就没法学。世上无难事，只要肯登攀，因为办法总比困难多。我们这本书的目的，就是帮助大家掌握古代诗歌素读的方法，尽可能地让大家由必然王国走向“自由王国”。

前面说过，素读与“非素读”是相辅相成的。为了培养、提高素读能力，我们一定要充分利用好课堂，认真弄懂并掌握好老师传授的有关知识。同时，我们还要养成爱读古代诗歌的习惯，利用一切可以利用的条件，广泛地查找资料，尽量读整本的书，读诗集，读介绍古代诗歌知识的书，读古代诗歌鉴赏方面的著作；读纸质书，读电子书，充分利用好互联网。养成了习惯，日积月累，久而久之，素读古代诗歌的能力必然增强。

一、什么是素读

顾名思义，素读就是指在没有参考资料的情况下，不知道写作背景，甚至连作者的情况都一无所知，直接阅读文本。

在现当代文（包括文学）阅读尤其当代文（包括文学）阅读中，素读其实是十分平常的事，那是因为读者与作者生活的时代差不多或者根本就是一样的，因而无论是社会生活、思想文化、语言表达，还是风俗习惯等都基本相同，不存在多少理解上的困难，人们拿起一份报纸或一本书就可以直接读起来。

但是古代作品的阅读不一样，既有语言文字运用上的差别，也有社会生活、思想文化、风俗习惯上的不同。不了解作者的情况，不了解写作背景，要读懂作品确实难度不小。所以，对于同学们来说，古代诗歌的阅读确实还存在一个素读能力的问题。有的人拿到一首以前没读过的古代诗歌，能读懂个八九不离十；而有的人可能根本不知道诗歌写了什么，这就是素读能力的差异。

二、高中生为什么要有古代诗歌的素读能力

简单来说，高中生之所以要有古代诗歌的素读能力，因为那是现实的需要、素养的要求和考试的必然。

终究不同于大学生或诗歌研究专家，高中生正处于通过求学获取基础知

识的时期，同学们的“诗教”基本上是通过课本、课堂获得的，绝大多数人没有多少时间与精力去系统地阅读古代诗歌，系统地了解古代诗歌发展史，了解古代诗人和诗歌理论，也不太会去看他人分析诗歌的文章，基本上是逮到什么读什么，或者老师要求读什么就读什么。同学们的古代诗歌知识储备是很有限的，对古代诗歌知识的认识是零碎的，课堂之外的古代诗歌阅读如果有的话，基本上也就是素读。也就是说，大家平时看到一首没读过的古代诗歌，一般不太会去查找它的相关资料，不太会去弄清楚它的作者情况，尤其是它的写作背景，也基本上不太会去看别人是如何解读的，等等。总之，绝大多数情况下也就是直接阅读。这时如果同学们的素读能力强，读的效果、收获肯定不一样。这是培养、提升高中生古代诗歌素读能力的现实原因。

而文化积淀、诗歌素养的要求也需要高中生具备素读能力。人不可能时时刻刻都带着大量的有关古代诗歌的资料，不可能一遇到自己先前没读过的诗歌就会随手查找资料，总是会先素读的。当然，素读诗歌会积累知识，提升素养，而素养反过来又会提高素读能力，二者是相辅相成的。可见，素读能力确实是现代高中生文化素养的基本要求。

对高中生来说，素读古代诗歌的能力更是考试的要求。高考语文试题总少不了古代诗歌鉴赏题，就考试来说，诗歌阅读基本上就只能是素读了，没有老师可问，没有资料可查。这时如果素读能力不强，这道大题就得不了多少分。例如，阅读下面这首宋诗，完成1—2题。

次韵雪后书事二首·其一

朱 熹

惆怅江头几树梅，杖藜行绕去还来。前时雪压无寻处，昨夜月明依旧开。

折寄遥怜人似玉，相思应恨劫成灰。沉吟日落寒鸦起，却望柴荆独自回。[①]

1. 这首咏梅诗中，作者是用什么手法来表现梅花的？请简要分析。[②]

2. 诗的最后一联表达了作者什么样的心情？请简要分析。[③]（2013年高考语文试题·新课标全国卷II）

换句话说，高考当中对古代诗歌阅读的迁移能力，其实就是素读能力，素读能力越强，迁移能力就越强，得分就越高。

附：

① 译文：江边的几树梅花真是令人惆怅，我拄着藜杖在树下徘徊，离开，

又回来。先前白雪覆盖在梅花上，看不出是雪是梅，花朵无处找寻，昨天夜里伴着皎洁的月光，梅花依旧凌寒盛放。今日我想折下几枝来送给远方那个我怜爱的人，遗憾的是相思这场劫已化为灰烬。我在树下沉吟了良久，直到日暮时分，寒鸦归巢，且远远地望着那扇柴门，独自归去。

② 考题答案：运用了烘托和渲染的手法。全诗几乎未涉及梅花的色香，而注重环境的烘托和感情的渲染，从而表现梅花的精神和品格。

③ 考题答案：表现了作者落寞惆怅、若有所失的心情。作者将自己复杂的情感投射到梅花上，思绪万端却又无从说起，以至在梅树下沉吟许久，直到日暮才独自离开。

第四节　素读古代诗歌是有方法的

做任何事情都是有方法的，古代诗歌素读也是一样。只要认识了规律，便能举一反三，事半功倍。

一、同学们素读古代诗歌时，要自觉运用学过的文言知识

古代诗歌属于“古文”范畴，尽管它是“浓缩了的古文”，但还是符合“古文”的一般规律的，如语法手段、修辞方式、语言技巧等，尽管也有自己的特殊性，大体上还是与“古文”一致的。这样，我们一定要自觉运用已有的文言知识，素读好古代诗歌。比如，“寻寻觅觅，冷冷清清，凄凄惨惨戚戚”用了叠音字，同学们按叠音字一般的表达作用，再结合李清照写这首词的具体遭遇和心境来理解，是不难体味出其中的妙处的。“春风又绿江南岸”的“绿”字，如果知道它是形容词的使动用法的话，理解起来也就不会有什么难度了。再如，2013年北京卷诗歌题选的是李白的《古风（其十）》：“齐有倜傥生，鲁连特高妙。明月出海底，一朝开光曜。却秦振英声，后世仰末照。意轻千金赠，顾向平原笑。吾亦澹荡人，拂衣可同调。”[①]其中“却秦振英声”的“却”义同必修三贾谊《过秦论》“却匈奴七百余里”的“却”，是击退、

打退的意思；“意轻千金赠”的“轻”义同选修《先秦诸子选读》之《〈庄子〉选读·东海之大乐》“且夫我尝闻少仲尼之闻，而轻伯夷之义者”里的“轻”，是轻视、看轻的意思；“明月出海底，一朝开光曜”用的是比喻，将鲁仲连的出仕视为明月出海，从这种极度的推崇中，可见诗人对鲁仲连的景仰不同一般。

二、大家素读古代诗歌时，要自觉运用课堂上或平时已掌握的古代诗歌知识

诗歌文体知识、作家作品、古人常用意象、常用典故，以及一些文化常识等，这些知识对于素读古代诗歌来说，作用也是很大的。例如，2013年湖南卷诗歌题选的是贺铸《钓船归》：“绿净春深好染衣，际柴扉。溶溶漾漾白鸥飞，两忘机。南去北来徒自老，故人稀。夕阳长送钓船归，鳜鱼肥。”②记得张志和《渔歌子》的话，那么第一问“‘鳜鱼肥’三字让人联想起张志和《渔歌子》‘西塞山前白鹭飞，______’两句”就不在话下，就会轻轻松松地写出“桃花流水鳜鱼肥”来；而把握住了意象“绿”“春”“钓船”“柴扉”“白鸥”“鳜鱼”等的特点，第二问“简析首句中‘净’字的妙处”也就不是什么难事了，会想到“联系‘春深’‘染衣’，‘净’字巧妙展现了暮春时节芳菲凋尽，‘绿’成了自然的主色调的情景，委婉道出词人内心的纯净”；第三问“探究本词的思想感情”，也就会这么回答：词人通过对“钓船”“柴扉”“白鸥”“鳜鱼”等意象的描写，展现出田园生活之美，寓示了他自甘淡泊，隐居为乐，不再以世事萦怀的内心世界。

三、要有联想和想象力

诗人写作要有联想和想象，那么我们读诗歌，当然也离不开联想和想象，缺乏联想和想象力，是很难读懂诗歌的。读李白《梦游天姥吟留别》这类浪漫主义诗歌是这样，读现实主义诗歌也是这样。比如，2013年全国大纲卷诗歌题选的是杜甫的《客从》：“客从南溟来，遗我泉客珠。珠中有隐字，欲辨不成书。缄之箧笥久，以俟公家须。开视化为血，哀今征敛无。”如果我们能马上联想到当时社会的横征暴敛，第二问“从全诗看，‘珠中有隐字’、珍珠‘化为血’各有什么寓意”就很快能作答：“‘珠中有隐字’，寓意为百姓心中有

难言的隐痛；珍珠‘化为血’，寓意为官家征敛的实为百姓的血汗钱。”

四、要注意时空、虚实、动静，以及诗歌中的人、事、物、景之间的关系

比如，李白的《月下独酌》：“花间一壶酒，独酌无相亲。举杯邀明月，对影成三人。月既不解饮，影徒随我身。暂伴月将影，行乐须及春。我歌月徘徊，我舞影零乱。醒时同交欢，醉后各分散。永结无情游，相期邈云汉。”③这里诗人选用春天月夜的时间与花丛所在的空间来写，对于表达情感当然是有用的；“我”月下独酌是实写，与月亮相约在天上相见，则是大胆的想象，是虚写，虚实结合对于情感的表达不无作用；“酌”“邀”“随”“歌”“舞”等字眼能让我们感受诗人的动作、神情；弄清楚此时“我”月下独酌中的人、事、物、景之间的关系，对于准确把握诗人情感也是很重要的。如果我们关注到了这首诗的时空、虚实、动静，以及诗歌中的人、事、物、景之间的关系，那么诗歌理解起来就不那么难了。正如标题所示，诗是描写月下独酌情景的。月下独酌，本是寂寞的，但诗人却运用丰富的想象，把月亮和自己的身影凑成了所谓的“三人”。又从“花”到“春”，从“酌”到“歌”“舞”，把寂寞的环境渲染得十分热闹，不仅笔墨传神，更重要的是表达了诗人独自排遣寂寞的旷达不羁的个性和情感。从表面上看，诗人好像真能自得其乐，可是内心充满无限的凄凉。诗人孤独到了邀月和影，可是还不止于此，甚至连今后的岁月，也不可能找到同饮之人了。所以，只能与月光、身影永远结游，并且约好在天上仙境再见。诗人就这样把自己那种由政治失意而产生的孤寂、忧愁的情怀，很好地表达了出来。

五、考场上自觉运用好课堂上老师讲过的诗歌鉴赏题的解答知识

如果是考场上的素读的话，我们还要自觉运用好课堂上老师讲过的诗歌鉴赏题的解答知识，如诗歌常用技巧、诗歌常见考点、一般答题模板等。作为考试，当然是有游戏规则的，我们遵循它的游戏规则，素读的效果当然会更好些，尽管我们提高素读能力并不仅仅是为了考试。比如，2018年江苏卷考的是张籍的《寄和州刘使君》：“别离已久犹为郡，闲向春风倒酒瓶。送客特过沙口堰，看花多上水心亭。晓来江气连城白，雨后山光满郭青。到此诗

情应更远，醉中高咏有谁听。”④第一问是“根据前两联，概括刘禹锡‘闲’的表现，并分析他如此表现的原因”，考查的是诗歌里某个词语的内容，需要全面理解诗歌，结合全诗来组织答案，也需要对张籍提到的“刘使君”有所了解，知人论世，否则答案会不全面。其实，这道题问了两点，“闲的表现”和“原因”，一定要看清题干要求。诗句里有关“闲的表现”的词句有“倒酒瓶”“送客特过沙口堰”“看花多上水心亭”，找出后换成自己的语言即可；而原因不好在诗句里直接找到，只能结合古代大多数诗人的一般情况、一般遭遇来写，如怀才不遇、被贬他乡、对美景的喜爱等。于是本题的答案可以组织为：“表现：把酒当春，绕道送客，常去赏花。原因：长期得不到升迁，怀才不遇；喜欢自然山水。”第二问是“尾联表达了作者什么样的情感”，本题考查把握诗歌情感态度的能力。答这类题，不仅要借助诗歌的字、词、句和所用的意象来分析，还要联系作者的写作背景等进行综合解读。提问特指“尾联”，我们当然要紧扣尾联来思考，但也不要忽视结合全诗来综合分析。“到此诗情应更远，醉中高咏有谁听”，“诗情更远”显然是对刘禹锡文学成就的肯定与钦佩，而“有谁听”则饱含同情，也有对朋友的理解，这当然需要知人论世，需要平时的积累了。于是本题的答案可以组织为：“对刘禹锡诗歌艺术的钦佩之情，对刘禹锡目前境况的同情之感，对自己能感知对方心意的知音之许。”

【译文】

① 齐国有个倜傥洒脱的士人名叫鲁仲连，他的才气十分高明美妙。他就像一颗夜明珠从海底升起，散发的光芒一下子照亮了天地。他用雄辩说服赵、魏联合拒秦，逼退秦军建立莫大功勋。他的英名传遍天下，他的光辉照耀后世，让后人无限景仰。他看轻那些功名富贵，回头笑着拒绝了平原君的千金馈赠。我也是和他一样的放达之人啊，事了拂衣去、功成便身退是我们共同的志趣。

② 绿色纯粹，盛春时节的绿色是染衣的天然好材料。浓烈春意触近柴扉。（湖面）水波荡漾，白鸥飞舞，眼前的景象让白鸥和“我”都忘却机心。看着南来北往的行人。只有“我”独自老去，故人渐渐离去。夕阳西下，湖面晚霞遥送（我的）渔船回家，水中鳜鱼正肥。

③ 在花丛中摆上一壶美酒，我自斟自饮，身边没有一个亲友。举杯向天，

邀请明月，与我的影子相对，便成了三人。明月既不能理解开怀畅饮之乐，影子也只能默默地跟随在我的左右。我只得暂时伴着明月、清影，趁此美景良辰，及时欢愉。我吟诵诗篇，月亮伴随我徘徊；我手舞足蹈，影子便随我蹁跹。清醒时我与你一同分享欢乐，沉醉时便再也找不到你们的踪影。让我们结成永恒的友谊，来日相聚在邈远的云天。

④ 与君离别已经很久了，您依然在郡里供职。清闲的日子里面您当值春风连连举杯，直到倾尽瓶中之酒。每当送客的时候，您都会特意地绕道沙口堰，因为那儿风光独绝。欣赏繁花的时候大多漫步登上水心亭。拂晓时分，江上雾气漫上郡城，白茫茫的一片，雨后初霁，青绿山色映衬得城郭风光更美丽。面对山光水色，您一定沉迷诗情画意之中浮想联翩，寄情遥远，只是酣醉之中高吟一首有谁能听?

（本章撰稿人：张怡春）

第二章

诗、词、曲基础知识

同学们要想有较强的古代诗歌素读能力，平时是需要积累一点儿古代诗歌的基础知识的。这里的“古代诗歌”其实是个总称，具体来说，可以大致分成诗、词、曲三个小类。词是在诗的基础上发展而来的，有所谓“诗余”之说，曲则是在诗与词的基础上发展而来，这就是三者之间的大致源流关系。三者尽管都属于“古代诗歌”，有大同，但它们其实还是各有特色的，也就是说是有“小异”的。了解一点儿诗、词、曲的基础知识，同学们素读古代诗歌会方便得多。

第一节　诗

中国是诗歌的国度。在中国古代文学艺术的宝库中，诗歌是最为璀璨夺目的一颗明珠。中国诗歌历史悠久，源远流长，如果从《诗经》算起，已经有三千多年了。

在漫长的岁月中，诗歌一直和中国人的日常生活、情感世界紧密相关。中国诗坛涌现出众多杰出的诗人和优美、感人的作品，诗歌创作的优良传统一直延续不断，成为我们引以为豪的精神财富。

一、先秦时期

诗歌的源头是歌谣。上古时代，没有文字，只有口头传唱的歌谣。由于没有文字的记录，所以我们今天难以窥见其历史原貌。

大概到了周代，周王为了制礼作乐，曾派采诗官在春秋两季到各地搜集歌谣，贵族们为了祭祖、宴客、出兵、打猎、讽喻等目的也作诗、献诗，这些诗在公元前6世纪左右，被编纂成了《诗》。《诗》共收入自西周初年（公元前11世纪）至春秋中期（公元前7世纪）大约五百年间的诗歌305篇，所以又被称为《诗三百》，汉代以后被尊为经典，遂有《诗经》之称。《诗经》是中国最早的一部诗歌总集，也是中国诗歌最早的、最为重要的一个源头。其中的作品按照音乐分为“风”“雅”“颂”三部分。“风”是带有地方色彩的民歌，共有周南、召南、邶、鄘、卫、郑、齐、魏、唐、王、秦、陈、桧、曹、豳15个诸侯国的民间歌曲160首，又称十五“国风”。“雅”是周王朝直接统治地区的音乐，共有105篇。又因产生的时代和乐调的不同，分为“大雅”和“小雅”，“大雅”多是西周时代的作品；“小雅”则多为周王朝衰微以后的作品。“颂”是用于宗庙祭祀的舞曲，其中又分为“周颂”“鲁颂”和“商颂”，共40篇。《诗经》所表现的内容较为丰富。“雅”“颂”中有些作品带有“史诗”的性质。《诗经》的精华在于十五“国风”。“饥者歌其食，劳者歌其事”，歌唱爱情，赞美劳动，揭露现实，是“国风”中最为动人的主题。《诗经》的表现手法丰富多彩，后人曾经归纳为“赋、比、兴”。“赋”是铺陈叙述，“比”是比喻，“兴”是起兴。《诗经》在句式上以四言诗为主，章法复沓，回环往复；语言上双声叠韵的现象比较普遍，修辞巧妙，韵律和谐。但是，《诗经》对后世最大的影响在于后来汉儒借《诗经》所阐发的“诗言志”“美刺”“比兴”，以及“温柔敦厚”的诗教观，一直被历代诗人奉为创作圭臬。

中国诗歌的另一源头是《楚辞》。《楚辞》是在战国后期南方诸侯国的楚国民歌的基础上，发展起来的一种带有浓厚地方色彩的新诗体。它的奠基人和代表作家是屈原。他是中国诗歌史上最早的、影响最为深远的爱国诗人。作品主要有《离骚》《天问》《九歌》等。其中《离骚》集中反映了屈原的人格魅力和艺术成就。《九歌》是屈原根据楚地民间祭祀乐歌改作和加工而成的一组诗歌，或写人对神的礼赞倾慕，或写神灵间的眷念、爱恋，语言优美，情思忧伤。《楚辞》所代表的是完全不同于《诗经》的别样的诗歌美学风格，它以波荡汹涌的感情、奇幻瑰丽的想象、铺陈华美的语言，表现出极强的浪漫色彩和艺术感染力，成为中国诗歌发展的又一重要源头。

二、汉魏时期

汉代诗歌，有直接从《诗经》而来的四言体，但因形式上的僵化，未能出现优秀的作品；有运用《楚辞》形式写成的“楚歌”体，亦少有创新。汉代诗歌的新成就集中体现在汉乐府和汉末文人诗《古诗十九首》中。

汉乐府的产生和汉代音乐机构——乐府关系密切。史载秦汉立乐府，但乐府的真正繁荣自汉武帝始。它的职责是采集民歌加以整理，配乐演唱。后来人们便把乐府所采集和演唱的民歌叫作“乐府诗”或“乐府歌辞”。汉乐府继承《诗经》反映现实的优秀传统，多为“感于哀乐，缘事而发”。它们反映的社会生活相当广阔，有很多抒写下层劳动人民生活和情绪的作品，如《东门行》《妇病行》等写人民的困苦；《战城南》《十五从军征》等写战争和兵役给人民带来的苦难；《有所思》《上邪》等歌咏了男女间诚挚坚贞的爱情；《陌上桑》赞美了平民女秦罗敷的美丽和智慧，讽刺了贵族官僚的荒淫无耻；《焦仲卿妻》（《孔雀东南飞》）写的是家长干涉青年婚姻所酿成的一个悲剧。汉乐府民歌语言朴素自然，活泼生动，且时有真率稚气。它们句式多样，以五言为主，是中国诗歌在语言形式上的一次创新。五言诗的标志是“二三”节拍，较《诗经》四言的“二二”节拍，韵律上抑扬顿挫，更为优美，表情达意也更丰富自由。

随着汉乐府的流行，文人开始仿作五言诗，到汉末便呈现出五言诗大兴的局面。这是中国诗歌史上民歌影响文人创作的一件值得彰明显著的大事。汉末的许多五言诗，因为作者姓名不可考，自晋代以后就被称为“古诗”，其中有十九首被南朝梁萧统编入《文选》，代表了当时五言诗创作的最高成就。《古诗十九首》主要表现了夫妇、朋友间的离情别思，士人宦游失意之感，有的作品还流露出感叹人生短促、及时行乐的消极情绪，在很大程度上反映了东汉后期政治混乱、社会动荡环境下知识分子的心态。这些诗语言浅近自然，诗境清远平和，后人把它们奉为五言抒情诗的典范，给予了相当高的评价，如刘勰誉之为“五言之冠冕”（《文心雕龙·明诗》），钟嵘称其“惊心动魄，一字千金”（《诗品》）。

建安时期是文学的自觉时代，也是文人五言诗创作的繁荣时期。创作成就最大的是曹操、曹丕、曹植父子和王粲、刘桢、徐干、陈琳、阮瑀等建安七子。他们一扫汉末文人的颓唐，学习乐府民歌，通过亲身体验，来反映社会的丧乱和人民的苦难，具有强烈的现实性。他们的不少诗篇，还表现了期盼乘时建功立业、有所作为、名垂青史的奋发精神，大多情怀慷慨，意气风发，才调纵横。后人把建安诗歌这种建筑在慷慨情怀基础上的爽朗刚健的风貌，称为“建安风骨”，或者称之为“汉魏风骨”。唐代诗人曾经把追求“建安风骨”当作革新诗风的一个有力口号。建安文学之后出现了正始文学，代表作家是阮籍、嵇康。

西晋时期，诗歌和现实的关系渐渐疏远，文人诗创作走入低谷。只有左思自出机杼，独立不群。他的《咏史》诗八首，名为“咏史”，实为“咏怀”，把历史现象和个人遭际融为一体，批判当时的门阀制度，倾吐寒士的不平，辞情慷慨，风格遒劲，对后世影响很大。

东晋、刘宋两代，出现了陶渊明、谢灵运。田园诗是陶渊明的独创，代表作有《归园田居》《桃花源诗》等，或表现农村的恬美静穆和自己怡然自得的心境，或歌颂劳动及在劳动中与农民建立的友谊，为诗歌创作开辟了一个新天地。后人称之为“隐逸诗人”或“田园诗人”。他的咏怀诗围绕着出仕与归隐的矛盾，表现理想不能实现的苦闷及不与统治者同流合污的崇高品格，代表作有《饮酒》《杂诗》《读山海经》等。他的诗歌出语平淡，不事雕琢，风格清新，意境醇美，是情、景、理的统一。他是中国文学史上最有影响的诗人之一，后代诗人王维、孟浩然、李白、杜甫、柳宗元、韦应物、苏轼、陆游等，都受到他精神品格的影响，从他的诗中得到了艺术的养料。

当时另一位大诗人谢灵运，则热衷于山水。他的山水诗观察细致，感受敏锐，往往能真切地描绘出山水之美，叙事、写景、说理兼长，像“池塘生春草”“白云抱幽石”等，都是传诵一时的名句，具有清新自然的特点。他又以善于炼句著称，诗句含义深邃委曲，语言富艳精工。他是中国诗歌史上大力描写山水的第一人，开创了山水诗派，直接引领了谢朓、王维、孟浩然等人的山水诗创作。

南北朝时期，诗歌创作的一大成就是民歌的新发展。东晋和南朝的宋、齐是南方民歌产生最多的时期。作品多为五言四句，情调哀怨缠绵，艳丽柔婉，且喜用双关谐音，语言活泼，当时文人仿作甚多。形成鲜明对比的是，北朝民歌题材广泛，感情直率，语言朴实，风格刚健，其中《木兰辞》叙事与抒情相渗透，细腻与粗犷相融合，代表了北朝民歌的最高成就。《木兰辞》与《孔雀东南飞》并称为“乐府双璧”。

与此同时，南北朝文人诗的创作也出现了一些新变化。鲍照和谢朓是这一时期成就最高的两位诗人。其中鲍照的诗歌，偏重表现建功立业的抱负和对门阀制度的不满，诗风俊逸豪放，矫健凌厉。他创制了七言歌行，在诗体发展上大有贡献。谢朓是“永明体”的代表作家，诗歌合律性高，有些作品已经和唐代的“近体”诗相似。他的一些五言四句短诗，仿自《吴声歌曲》，出语天然，情深味长，对于唐人五言绝句极有影响。

南朝后期的代表诗人庾信，是在“宫体诗”创作氛围中成长起来的，且为“徐庾（徐陵、庾信）体”代表作家之一。但是，他在出使北朝、被羁不返之后，生活境遇大变，故而能突破“齐梁体”的藩篱，融合南北诗风之长，由冶艳变刚健，成为南北朝诗歌艺术的集大成者。庾信后期的诗歌以《拟咏怀二十七首》为代表，深切地表现了故国乡关之思、羁身异域之痛，以及屈身从仕异国的愧耻不安的心境。他的诗用词贴切，造语新颖，在体制声律上更加接近律、绝等“近体”诗的格调，着唐人之先鞭。

三、唐宋时期

唐、宋两代，是中国诗歌史上的黄金时期。唐诗、宋词是中国古典诗歌大花园中最为灿烂的两朵奇葩。

唐诗的繁荣，首先体现在数量上。仅据清代康熙年间编的《全唐诗》所录，诗人有两千二百余人，作品四万九百多首，共九百卷。不过，更主要的标志是涌现了李白、杜甫、白居易这样的伟大诗人，以及陈子昂、王维、孟浩然、王昌龄、高适、岑参、韩愈、柳宗元、刘禹锡、李贺、李商隐、杜牧等一大批优秀的诗人。唐诗的艺术水平超过了历史上的任何一个朝代。再加上题材、形式和流派的多样性，使唐诗达到了中国诗歌的高峰。

唐诗可分为初、盛、中、晚四个时期。初唐诗歌承梁陈宫体而来，上官仪、沈佺期、宋之问等都是文学侍从之臣。但是他们精研声律，探索出五、七言新体诗联间粘缀合律的规律，促成了近体律诗的定型，在中国诗歌史上具有划时代的意义。最开始冲破绮靡诗风牢笼的是初唐四杰——王勃、杨炯、卢照邻、骆宾王。他们在继承南朝诗歌形式美的基础上，改造了宫体诗，将题材和主题由宫廷的淫靡改为都市的繁华和正常的男女之爱，由台阁应制扩大到写江山之美和边塞之情；风格也由纤柔卑弱变为明快清新。稍后，陈子昂力倡汉魏风骨，诗歌开始关注广阔的社会生活和重大的政治问题。经过他们的努力，初唐诗歌逐渐摒弃了轻浮绮靡的诗风，建立起高峻雄浑、刚健有力的新诗风。

唐诗是中国古典诗歌的高峰，盛唐诗乃这座高峰的顶点。盛唐时期，诗坛名家辈出，风格多样，流派纷呈，其中最为杰出的代表是李白和杜甫。

李白生活在大唐帝国最为辉煌的年代，是盛唐之音的天才歌手。贺知章称李白为“天上谪仙人”，后人又将他尊称为“诗仙”。但是，李白并不完全是一个超现实的浪漫主义者。开元、天宝时期的其他诗人往往在归隐与出仕之间徘徊，而李白却毫不掩饰他对功名事业的向往，同时又因为自己不能为富贵利禄而自卑其格，故多苦闷愤激之词。他热爱生活中一切美好的事物，而对其中不合理的现象毫无顾忌地投以轻蔑。这种已被现实锁入牢笼，却不愿意接受，反过来又想征服现实的态度，成为后人反抗黑暗现实与庸俗风习的一股强大的精神力量。李白诗中的形象往往是个性化的，带有强烈的主观感情色彩，想象

奇特，手法夸张。他的乐府诗很多，取材广泛。七言古诗往往掺入杂言，雄壮、缥缈而奇丽。他的五、七言绝句，纯任自然，无意于工而无不工，优悠从容，闲雅超远。明代胡应麟认为唐代五、七言绝句，以李白为最。

杜甫的生活经历跨越了安史之乱，他以积极入世的精神，用诗歌反映了唐王朝由盛转衰的过程。他把个人的遭际和时代的不幸、民众的疾苦紧密联系在一起，描绘出时代的面貌和自己内心的悲哀，是变乱时代的伟大“诗史”。他的五、七言古诗，格调大变，沉郁顿挫。七言律诗在他手中正式成立，沉着痛快。后人认为杜甫律诗为唐律之最，其中五律极尽声律、句法变化之能，七律亦精练而多创造。他的诗歌博大精深，既有精心刻画的句子，又有议论和用典，有严肃也有诙谐，有柔情也有刚烈。所以，自中唐开始，杜甫就被称为“诗圣”，宋人对他更是推崇备至，谓“杜甫集开诗世界”，后人似乎从任何角度都能各取所需。杜甫是中国诗歌史上成就最高、影响最为深远的诗人。

盛唐诗坛还有两大诗歌群体特别引人注目。一是以孟浩然、王维、常建、储光羲等为代表的山水田园诗人，二是以高适、岑参、李颀、王昌龄等为代表的边塞诗人。王维、孟浩然等人继承了陶渊明吟咏田园、谢灵运刻画山水的传统，又加以发展变化，以田园的情趣领略山水，以山水的眼光观赏田园，表达隐逸的思想和情怀，描摹自然幽静和生气之美。他们的诗多采用五古和五律的形式，色泽清淡，意境深幽。其中王维山水田园诗更是将诗情、画意、音乐美，与道家、禅宗的意趣结合起来，达到了很高的艺术境界。高适、岑参等人的边塞诗，源自鲍照、刘琨，以边塞战争题材为主，表现了边塞风情、军中苦乐，以及诗人建功立业的壮志豪情和慷慨不平之气。这些诗大都采用七言歌行和七言绝句的形式，景象开阔，气势宏大，情调悲壮，声韵激越。

中唐诗人力求新变，诗风走向多元。韩愈、孟郊诗歌多“不平之鸣”，喜押险韵、窄韵，意象壮伟瑰怪，诗境奇崛雄豪。元稹、白居易诗风走向平易，语言质朴明白，音调朗朗上口。刘禹锡的怀古诗和政治讽刺诗，语言平易，寓意深远。李贺诗歌重在诉说怀才不遇的悲愤，想象奇特，构思不拘常法，语言峭奇艳丽，诗境诡谲。

晚唐诗坛以李商隐、杜牧、温庭筠为代表。他们感慨盛世不再，诗中充满迟暮黄昏的情调，极尽浓艳幽香之美，预示着一个诗歌创作的伟大时代的结束。其中，李商隐诗学杜甫、韩愈，擅长律绝。他的《无题》等爱情诗，内蕴深刻的世情和人生感慨，典雅华丽，哀艳绵渺，堪称诗苑奇葩。杜牧的诗尤以七绝最为有名，其咏史诗议论政治得失，讽刺帝王荒淫，豪健跌宕，意气风发。温庭筠更有“绮才艳骨”之称。

在唐诗高峰之后，宋人另辟蹊径，开启了好议论，重理趣，以文为诗，追求平淡的诗歌发展方向。苏轼是北宋诗坛最有成就的诗人，他的诗多达四千多首，才情豪迈，挥洒自如。诗中充满谐趣，饶有禅理，比喻之丰富、新颖，使人叹服不已。黄庭坚不但在创作上穷力追新，体现了宋诗重筋骨思理的特色，而且总结出一些谋篇、造句、炼字等方面的规律，得到了陈师道等人的响应，开创了江西诗派，对中国诗歌史产生了长久的影响。南宋诗人的优秀代表有杨万里、陆游等。他们大多由江西诗派入手，而能自出机杼。杨万里诗写景最工，有机趣，重“活法”，被称为“诚斋体”。陆游继承陶渊明、李白、杜甫等大家的传统，植根于自己的生活实际，在平易晓畅中呈现出一股恢宏、踔厉之气，诗歌创作数量极多，是南宋诗坛当之无愧的盟主。

四、元明清时期

元明清时期，诗歌虽然继续发展，但是创新和拓展之处较少。元代诗坛，古体诗宗汉、魏、两晋，近体诗宗唐，只有杨维桢尚能开宗立派。他的诗以乐府诗和竹枝词著名，一些诗既有藻词丽句，又奇特险怪，人称“铁崖体”。明代诗坛稍有起色，规模有所扩大。明初高启诗才最高，风格豪迈。以李梦阳为首的“前七子”和以李攀龙为首的“后七子”，虽然都有自己的诗歌理论主张，但在创作上成就不大。明末清初，江山易主对诗人心灵的冲击很大，诗歌创作亦起波澜。钱谦益、吴伟业、龚鼎孳号为“江左三大家”。吴伟业诗取法盛唐而出入唐宋，形成了声律妍丽的“梅村体”。康熙年间，有王士祯、朱彝尊、赵执信等“国朝六家”。雍正、乾隆年间，名家迭起，沈德潜持“格调说”，袁枚主“性灵说”，翁方纲倡“肌理说”。但是，有清一代，还要数龚自珍最具忧患意识和哲理色彩。他的诗大歌大哭，风格瑰丽奇肆。戊戌变法前后，黄遵宪、丘逢甲、康有为、梁启超等人，则提出了“诗界革命”的响亮口号，对中国近现代诗歌尤其是白话诗的出现产生了重要的影响。

中国古典诗歌的生命力极其旺盛，在几千年的历史进程中，为中华民族先后培植出先秦诗骚、汉乐府、魏晋南北朝文人诗、唐诗、宋词、元曲等一朵朵诗苑奇葩。它不但以独特持久的艺术魅力吸引着我们去欣赏品味，而且它所承载的博大精深的文化传统和自强不息的民族精神，滋养着我们去创造新的诗歌艺术、新的民族文化。

（本节参看了北京大学中文系杜晓勤先生《中国古代诗歌发展简史》一文，致谢！）

第二节　词

词，原名“曲子词”，就是“歌词”的意思。词兴起于隋唐，所配的音乐是燕乐，即一种供宴会演奏的音乐。盛于宋，配乐歌唱，句式不齐，也称长短句。

一、词的分类

词是长短句，但全篇的字数是一定的。每句的平仄也是一定的。

词按字数大致可分小令（58字以内）、中调（59—90字）和长调（91字以上，最长的词达240字）。有的主张62字以内为小令，以上称“慢词”，但都未成定论。一首词，有的只一段，称为单调；有的分两段，称双调；有的分三段或四段，称三叠或四叠。段在词学中称为“片”或“阕”。“片”即“遍”，指乐曲奏过一遍；“阕”原是乐终的意思。一首词的两段分别称上、下片或上、下阕。

二、词的风格

词基本分为婉约派、豪放派两大类。婉约派的代表人物有李煜、晏殊、柳永、秦观、周邦彦、李清照、纳兰性德、晏几道、姜夔等。豪放派的代表人物有苏轼、辛弃疾、岳飞、陈亮、陆游等。

题材上豪放派多表现对社会生活的种种观察和感受，更多关注社会生活和国家、个人命运；婉约派则多表现闺情、离愁、个人不幸遭遇。

情感上豪放派多是激越、高昂、开朗、刚健、奔放，豪迈壮阔；婉约派则是闲静、和谐、哀婉、真挚，韵味悠长。

语言特点上豪放派是笔力刚健遒劲，气势雄浑豪放；婉约派则是清新秀丽，婉转舒缓，清雅空灵。

三、词牌

就是词的格式的名称。词的格式和律诗的格式不同：律诗只有三种格式，而词总共有一千多种格式，人们给这些格式起了一些名字，这些名字就是词牌。

词牌的来源，大约有下面三种情况：一种本来是乐曲的名称，如《西江月》是来自民间的曲调。另一种是摘取一首词中的几个字作为词牌，如《一剪梅》这个词牌名来自周邦彦的词句“一剪梅花万样娇”。再一种本来就是词的题目，如《渔歌子》咏的是打鱼，《浪淘沙》咏的是浪淘沙。但是，绝大多数的词都不是词牌即词题的，词牌之外，还有一个词题，在词牌下面用较小的字注出，如《沁园春·长沙》。

四、词的发展

词在唐代开始发展，敦煌曲子词中有一些是盛唐时期的作品，具有清新的民歌风格。但是，作为一种新兴的诗歌形式，不久便引起文人的注意和仿效。中唐文人学习民间词，为词体的建立做出突出的贡献。张志和、韦应物、王建、白居易、刘禹锡等都写了一些成功的作品。晚唐五代，文人词得到了长足发展。以温庭筠、韦庄等为首的花间词人，在填词时往往取当前情事，表现艳遇怨慕与离愁别绪，藻丽浓艳，细美婉约。南唐是五代时期词坛的另一个创作中心，代表作家有冯延巳、李璟、李煜等。其中冯延巳所表现的士大夫的忧生隐忧，李煜亡国后所抒写的强烈沉痛的故国之思与深广的人生感慨，均已改变了五代词狭小的题材空间，眼界始大，感慨遂深。

北宋前期，以晏殊、欧阳修为代表的诗人承五代余绪，主要表现士大夫流连光景、感伤节序的闲愁淡怨，所用词调仍以唐五代文人惯用的小令为主。至柳永、苏轼登上词坛，宋词始能自辟门径。柳永在乐调形式上开风气之先，他采用北宋流行的新曲，大力发展慢词来表现市井生活与羁旅情怀，并把赋的铺陈手法引入慢词，扩大了词的容量。

苏轼是宋代最为著名的词人，也是影响最为深远的词体革新家。他的词打破了前人“词为艳科”的旧传统，题材广泛，将怀古、感旧、记游、悼亡、说理等诗中常见的题材引入词中，气象阔大，豪放飘逸。他还“以诗为词”，冲破了词的音律束缚，达到了“无言不可入，无事不可言”的境地，对词体发展产生了广泛深远的影响。苏轼之后，周邦彦妙解声律，善于创调，词法上推陈出新，讲究谋篇，也赢得了很高的声誉。女词人李清照善于把自己的思想感情与客观景物融会在一起，含蓄委婉，意境深远，达到情景交融的艺术境界。李清照一生经历可以宋室南渡为界，分作前后两个时期。南渡前，李清照的词多描写少女、少妇的闺中生活，于轻快活泼的画面中可见作者开朗欢乐的心情和轻松悠闲的生活。南渡后，生活的苦难使她的词风趋于含蓄深沉，表现了词人长期流亡生活的感受。

宋室南渡之后，民族矛盾尖锐，产生了张元干、张孝祥、陆游、陈亮、辛弃疾等一大批爱国词人，其中辛弃疾成就最高。辛词不但数量居两宋词人之首，而且以文为词，善于用典，将政治、军事、山水、田园及个人的喜怒哀乐，大胆自如地表现在词作中。他的词气盛言宜，无往而不利，感染力极强，尤其是抒写爱国激情的篇章，千古以来一直激励着后人。姜夔精研乐理，能自度曲，词风清空幽冷，于辛弃疾之外另立一宗，在南宋词坛的影响也很深远。

第三节 曲

诗、词、曲的主要区别在于诗要求节奏和讲求韵律，词比诗的要求更加严格，词是一种配乐歌唱的诗体。曲也是和乐演唱的一种韵文形式，但句法比词更为灵活。

曲，一般称作“散曲”。散曲是继词之后而兴起的一种诗歌新形式。广义的曲，包括杂剧和散曲。杂剧就是诗剧，有人物、故事，其唱词就是一首一首的散曲。例如，《董西厢》《拜月记》《桃花扇》等都是杂剧（诗剧）。

狭义的曲则专指散曲，也可以简称曲，没有人物和故事，是一首一首供清唱的歌。也是诗的又一种形式。

一、散曲

散曲包括小令和套数两种形式。小令是独立的只曲，相当于一首单调的词，主要是从民间的小曲和词调变化来的。其形式是“一宫调一曲子”，如马致远的《越调·天净沙·秋思》。套数，若干支曲牌联合成套，称为套数。其特点是：把同一宫调的若干支不同曲牌的曲子连缀在一起，少则数首，多则十几首，甚至几十首，构成一个庞大的整体。这些连缀的曲子可根据需要在同一宫调中进行选择，但需要按一定的顺序排列，而且一韵到底，且末了都用“煞调”和“尾声”结束。其形式是“一宫调数曲子”。

二、小令

小令的体制比较短小，一般以一支曲子（也就是一个曲牌）为独立单位。重头和带过曲虽然是两支以上的曲子，但也不是成套的曲子，所以称小令。

曲的小令，与词的小令不同，词的小令，是指体制短小的词；曲的小令是相对成套的曲子而言。

小令也称作“叶儿”。“叶儿”是当时民间曲调的“时行小令”“街市小令”“时尚小令”。还有，小令被称作“叶儿”，有人认为这是因为小令体制短小，像一片叶子；有人认为这是因为小令不属于套曲，是单支曲子，像树叶不附在枝干上。

1. 寻常小令

寻常小令，就是通常的小令，是指单支的曲子，大都一韵到底。它是小令中最简单的形式，其体制相当于诗的一首，词的一阕。

2. 重头

词中上、下两片声调格律完全相同，也就是说后一片重叠前一片的，叫重头。曲中的重头，就是把声调格律完全相同的曲调重复填写。至于填写多少，没有规定。有的只有两首，有的多至百首。重头的用韵可以每首不同，题目也可以每首不同。

3. 带过曲

带过曲或称带过头，也是小令的一种体式。寻常小令是以一支曲子为单位，带过曲子是以两支或三支不同的曲子组成的一曲。这两支或三支曲子之间的音律必须衔接。带过曲一般填写到三支为止，如果还要填写，就不如改作套曲。

带过曲可以用“带过”两字，如〔雁儿落带过得胜令〕；还可以用一个“带”字或者“过”字或者“兼”字，如〔雁儿落带得胜令〕〔雁儿落过得胜令〕〔雁儿落兼得胜令〕；但也有的带过曲不用“带过”“兼带”“带”“过”“兼”等字。

4. 集曲

集曲就是将几支甚至几十支不同的曲调，在每一个曲词中截取一句或数句，组成一支新的曲调，另外取一个新曲调名。集曲也叫“犯调”，就像词中有“犯”与“摊破”一样。集曲集一种宫调的曲调，叫“犯本宫”；集不同宫调的曲调，叫“犯别宫”。由于集曲也叫“犯调”，就像词中有“犯”和“摊破”一样，所以有的集曲的曲调名就加上“犯”和“摊破”字样。

三、散套

曲中的套曲，又叫套数，是指散曲中的套曲和戏曲中的套曲。套曲必须有两支以上同一宫调的不同曲子相联，如果宫调不同但笛色（即笛子的调高，如正宫调、小宫调之类）相同，一般也可以互借入套。套曲必须首尾一韵到底，不能换韵。不能以支计算，只能以套计算，所以称为套曲或套数。

散套是散曲中套曲的别称，有人称其为“套数”或“杂套”，还有人称其为“大令”或“乐府”。

1. 北曲散套

北曲散套由支曲和尾声两个部分组成，用两支或两支以上同一宫调或宫调不同而笛色相同的曲子相联，末尾加上尾声，就成为一套北曲散套。北曲散套的尾声又被称为“煞”“尾”“结音”“余音”等，常和别的曲调混合在一起。

2. 南曲散套

南曲散套由引子、正曲（过曲）和尾声三个部分组成。散套除引子和尾声外，统称过曲。用两支或两支以上的同一宫调或宫调不同而笛色相同的南曲曲子相联，前面加引子，后面加尾声，就成为一套南曲散套。南曲散套也有不用引子，由正曲和尾声组成的。还有不用引子，由重头和尾声组成的。

3. 南北合套

本来，北曲散套是由北曲组成，南曲散套是由南曲组成，在曲牌连套的形式上各成体系。但是，有了南北合套以后，这种界限就打破了，南、北曲牌就可以组合在一起联成一套。

四、宫调

宫调是我国古代音乐调式的名称。分七声：宫、商、角、徵（zhǐ）、羽、变宫、变徵，相当于现在的1、2、3、4、5、6、7七个音符。凡是以“宫”为主的调式称“宫”，以其他各声为主的调式称调，统称“宫调”。上述的“双调”“南吕（宫）”就是宫调名。填制散曲，必须将宫调名称写在曲牌的前面。至今唯有《董解元西厢记》这个本子，保存下来的宫调最为齐全。

一般来说，什么曲牌写什么内容。例如，《正宫·黑漆弩》宜于表达惆怅雄壮情感；《中吕·喜春来》宜于表达欢快情绪，多用于对景抒怀的短篇；《南吕·四块玉》宜于抒发感叹情怀；《仙侣·一半儿》宜于表达清新绵邈的情感；《黄钟·昼夜乐》宜于表达缠绵情感；《双调·折桂令》宜于表达健捷激昂的情感；《越调·小桃红》宜于表达宣泄忧郁心情。

五、散曲和词的异同

散曲是词发展至鼎盛时期产生的一种新诗体。它深受词的影响，和词有不少相同之处。但散曲和词是两种诗体，因此，有同有异。

1. 名称相同

单首散曲名叫“小令”，和词名“小令”相同。散曲也称“乐府”，这点也和词相同。散曲又称“词余”，也和词名“诗余”同理而设，实际上是从“诗余”演化而来的。

2. 句式相同

散曲和词都是长短句，散曲一句短到一字，长至十一字。

3. 同是歌词

散曲和词都是配乐的歌词，都入宫调。例如，散曲《人月圆》和词《人月圆》都入“黄钟宫”。不过，词的宫调不须标明，慢慢地人们也就忘记了。散曲的宫调必须在曲牌前面标出来。

4. 词有词牌，散曲有曲牌，这点相同

曲牌还有个特点，就是引入词牌作为曲牌，分两种情况：一种是将词牌及其字数、句数、平仄、宫调全部照搬过来，于是一首词同时又是散曲，如《人月圆》《秦楼月》《太常引》等。另一种情况是词牌和曲牌名称相同，但字数、句数、平仄、宫调不完全相同，或者完全不同。

5. 词和散曲雅俗共赏

词从民间进入文人创作圈子以后，变成高雅的艺术；脱离乐曲而独立后，便成了高雅的文学品种，是“阳春白雪”。散曲虽然也进入文人创作的范围，但多民间性，因此，既是“阳春白雪”，也是“下里巴人”，雅俗共赏。

6. 押韵不同

词押韵依据是《词林正韵》，实际上还是“平水韵”，只是根据词的邻韵通押的原则将平水韵相邻的韵部加以合并而已。散曲则按《中原音韵》押韵。《中原音韵》以北方普通话语音为标准，接近现代汉语普通话。

7. 散曲常常加衬字

有时一首散曲中加许多衬字，如《〔双调〕风入松》《〔正宫〕醉太平》。因此，散曲的字数不固定，往往突破规定的平仄格式，是一种比较自由的格律诗体。词一般不能加衬字，字数固定，不能变动。

加衬字可加在句首，或者加在句中，但不能加在句尾。加在句首的，可以是实字，也可以是虚字；加在句中的，以虚字最为常见，但不限于虚字。衬字不拘平仄，不拘多少。

六、散曲的特点

从体式上说，散曲是新体格律诗，有其格律定式，即每一曲牌的句式、字数、平仄等均有定格范式，但又允许在定式中加衬字。部分曲牌还可增添句子，从而使散曲在体式上具有“格律与自由”相统一的特点。

从语言上说，散曲打破格律诗词主要以文言词语为基础来遣词构句的规范。以当时的北方方言为准，押韵可以用“阴平、阳平、上升、去声”四声混押。同时引大量口语入曲，因而将传统诗词质素、民歌风韵及俚词俗语糅为一体，形成一种新的文体的语言风格。

从修辞语法上说，散曲最突出的是使用叠词、重句，以及象声、摹形、拟态等形容词语，增强了语言效果。

从对仗形式上说，诗词通常仅用“偶对”，即二句一对。而散曲除偶对外，还用三句成对的“鼎足对”、四句对仗的“连对”、多句相对的“连珠对”。

第四节　格律和声韵

诗和词按照格律和声韵，可以做如下分类：

古典诗歌：古体诗（古风）包括五言古体诗（五古）、七言古体诗（七古）和乐府诗；近体诗（格律诗）包括五言律诗（五律）、七言律诗（七律）和排律；绝句包括五言绝句（五绝）、七言绝句（七绝）和词。

一、格律

格律诗是有固定格式的。这种格式表现在以下几个方面：第一，句数固定。每首八句的叫律诗，每首四句的叫绝句，超过八句的叫排律。第二，字数固定。每句五个字的称为五言诗，每句七个字的称为七言诗。

律就是声律和韵律，格律诗要遵守发音规则，讲究声律和韵律美。另外，律诗的八句中，每两句称为一联，共分四联；第一、二句为第一联，称为首联；第三、四句为第二联，称为颔联；第五、六句为第三联，称为颈联；第七、八句为第四联，称为尾联。

二、平仄

平仄是中国诗词中用字的声调。“平”指平直，“仄”指曲折。齐梁时期的沈约在总结前人对汉字发声研究成果的基础上，创立了“四声”，形成了格律诗声律的规则，同时也是现代汉语发声规则的基础。根据隋朝至宋朝期间修订的韵书，如《切韵》《广韵》等，中古汉语有四种声调，称为平、上、去、入。除了平声，其余三种声调有高低的变化，故统称为仄声。

七律的标准平仄格式有两种：一种是平起式（即第一句的第二个字是平声字），另一种是仄起式（即第一句的第二个字是仄声字）。平起式：平平仄仄仄平平，仄仄平平仄仄平。仄仄平平平仄仄，平平仄仄仄平平。平平仄仄平平仄，仄仄平平仄仄平。仄仄平平平仄仄，平平仄仄仄平平。仄起式：仄仄平平仄仄平，平平仄仄仄平平。平平仄仄平平仄，仄仄平平仄仄平。仄仄平平平仄仄，平平仄仄仄平平。平平仄仄平平仄，仄仄平平仄仄平。实际运用时，不是每一个字都要按照上述的平仄去写，有一定的灵活性。

三、对仗

对仗也称对偶，格律诗对仗的具体内容，首先是上下两句平仄必须相同，简言之，就是“名词对名词，动词对动词，实词对实词，虚词对虚词”。其次是要求相对的句子句型应该相同，句法结构要一致，如主谓结构对主谓结构，偏正结构对偏正结构，述补结构对述补结构等。有的对仗的句式结构不一定相同，但要求字面相对。最后，要求词语所属的词类（词性）相一致，如名词对名词，动词对动词，形容词对形容词等；词语的“词汇意义”也要相同，如同是名词，它们所属的词义范围要相同，如天文、地理、宫室、服饰、器物、动物、植物、人体、行为、动作等同一意义范围内的词方可为对。对仗的运用有宽有严，因而出现各种类型，有工对、邻对、宽对、借对、流水对、扇面对等。在内容上则有言对、事对、正对、反对等名目。

四、押韵

诗词歌赋中，某些句子的末一字用韵母相同或相近的字，使音调和谐优美。所谓押韵（也叫压韵、叶韵），就是把相同韵部的字放在规定的位置上。所谓韵部，就是将相同韵母的字归纳到一类。

同一韵部内的字都为同韵字。任何诗歌都要求押韵，古今中外概莫能外，所不同者，对于押韵的限制多与少、严与宽的不同而已。这也是诗歌同其他文学体裁的最大分别。比较常用的是“106部平水韵”。

押韵是增强诗歌音乐性的重要手段，近体诗为了使声调和谐、容易记忆，对于押韵十分讲究。古人通常使用官方颁布的专门指导押韵的书，如《唐韵》《广韵》《礼部韵略》《佩文诗韵》《诗韵集成》《诗韵合璧》等，以南宋王文郁撰的《新刊韵略》最为流行，即世人所谓的“106部平水韵”。

在现代汉语中，凡韵母相同的字，都叫同韵字，如“东”和“冬”；新诗的押韵，按此规律即可。

古体诗押韵较为宽松，可以换韵，可以押邻韵。近体诗押韵有较严格的规定。

一是偶句押韵。律诗是二、四、六、八句押韵，绝句是二、四句押韵，无论律诗还是绝句，首句均可以押韵或不押韵。一般来说，五言诗首句不入韵为常见，七言诗首句入韵为常见。

二是押平声韵。近体诗为了声韵和谐，一般押平声韵，大多数近体诗（即唐及以后的诗，唐以前的叫古体诗）也遵守这个要求。

三是一韵到底。原则上，近体诗中间不能换韵，尤其是科考考场上的试帖诗、应制诗和限韵诗。但由于科考使用的《切韵》体系已经不完全符合唐代口语声韵，部分韵母已经合并或分离，更可能有诗人乡音难改，使用方音作诗，因而仍有在诗中更换邻韵的作品。

唱和是依照别人诗中所使用的韵字来押韵作诗，叫作“和韵”或“步韵”，主要有三种方式：一是次韵，又称步韵，即用原诗相同的韵字，且前后次序都必须相同，这是最常见的一种方式；二是用韵，即使用原诗中的韵字，但不必依照其次序；三是依韵，即用与原诗同一韵部的字，但不必用其原字。

五、十三辙

又称“十三道大辙”，指在北方说唱艺术中，韵母按照韵腹相同或相似（如果有韵尾，则韵尾必须相同）的基本原则归纳出来的分类，目的是为了使诵说、演唱顺口，易于记忆，富有音乐美。十三辙的名目是：发花、梭波、乜斜、一七、姑苏、怀来、灰堆、遥条、由求、言前、人辰、江阳、中东。特别指出的是，十三辙中每一辙的名目不过是符合这一辙的两个代表字，并没有其他的意义，所以同样也可以用这一辙的其他字来代表该辙，如“梭波辙”也可以叫作“婆娑辙”，“言前辙”也可以称作“天仙辙”。

押韵广泛应用于文学作品中，诗歌尤甚，使行文富有节奏和音乐之美，把同韵的字有规律地配置在诗词等韵文的句尾。各句押韵的字叫作韵脚或韵字。押韵是诗词等韵文的语言特点之一，其主要作用是使声音和谐优美，吟诵顺口悦耳，便于记忆流传。

（本章撰稿人：文丛）

第三章

素读古代诗歌要自觉运用文言知识

同学们要想让自己有较强的古代诗歌素读能力，除了平时要注意积累一些古代诗词曲的基础知识外，还得自觉运用自己的古文知识储备，因为古代诗歌到底属于“古文”（古代汉语）范畴。就高中生来说，大家多多少少都是有一些“文言知识”储备的，事实上大家平时在读古代诗歌时已经自觉、不自觉地在用它们了。而如果有了运用文言知识的“自觉”意识，素读能力定会大增的。当然，这里所说的“文言知识”是从广义上来说的，内容很丰富，包括词汇、语法知识，也包括古代修辞和文化常识。

第一节 自觉运用文言知识素读古代诗歌

这里我们强调的是“自觉”二字。许多同学在阅读古代诗歌时，其实是不自觉地在运用所学过的文言知识。但是，有意识跟无意识，自觉跟不自觉，其效果还是很不相同的。我们更强调自觉运用所学过的文言知识，因为这是一种更积极的学习状态，效果会更好。

例如，我们读杜甫的《送韦讽上阆州录事参军》：“国步犹艰难，兵革未休息。万方哀嗷嗷，十载供军食。庶官务割剥，不暇忧反侧。诛求何多门，贤者贵为德。韦生富春秋，洞彻有清识。操持纪纲地，喜见朱丝直。当令豪夺吏，自此无颜色。必若救疮痍，先应去蟊贼！挥泪临大江，高天意凄恻。行行树佳政，慰我深相忆！”[①]其中的“国步”“犹”“万方”“十载”“庶官”“不暇”“反侧”“诛求”“蟊贼”“高天”“树”“佳政”等实词、虚词，有的是我们在文言课文里读过的，有的则是在课外古文阅读中看到过的，我们如果能够学习迁移，知道“国步”是“国运”的意思，“犹”就是“仍然、还是”的意思，“万方”即“全国各地”，“十载”就是“十年”，“庶官”就是“众官”，“不暇”即“无暇、没有工夫”，“反侧”就是“身体翻来覆去，形容睡卧不安，这里指民心不安”，“诛求”即“勒索，这里指横征暴敛”，“蟊贼”指“危害国家和人民的人”，“高天”即“上天”，“树”即“树立、建立”，“佳政”就是“美好的政治、良好的政绩”，那么诗歌的意思理解起来就不会难了。同时，如果知道“休息”“颜色”是古今异义词，这里的“休息”是“停止”的意思，“颜色”是“脸面”的意思；知道诗中的“兵革”“春秋”是借代，“兵革”指“战争”，“春秋”指“年岁”；知道“朱丝”是“染成红色的琴瑟弦，这里比喻正直无私”，那么从字面上讲，这首诗理解起来也就没有难度了。再结合杜甫的身世遭遇，知人论世，就可以推知本诗表现了诗人感时伤乱、忧国忧民的复杂心情，尽管是送别诗，却概括描写了战乱中人民的苦恨，揭露了当时社会横征暴敛的真实情况，体现了杜甫诗

歌普遍的人民性。

又如，我们来读宋代吕本中的《采桑子·恨君不似江楼月》："恨君不似江楼月，南北东西，南北东西，只有相随无别离。恨君却似江楼月，暂满还亏，暂满还亏，待得团圆是几时？"②文字上没有多少障碍，却要注意民歌特色这种写法上的特点。这是首写别情的词，上片指出抒情主人公行踪不定，南北东西漂泊，在漂泊中经常在月下怀念妻子，因此感叹妻子不能像月亮那样跟他在一起。下片写他同妻子分离的时候多，难得团圆。这首词是文人词，却富有民歌风味。民歌往往是真情的自然流露，很少用典故，喜欢用白描。这首词也具有这种特点，是真情的自然流露，也是白描，很亲切。民歌往往采取重复歌唱的形式，这首词也一样。不仅由于《采桑子》这个词调的特点，像"南北东西""暂满还亏"两句是重复的；就是上、下两片，也有重复而稍加以变化的句子，如"恨君不似江楼月"与"恨君却似江楼月"，只有一字之差。还有，民歌往往用比喻，而这首词的"江楼月"正是比喻，这个比喻亲切而贴切。上片赞美"江楼月""南北东西，只有相随无别离"，是到处漂泊，永不分离的赞词。下片写"江楼月""暂满还亏，待得团圆是几时"，却是难得团圆的恨词。同样用"江楼月"作比，一赞一恨，是在一篇中用同一个比喻而具有二柄。另外，上片的"江楼月""只有相随无别离"是永不分离；下片的"江楼月""待得团圆是几时"是难得团圆。命意不同。同用一个比喻，在一首词里，所比不同，构成多边（比喻的"二柄""多边"是钱锺书先生在《管锥编·周易正义·归妹》中提出来的，所谓二柄，意指"同此事物，援为比喻，或以褒，或以贬，或示喜，或示恶，词气迥异"，比如诗人用月作比喻，可以一个是表示敬仰赞美，一个是表示怨恨，感情不同，称为二柄；"比喻有两柄而复具多边。盖事物一而已，然非止一性一能，遂不限于一功一效。取譬者用心或别，着眼因殊，指同而旨则异"，比如同用月作比喻，可以比圆，比明亮，比明察，这就是比喻的多边）。像这样，同一个比喻，在一首词里，既有二柄，复具多边，这是很难找的。因此，这首词里用的比喻，在修辞学上是非常突出的。这样的比喻，是感情的自然流露，不是有意造作，用得又非常贴切，这是更为难能可贵的。作者经常在月下怀念妻子，所以产生上片的比喻；作者感叹与妻子难得团圆，所以产生下片的比喻。这些是作者独具的感情，所以写得那样真实而独具特色。

【译文】

① 国家命运仍很艰难，战争连绵至今未断。全国各地哀声遍野，十年军用征敛不堪。众官致力宰割剥夺，无暇忧及民心思叛。横征暴敛名目繁多，贤者重视以德为先。韦生你正年富力强，通达事理识见不凡。前去掌管荆法纲纪，喜你执法正直不偏。定使那些贪官污吏，从此之后再无脸面。若要解救民生疾苦，害民之贼应先惩办。洒泪送到岷江边上，上天也觉无限伤感。你去做出良好政绩，安慰我的深情忆念。

② 可恨你不像江边楼上高悬的明月，不管人们南北东西四处漂泊，明月都与人相伴不分离。

可恨你就像江边楼上高悬的明月，刚刚圆满就又缺了，等到明月再圆不知还要等到何时？

第二节　素读古代诗歌要用到词汇、语法知识

一、积累并运用好实词、虚词

常用的文言实词、虚词是需要不断积累的，没有掌握好必要的文言实词、虚词，文言文读不懂，古代诗歌也必然读不懂。一般来说，掌握了120个常用文言实词和18个常用文言虚词的用法，并能自觉加以运用的话，素读古代诗歌，疏通诗句一般是不在话下的。在这里，“积累”和“运用”是关键词，没有“积累”，肯定不行，有了积累，不会“运用”，也不行，二者是一个有机整体。

例如，我们读《国风·鄘风·相鼠》：“相鼠有皮，人而无仪！人而无仪，不死何为？相鼠有齿，人而无止！人而无止，不死何俟？相鼠有体，人而无礼，人而无礼！胡不遄死？”[①]其中的“相”即看，“仪”即威仪，“人而无仪，不死何为”的“而”即如果，假如，“止”即容止，“俟”即等待，“体”即肢体，“礼”即礼仪，“胡”即何、为什么、怎么，“遄”即迅速、

快速、赶快，这些实词、虚词都是在课堂上学过的，如王勃《滕王阁序》就有“逸兴遄飞”，课文注解释“遄”为“迅速”，只要大家能灵活迁移，诗句大意基本上就可以疏通，也就不难理解本诗的思想内容和情感了。它选择丑陋、狡黠、偷窃成性的老鼠与卫国“在位者”作对比，公然判定那些长着人形而寡廉鲜耻的在位者连老鼠也不如，诗人不仅痛斥，而且还要他们早早死去，以免他们玷污“人”这个崇高的字眼。翻开卫国的史册，在位者卑鄙龌龊的勾当实在太多，如州吁弑兄桓公自立为卫君，宣公强娶太子伋未婚妻为妇，宣公与宣姜合谋杀太子伋，惠公与兄黔牟为争位而开战，懿公好鹤淫乐奢侈，昭伯与后母宣姜乱伦，等等。父子反目，兄弟争立，父淫子妻，子奸父妾，没有一件不是丑恶之极、无耻之尤。这些在位者确实禽兽不如，禽兽尚且恋群，他们却是骨肉相残。诗人咬牙切齿，有感而发。三章重叠，以鼠起兴，反复类比，意思并列，但各有侧重，第一章“无仪”，指外表；第二章“无止（耻）”，指内心；第三章“无礼”，指行为。三章重章互足，合起来才是一个完整的意思。诗人尽情怒斥，通篇感情强烈，语言尖刻；每章四句皆押韵，并且二、三句重复，末句又反诘进逼，既一气贯注，又回流激荡，增强了讽刺的力量。

又如，读李煜的《浪淘沙令·帘外雨潺潺》：“帘外雨潺潺，春意阑珊。罗衾不耐五更寒。梦里不知身是客，一晌贪欢。独自莫凭栏，无限江山，别时容易见时难。流水落花春去也，天上人间。”[②]其中的“潺潺”即水流声，“阑珊”即将尽、衰落、衰残，“罗衾”即绸缎被子，“不耐”即受不了，“一晌”即一会儿、片刻，“贪欢”即贪恋梦境中的欢乐，“凭栏”即靠着栏杆”，这些是我们在课堂上学过的，我们就能疏通词意，并理解词的思想内容和情感。此词是李煜去世前不久所写，基调低沉悲怆，透露出这个亡国之君绵绵不尽的故土之思，可以说这是一支婉转凄苦的哀歌，情真意切，哀婉动人，深刻地表现了词人的亡国之痛和囚徒之悲，生动地刻画了一个亡国之君的艺术形象。

二、看清通假字

大家知道，不明通假没法真正读懂文言文，其实，读古代诗歌也一样。比如，我们读《诗经·静女》：“静女其姝，俟我于城隅。爱而不见，搔首踟蹰。静女其娈，贻我彤管。彤管有炜，说怿女美。自牧归荑，洵美且异。匪女之为美，美人之贻。”[③]其中的“爱”通薆，躲藏、隐蔽，“说”通悦，喜欢，“说怿女美”和“匪女之为美”之“女”通汝，你，这里指彤管，“归”通馈，赠送，“匪”通非，不是，如果我们不知道它们是通假字的话，还真的难以顺利疏通诗意。上面的《国风·鄘风·相鼠》里的“止”也可以看成通假字，通“耻”。我们学过的《孔雀东南飞》里的通假字更是不少，如“终老不复取”里的“取”通娶，迎娶，“蒲苇纫如丝”里的“纫”通韧，坚韧，“催藏马悲哀”里的“藏”通脏，脏腑，“府吏见丁宁”里的“丁宁”通叮咛，嘱咐，“箱帘六七十”里的“帘”通奁，梳妆匣，“吾今且报府”里的“报”通赴，赶往，“槌床便大怒”里的“槌”通捶，拍打，“合葬华山傍”里的“傍”通旁，旁边，“恨恨那可论”里的“那”通哪，哪里，“奄奄黄昏后”里的“奄奄”通晻晻，日色昏暗无光的样子，等等。

三、注意古今异义词

如同万事万物是发展变化的一样，词语的意义也会发生变化。词义的演变一般有词义的扩大，如“河”原指黄河，后来泛指一般的河流，词义扩大了；词义的缩小，如“金”原指包括铜、铁、锡、金、银等在内的一般的金属，是跟“木”“水”“火”“土”等并列的物质类名，后来专指金子，词义缩小了；词义的转移，如“走”原指跑，后来指行走，词义发生了转移；词语感情色彩的变化，如“锻炼”原指罗织罪名陷害人，后来有了通过磨炼使人的身体或觉悟和工作能力得到提高的意思，感情色彩由贬变褒了；等等。

我们这里所说的古今异义词，主要指词义发生了转移的单音节词，以及两个单音节词连用，形式上好像就是现代汉语里的某个双音节词，而从词义来看，实际上只是两个单音节词的连用情况，如“今齐地方千里”里的“地方”，其实是“土地方圆、土地纵横”的意思，“请指示王”里的“指示”，其实是“指给……看”的意思。而这种两个单音节词的连用式的古今异义，比起词义发生转移了的单音节异义词来，有时迷惑性更大，更需要我们加以仔细分辨。

比如，我们读宋代宋祁的《玉楼春·春景》：“东城渐觉风光好。縠皱波纹迎客棹。绿杨烟外晓寒轻，红杏枝头春意闹。浮生长恨欢娱少。肯爱千金轻一笑。为君持酒劝斜阳，且向花间留晚照。”④其中的“爱”不是“喜爱”而是“吝惜”，是古今异义词。我们读唐代朱庆馀《近试上张籍水部》：“洞

房昨夜停红烛，待晓堂前拜舅姑。妆罢低声问夫婿，画眉深浅入时无。”[5]其中的“舅姑”是古今异义词，这里是“丈夫的爸爸妈妈，即公公婆婆”的意思。我们读柳永的《鹤冲天·黄金榜上》：“黄金榜上，偶失龙头望。明代暂遗贤，如何向。未遂风云便，争不恣狂荡。何须论得丧？才子词人，自是白衣卿相。烟花巷陌，依约丹青屏障。幸有意中人，堪寻访。且恁偎红倚翠，风流事，平生畅。青春都一饷。忍把浮名，换了浅斟低唱！”[6]其中的“明代”即政治清明的时代，也是古今异义词。还有曹操《龟虽寿》“烈士暮年，壮心不已”里的“烈士”即志向远大、建功立业的人，杜甫《登岳阳楼》“戎马关山北，凭轩涕泗流”里的“涕”即眼泪，杜甫《春望》“家书抵万金”里的“家书”即家信，《孔雀东南飞》“处分适兄意”里的“处分”即处理，办理，“叶叶相交通”里的“交通”即交叉，交错相通，“汝岂得自由”里的“自由”即自作主张，“可怜体无比”里的“可怜”即可爱，“守节情不移”里的“守节”即遵守府里的规矩，“本自无教训”里的“教训”即教养，等等，都是值得注意的古今异义现象。

四、认清偏义复合词

所谓偏义复合词，是指由词根复合方式构成的双音节词，词的意义由其中的一个语素（词根）承担，另一个语素（词根）不取义，也就是说，这个词的意义偏指在一个语素（词根）上，所以叫作偏义复合词，简称偏义词。例如，大家熟悉的《孔雀东南飞》，里面的“作息”偏在“作”，劳作，“公姥”偏在“姥”，婆婆，“父兄”偏在“兄”，哥哥，“父母”偏在“母”，母亲，妈妈等。我们读唐代张为的《渔阳将军》：“霜髭拥颔对穷秋，著白貂裘独上楼。向北望星提剑立，一生长为国家忧。”[7]其中的“国家”也是偏义复合词，偏在“国”。

五、重视词类活用

词类活用是词的临时性用法。语境当中，某个词改变了它一贯的用法，而临时用作别的词性，就叫作词类活用，包括名词、动词、形容词、数词等的活用。

例如，我们读宋代晏殊的《蝶恋花·槛菊愁烟兰泣露》：“槛菊愁烟兰泣露，罗幕轻寒，燕子双飞去。明月不谙离恨苦，斜光到晓穿朱户。昨夜西风凋碧树，独上高楼，望尽天涯路。欲寄彩笺兼尺素，山长水阔知何处？”[⑧]其中的“凋”就是使动用法，“使……凋谢”，“凋碧树”就是“使绿树凋谢”。另外，大家熟悉的王安石《泊船瓜洲》里的“春风又绿江南岸”，其中的“绿”也是使动用法，即“使……变绿”。

又如，我们读宋代吴文英的《唐多令·惜别》：“何处合成愁。离人心上秋。纵芭蕉、不雨也飕飕。都道晚凉天气好，有明月、怕登楼。年事梦中休。花空烟水流。燕辞归、客尚淹留。垂柳不萦裙带住。漫长是、系行舟。”[⑨]其中“不雨也飕飕”里的“雨”就是名词活用作了动词，这里是“下雨”的意思。

我们学过的《孔雀东南飞》里的词类活用现象更多，如“仕宦于台阁（名词‘仕’作动词，任官）”“头上玳瑁光（名词‘光’作动词，发光）”“交广市鲑珍（名词‘市’作动词：购买）”“孔雀东南飞（方位名词‘东南’作‘飞’的状语，朝东南）”“手巾掩口啼（名词‘手巾’作‘掩’的状语，用手巾）”“卿当日胜贵（名词‘日’作‘胜’的状语，一天天）”“晚成单罗衫（名词‘晚’做‘成’的状语，在晚上）”“留待作遗施（动词‘遗施’作名词，遗施之物，纪念品）”“千万不复全（形容词‘全’作动词，保全）”“足以荣汝身（‘荣’，形容词使动用法，使……荣耀）”“以此下心意（‘下’，名词使动用法，使……委屈）”“戒之慎勿忘（‘戒’，动词意动用法，以……为警戒）”“时人伤之，为诗云尔（‘伤’，名词作动词，哀悼）”等。

六、辨析特殊句式

古代诗歌因受到音律影响，受到字数、句数限制，语言远较古文精练，因而特殊句式更需要注意。

注意省略句式。省略主语，如王勃的《送杜少府之任蜀川》“与君离别意，同是宦游人”中，前一句省略了主语“我”，后一句省略了主语“我们”。省略谓语，如王维的《送梓州李使君》：“万壑树参天，千山响杜鹃。山中一夜雨，树杪百重泉。汉女输橦布，巴人讼芋田。文翁翻教授，不敢倚先贤。”[⑩]其中的“山中一夜雨，树杪百重泉”也可看作谓语动词的省略，从前句“雨”字可知谓语动词是“下”，也就可推知后句省略的也是“（泻）下”。这两句的意思是，山中下了一夜春雨，树梢泄下的无数股雨水就像百重

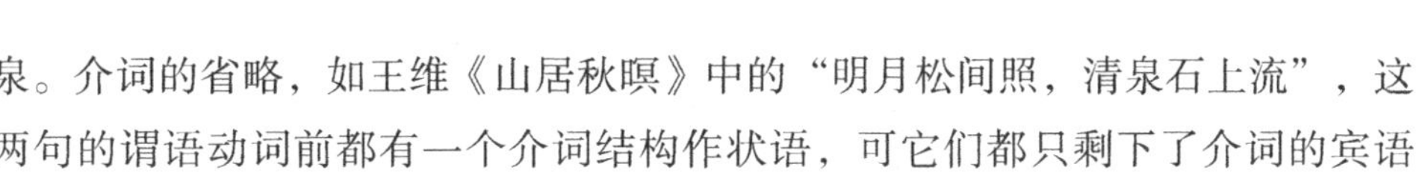

泉。介词的省略，如王维《山居秋暝》中的“明月松间照，清泉石上流”，这两句的谓语动词前都有一个介词结构作状语，可它们都只剩下了介词的宾语“松间”“石上”，可见都省略了介词“于”。

注意倒装句式。倒装句是个大的概念，包括我们平时所说的宾语前置句、定语后置句、状语后置句、主谓倒装句等。我们前面讲的《国风·鄘风·相鼠》，其中的“不死何为”“不死何俟”就是宾语前置句，“何为”就是“为何”，意即“干什么”，“何俟”就是“俟何”，意即“等什么”。苏轼《念奴娇·赤壁怀古》里的“多情应笑我”其实也是其中的直接宾语“多情”前置了，当为“应笑我多情”。宋代范仲淹的《苏幕遮·怀旧》：“碧云天，黄叶地。秋色连波，波上寒烟翠。山映斜阳天接水。芳草无情，更在斜阳外。黯乡魂，追旅思。夜夜除非，好梦留人睡。明月楼高休独倚。酒入愁肠，化作相思泪。”[11]其中的“寒烟翠”即“翠寒烟”，“明月楼高”即“明月高楼”，都可看作定语后置。唐代诗人刘长卿《逢雪宿芙蓉山主人》“风雪夜归人”中的“归人”其实是“人归”，主谓倒置。《孔雀东南飞》里的“仕宦于台阁”其实是“于台阁仕宦”，是状语后置句。

注意被动句、判断句。《孔雀东南飞》里的“今日被驱遣”是被动句，“汝是大家子”则是判断句。

【译文】

① 你看这黄鼠还有皮，人咋会不要脸面。人若不要脸面，还不如死了算了。你看这黄鼠还有牙齿，人却不顾德行。人要没有德行，不去死还等什么。你看这黄鼠还有肢体，人却不知礼义。人要不知礼义，还不如快快死去。

② 门帘外传来雨声潺潺，浓郁的春意又要凋残。即使身盖罗织的锦被也受不住五更时的冷寒。只有迷梦中忘掉自己是羁旅之客，才能享受片时的欢愉。不该独自一人登楼凭栏远望，引起对故国的无尽思念和感慨。离开容易再见故土就难了。过去像流失的江水，凋落的红花跟春天一起回去，今昔对比，一是天上，一是人间。

③ 娴静姑娘真可爱，约我城角楼上来。故意躲藏让我找，急得抓耳又挠腮。娴静姑娘好容颜，送我一枝红彤管。鲜红彤管有光彩，爱它颜色真鲜艳。郊野采荑送给我，荑草美好又珍异。不是荑草长得美，美人相赠厚情意。

④ 信步东城感到春光越来越好，皱纱般的水波上船儿慢摇。条条绿柳在霞光晨雾中轻摆曼舞，粉红的杏花开满枝头春意妖娆。总是抱怨人生短暂欢愉太少，怎肯为吝惜千金而轻视欢笑？让我为你举起酒杯奉劝斜阳，请留下来把晚花照耀。

⑤ 洞房里昨夜花烛彻夜通明，等待拂晓拜公婆讨个好评。打扮好了轻轻问丈夫一声：我的眉画得浓淡可合适？

⑥ 在金字题名的榜上，我只不过是偶然失去取得状元的机会。即使在政治清明的时代，君王也会一时错失贤能之才，我今后该怎么办呢？既然没有得到好的机遇，为什么不随心所欲地游乐呢！何必为功名患得患失？做一个风流才子为歌姬谱写词章，即使身着白衣，也不亚于公卿将相。在歌姬居住的街巷里，有摆放着丹青画屏的绣房。幸运的是那里住着我的意中人，值得我细细地追求寻访。与她们依偎，享受这风流的生活，才是我平生最大的欢乐。青春不过是片刻时间，我宁愿把功名，换成手中浅浅的一杯酒和耳畔低回婉转的歌唱。

⑦ 深秋里（将军）下颌上的胡须挂满了冰霜，他披着白色貂裘独自上了高楼。提着宝剑向北远望北斗星，一辈子都为国家的边疆安宁而操心、担忧。

⑧ 栏外的菊花笼罩着一层愁惨的烟雾，兰花沾露好似默默饮泣。罗幕闲垂，空气微寒，一双燕子飞去。明月不明白离别之苦，斜斜的银辉直到破晓还穿入朱户。昨天夜里秋风劲吹，凋零了绿树。我独自登上高楼，望尽那消失在天涯的道路。想给我的心上人寄一封信，但是高山连绵，碧水无尽，不知道我思念的人究竟在何处。

⑨ 怎样合成一个“愁”，是离别之人的心上加个秋。纵然是秋雨停歇之后，风吹芭蕉的叶片，也吹出冷气飕飕。别人都说是晚凉时的天气最好，我却害怕登上高楼，那明月下的情景，更加令我滋生忧愁。往昔的种种情事好像梦境一样去悠悠，就像是花飞花谢，就像是滚滚的烟波般向东奔流。群群的燕子已经飞回南方的故乡，只有我这游子还在异地停留。丝丝垂柳不能系住她的裙带，却牢牢地拴住我的行舟。

⑩ 梓州一带千山万壑尽是大树参天，山连着山，到处可听到悲鸣的杜鹃。山里昨晚不停地下了透夜的春雨，树梢淅淅沥沥活像泻着百道清泉。蜀汉妇女用橦花织成的布来纳税，巴郡农民常为农田之事发生讼案。但愿你重振文翁的精神办学教化，不可倚仗先贤的遗泽清静与偷闲。

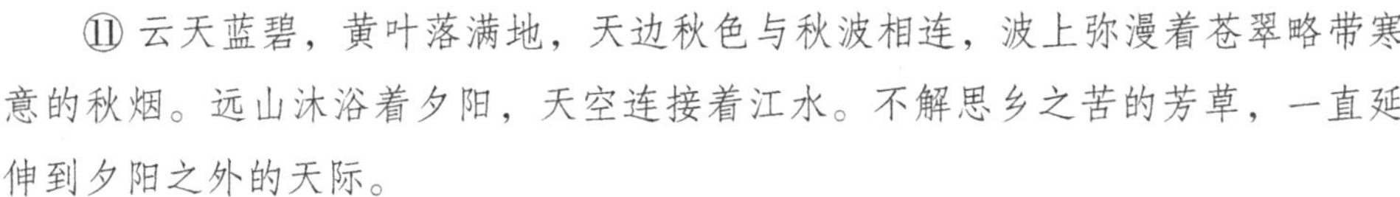
⑪ 云天蓝碧，黄叶落满地，天边秋色与秋波相连，波上弥漫着苍翠略带寒意的秋烟。远山沐浴着夕阳，天空连接着江水。不解思乡之苦的芳草，一直延伸到夕阳之外的天际。

默默思念故乡黯然神伤，缠人的羁旅愁思难以排遣，每天夜里除非是美梦才能留人入睡。当明月照射高楼时不要独自依倚。频频地将苦酒灌入愁肠，化作相思的眼泪。

第三节　素读古代诗歌要用到修辞知识

一、诗歌就是修辞的艺术

什么是修辞？简言之，修辞就是考虑如何把话说好，说得准确、精练、形象、生动、得体，它追求的是语言的美，追求尽可能好的表达效果。文学就是语言的艺术，作为文学长子的诗歌，当然不能不讲究修辞。我们读古代诗歌，尽管有时不太理解其思想内容，却会被其中的美感打动，“只可意会，不可言传”，以至爱不释手，神魂颠倒，就像《红楼梦》里学诗的香菱一样。

既然诗歌是美的艺术，是修辞的艺术，我们在读诗歌的时候，就应自觉地运用自己所学过的修辞知识来帮助理解诗歌，反过来，又由诗歌学到更多的修辞知识，以提高自己的说话和写作能力，提高自己的语文素养。

同时，我们要明白，修辞不只是大家平时所说的修辞手法，修辞手法只是修辞里的一个组成部分，远不是修辞的全部。按传统的说法，修辞有消极修辞与积极修辞之分，包括语音的修辞、词语的修辞、句式的修辞和篇章的修辞等。讲究音韵之美，刻意炼字炼句（所谓“语不惊人死不休”），选择句式，注意布局谋篇，选用修辞手法，追求语言风格，等等，都在修辞的范围之内。

二、利用音韵知识读懂诗歌

最初的诗歌是用来唱的，后来的许多诗歌还是可以配乐歌唱。唱则是一种“出口入耳”的行为，对音韵的要求是很高的，不合音律要求，没有音韵之美，唱起来吃力，听起来难受。可见，古代诗歌从来就是讲究音韵之美的。

古代诗歌有古体（古风）和近体（格律诗）之别，尽管古风没有像近体诗那样对格律严格要求，但它在音节、节奏、平仄、押韵、双声、叠韵、叠音、字数的限定等方面，也是努力追求抑扬顿挫，极尽汉语音韵之妙。我们读《诗经》《楚辞》《古诗十九首》，也像读律诗、绝句一样，能感受到其中语言的美、音韵的美；我们也应该自觉地由感受这种音韵的美来读懂诗歌。而讲究格律的诗词，在这个方面，更是需要我们加以利用。例如，我们读欧阳修的《蝶恋花·庭院深深深几许》：“庭院深深深几许，杨柳堆烟，帘幕无重数。玉勒雕鞍游冶处，楼高不见章台路。雨横风狂三月暮，门掩黄昏，无计留春住。泪眼问花花不语，乱红飞过秋千去。”[①]我们不能放过“深深”这个叠音词。“庭院”深深，“帘幕”重重，更兼“杨柳堆烟”，既浓且密——生活在这种内外隔绝的阴森、幽邃环境中，女主人公身心都受到压抑与禁锢。叠用三个“深”字，写出其遭封锁，形同囚居之苦，不但暗示了女主人公的孤身独处，而且有心事深沉、怨恨莫诉之感。显然，女主人公的物质生活是优裕的，但她精神上的极度苦闷也是不言自明的。怪不得千古才女李清照对此激赏不已，曾拟其语作“庭院深深”数阕。

有意识地利用我们所掌握的一点儿诗韵、词韵、曲韵知识，自觉体味古代诗歌里的抑扬顿挫之美，有助于我们读懂古代诗歌，更准确地把握其思想情感。比如，光从节奏来说，有四言二顿、五言三顿、七言四顿等，能帮助我们正确断句，而明句读（dòu）实在是读懂诗文的第一步，能不自觉运用吗？更何况还有其他许多美感在里面。

三、注意古人的炼字炼句处

古人在写诗作词的时候，总是要根据内容、意境、情感的需要，选择最恰当、最贴切、最富有表现力的词句来表情达意，所谓“为人性僻耽佳句，语不惊人死不休”，杜甫这句话很好地代表了一般诗人的心声。

例如，我们读宋代黄庭坚的《寄黄几复》：“我居北海君南海，寄雁传书谢不能。桃李春风一杯酒，江湖夜雨十年灯。持家但有四立壁，治病不蕲三折肱。想见读书头已白，隔溪猿哭瘴溪藤。”[②]其中的“桃李春风一杯酒，江湖夜雨十年灯”，总令我们感动，原因就在于诗人在炼字上下足了功夫。“桃李春风”与“江湖夜雨”，这是“乐”与“哀”的对照；“一杯酒”与“十年灯”，这是“一”与“多”的对照。“桃李春风”而共饮“一杯酒”，欢会极其短促。“江湖夜雨”而各对“十年灯”，漂泊极其漫长。快意与失望，暂聚与久别，往日的交情与当前的思念，都从时、地、景、事、情的强烈对照中表现出来，令人寻味无穷。

又如，欧阳修的《礼部贡院阅进士就试》：“紫案焚香暖吹轻，广庭清晓席群英。无哗战士衔枚勇，下笔春蚕食叶声。乡里献贤先德行，朝廷列爵待公卿。自惭衰病心神耗，赖有群公鉴裁精。”[③]其中颔联“无哗战士衔枚勇，下笔春蚕食叶声”也特别让人感动，那也是诗人炼句的结果。颔联描绘的是士子答题的情况，考生们大清早就入场了，没有一点儿喧闹嘈杂之声；试题下发之后，考生们奋笔疾书，一片沙沙沙的声音，好似春蚕在吃桑叶。这就透露出了作为考官的诗人惜才爱才的真挚之情。

在这里，前人早就有诗眼、词眼之说，我们当加以好好利用。所谓诗眼、词眼，其实就是诗歌的关键字词。一般来说，它们往往是内容上最能揭示作者情感的字词，如“愁”“思”“忆”“惊”“凉”“冷”“孤”等；从词性上讲，以动词、形容词为主；从结构上看，它们是最能统摄全篇的字词；从位置上看，五言诗一般是第三字，七言诗一般是第五字。这些知识，我们在素读诗歌的时候，应该自觉运用。

四、抓住修辞手法，读懂诗歌

修辞手法有很多，我们这里只择要简说，希望能给大家以启发。

在诗歌的语言里，可以说比喻是用得最为普遍的一种辞格。比喻就是通常所说的“打比方”。诗歌语言打不打比方，其效果是大不相同的。有了比方，语言就形象、生动，读者就会如睹其物、如见其人。例如，《诗经·邶风·燕燕》“瞻望弗及，泣涕如雨”，这里有夸张也有比喻，但首先是比喻。杜甫《秋雨叹·其一》中“著叶满枝翠羽盖，开花无数黄金钱”，诗人以“翠羽盖”喻决明之叶，以“黄金钱”喻决明之花，有明目疗效。这种比喻不光强调了外在的形似，而且更重要的是强调了甲乙两物之间的内在关系。“翠羽盖”“黄金钱”都是非常宝贵的，现在用来比喻决明，可见诗人于此情有独钟。

比兴也是古代诗歌中的常用手法。古代比兴是并称的。用我们今天的话来说，兴是指用在一首诗或一章诗开头，具有引发诗情，起烘托作用的一种修辞格式。这种修辞格式一般都是由诗句构成的。兴从创作角度说，是艺术表现方法，如果从修辞角度来说又是一种辞格。例如，《诗经·召南·何彼襛矣》“何彼襛矣，华如桃李。平王之孙，齐侯之子”，这是一首写王姬下嫁齐侯的诗，王姬为文王孙、武王女。诗开头两句是说棠棣花为什么开得那样茂盛啊，火爆劲儿犹如桃李。但接下去，两个人名都是由名词词组构成：“平王之孙，齐侯之子”，意思是说文王之孙要嫁给齐侯之子。平王之孙下嫁给齐侯之子是一件婚事，棠棣花开得茂盛与否，与此并无必然联系。《何彼襛矣》以“何彼襛矣，华如桃李”开头，作用只是引发诗情，起烘托的作用，所以说这是兴的手法，从修辞角度说，用的是起兴辞格。又如，《诗经·王风·葛藟》“绵绵葛藟，在河之浒”，本诗写的是一名流浪汉，他流落他乡，仍然得不到帮助。诗开头两句，是说长长的葛藤，蔓延在河畔。这句话与下面谈的内容也无直接关系，所以说也是兴。不论是起兴还是比喻，这两种辞格都是诗人借助意义联想，把两个事物或两种意象组合到一起，对诗歌的艺术形象进行塑造，对表现、烘托主题起着积极作用。

在古代诗歌中，比拟也是用得比较广泛的一种修辞格式。所谓比拟，是指把甲类事物当作乙类事物来对待、来描写的一种修辞手法。例如，把动物当成人或把无生命的东西当成有生命的东西来描写，这就是拟物。由此可知，比拟辞格是兼含拟人、拟物两种内容的一种修辞格式。例如，《楚辞·离骚》“吾令鸩为媒兮，鸩告余以不好”，“鸩”是作为媒人来写的，这就是拟人。《离骚》是我国诗歌史上最早出现的浪漫主义诗歌杰作。诗人屈原在这篇名作中，以丰富的想象力创造了广阔的艺术空间。在他的笔下，春兰秋菊、风雪雨电都成了有生命的东西。“吾令鸩为媒兮，鸩告余以不好”，这是说诗人屈原想使鸩鸟为媒向美女求爱，而鸩鸟不但不去说媒，反说其女并不美好。在现实生活中，鸩鸟当然是不能为媒的，但在诗人屈原的笔下它获得了人的灵性。无生命

的静物和有生命的动物所获得的这种人的灵性，完全是人的想象结果，使它们失去独立性，成为人的化身。毫无疑问，修辞上拟人手法的运用，使语言变得更加生动。又如，苏轼《春日》“有情芍药含春泪，无力蔷薇卧晓枝”，芍药有情，蔷薇无力都是借助拟人的修辞手法，使它们都成了有血有肉、有情有义的“人物”，真是生动极了。

古代诗歌中使用移就的地方也不少。移就是一种根据事物之间的联系，把适用于某一事物的词语有意地用在另一事物上，起修饰或陈述作用的修辞方式。我们看《诗经·卫风·氓》“将子无怒，秋以为期”，这里的“怒”是发怒的意思，用的是本义。但是本来用于说明人的情绪的“怒”如果用到其他事物上了，那就是移就。例如，韩愈《送灵师》“怒水忽中裂，千寻坠幽泉”，王迈《再呈赵倅》“虚舟相触何心在，怒火虽炎一饷空”，岳飞《满江红》“怒发冲冠，凭阑处，潇潇雨歇”等就用了移就。“火”“发”本来都是不会发怒的，现在也像人一样，有一种情绪，也“怒”了起来，这就是把适用人的词语有意地移在事物上。移就辞格具有积极的修辞作用，这种辞格以汉语词义变化为依据，充分利用句法变化，心理联想的条件，为读者创造一个更实在的想象空间，使诗的主题能更灵活、更生动地表达出来。

对偶是古代诗歌中很重要的一种修辞格式。从原则上说，对偶就是结构相同、字数相等、意义相关的两个词组或句子并列在一起的一种修辞格式。在古代诗歌语言里，对偶具有很高的修辞效果。产生对偶辞格的心理基础是联想。对偶通过匀齐的形式，表达了凝练的内容，使读者读后易于感知、联想、记诵，和谐的节奏更给人一种美的享受。例如，李白《送友人入蜀》“山从人面起，云傍马头生”，“山”“云”相对，“从”和“傍”、“人面”和“马头”相对，“起”“生”相对，整个句式是主状谓对主状谓。又如，李白《送友人》“浮云游子意，落日故人情”，“浮云”“落日”相对，“游子意”“故人情”相对，整个句式是主（谓）宾对主（谓）宾。“浮云”“落日”之后，等于各省去一个“如”字，所以每句实际上是主谓宾结构。

在古代诗歌里，同比喻辞格一样，借代辞格也是用得比较广泛的一种方式。一种事物，不用其本来的名称，而用另一种与之相关的名称来代替它的修辞方式就叫借代。借代可以使诗歌语言更加鲜明、生动，避免词语重复，给人以新奇感，也易于产生联想。例如，杜甫《春日忆李白》“清新庾开府，俊逸鲍参军”中，“庾开府”是庾信诗的代称，“鲍参军”是鲍照诗的代称，这就是用人名代替作品的一种借代方法。又如，张元干《满江红·自豫章阻风吴城山作》“想小楼、终日望归舟，人如削”中，“小楼”是代替小楼中的佳人的，这么一说既委婉又新鲜，诗的情趣跃然纸上，毫无凝滞之感。

在古代诗歌中，为了避免重复而将表达同一或相关内容的词语或语序变换一下，这种辞格就叫变换。例如，《诗经·郑风·有女同车》“有女同车，颜如舜华。有女同车，颜如舜英”，“华”“英”同义，都是花的意思。作者把词语进行这样变换，不完全是为了押韵，更主要的是为了避免用词重复，使表达更加丰富多彩。又如，《诗经·邶风·静女》“静女其姝，俟我于城隅。静女其娈，贻我彤管”，“姝”“娈”同义，都是求，采集的意思；“期”“望”同义，都是希望的意思。当然，变换的词义不一定是同义词，也可以是近义词。

【译文】

① 庭院深深，不知有多深？杨柳依依，飞扬起片片烟雾，一重重帘幕不知有多少层。豪华的车马停在贵族公子寻欢作乐的地方，登上高楼也望不见通向章台的大路。风狂雨骤的暮春三月，再使重门将黄昏景色掩闭，也无法留住春意。泪眼汪汪问落花可知道我的心意，落花默默不语，纷乱的，零零落落，一点儿一点儿飞到秋千外。

② 我住在北方海滨，而你住在南方海滨，欲托鸿雁传书，它却飞不过衡阳。当年春风下观赏桃李共饮美酒，江湖落魄，一别已是十年，常对着孤灯听着秋雨思念着你。你支撑生计也只有四堵空墙，艰难至此。古人三折肱后便成良医，我却但愿你不要如此。想你清贫自守发奋读书，如今头发已白了罢，隔着充满瘴气的山溪，猿猴哀鸣攀援深林里的青藤。

③ 贡院里香烟缭绕，春天的和风又暖又轻，宽阔的庭中一清早就坐满了从各地来应试的精英。举子们紧张肃穆地战斗，如同衔枚疾走的士兵，只听见笔在纸上沙沙作响，仿佛是春蚕嚼食桑叶的声音。郡县里向京都献上贤才，首先重视的是品德操行，朝廷中分等授予官职，依赖着执政大臣。我感到惭愧的是身体衰病心神已尽，选拔超群的英才，全仗诸位来识别辨明。

第四节　素读古代诗歌要自觉运用文化常识

古代文化常识对于读懂古代诗歌实在重要，所以我们平时要自觉积累并运用。古代文化常识范围很广，但至少要注意以下几点：

一、自觉积累并运用有关诗人的生平、创作风格等，以求知人论世

平时积累时，既要关注历朝历代著名诗人，也要关注一些虽不是那么著名却有自己特色的诗人。素读诗歌时，尽量利用所了解到的诗人情况，推测、掌握诗歌思想情感。

例如，我们读魏晋时期诗人左思的《咏史·郁郁涧底松》："郁郁涧底松，离离山上苗。以彼径寸茎，荫此百尺条。世胄蹑高位，英俊沉下僚。地势使之然，由来非一朝。金张藉旧业，七叶珥汉貂。冯公岂不伟，白首不见招。"[1]如果我们对左思及其所处的时代有所了解，了解左思（约250—305）字太冲，齐国临淄（今山东省淄博市）人，西晋著名文学家，其《三都赋》当时颇被称颂，造成"洛阳纸贵"。左思自幼其貌不扬却才华出众。晋武帝时，因妹左棻被选入宫，举家迁居洛阳，任秘书郎。晋惠帝时，依附权贵贾谧，为文人集团"二十四友"的重要成员。永康元年（300），因贾谧被诛，遂退居宜春里，专心著述。后齐王司马冏召其为记室督，不就。太安二年（303），因张方进攻洛阳而移居冀州，不久病逝。他生活的时代，在门阀制度下，有才能的人，因为出身寒微而受到压抑，有无才能的世家大族子弟均占据要位，造成"上品无寒门，下品无势族"的不平现象。这样的话，诗歌的内容与情感也就不难理解了。比如，很显然，开头"郁郁涧底松"四句，以比兴手法表现了当时人间的不平。以"涧底松"比喻出身寒微的士人，以"山上苗"比喻世家大族子弟。仅有一寸粗的山上树苗竟然遮盖了涧底百尺长的大树，从表面看来，写的是自然景象，实际上诗人借此隐喻人间的不平，包含了特定的社会内容，形象鲜明，表意含蓄。

二、自觉积累并运用古代诗歌分类知识来素读

平时如果有意识地积累一些古代诗歌分类方面的知识，素读时又能迁移上去，那是非常有用的。

古代诗歌的分类，按表达方式分为叙事诗、抒情诗、哲理诗，按格律分为古体诗、近体诗，按诗句字数分为四言、五言、七言、杂言等，按题材内容分为山水田园诗（写景诗）、咏物诗、边塞诗、咏怀诗、咏史诗、赠别诗、悼亡诗、爱情诗等。

叙事诗一般有较完整的故事情节，如《石壕吏》《卖炭翁》《陌上桑》《木兰诗》，有的还有典型的人物形象和典型的环境，如《孔雀东南飞》。抒情诗主要是借景抒情、即事抒怀（即咏怀诗，作者往往因一事而有感，发而成诗）和托物言志（即咏物诗，注意把握作者在描摹事物中所寄托的感情，如于谦的《石灰吟》："千锤万凿出深山，烈火焚烧若等闲。粉骨碎身浑不怕，要留清白在人间。"诗中以石灰自喻，表达诗人为国尽忠、不怕牺牲的意愿和坚守高洁情操的决心，咏石灰即歌咏光明磊落的襟怀和崇高清白的人格）。哲理诗的特点是通俗自然，善用比喻说理，耐人寻味，富于理趣，其主要写法，可以是寓理于形象之中（在"景"或"物"的描绘中说理），诗歌形象、生动、有趣，如白居易《赋得古原草送别》"野火烧不尽，春风吹又生"，朱熹《观书有感》"问渠那得清如许，为有源头活水来"，苏轼《饮湖上初晴后雨》"淡妆浓抹总相宜"，等等；可以是议论说理，即议论与形象描写相结合，多用比喻等修辞法，如苏轼《题西林壁》"不识庐山真面目，只缘身在此山中"；可以是寓理于抒情之中，即抒情议论相结合，如王勃《送杜少府之任蜀州》"海内存知己，天涯若比邻"，苏轼《水调歌头》"人有悲欢离合，月有阴晴圆缺"等。

这里特别说说按题材内容分类的情况。

咏史诗：借题发挥，对史实"攻其一点，不及其余"，多用简洁的文字、精选的意象，融合对自然、社会、历史的感触。其思路往往是"历史的人或物—描写古今的盛衰之比—表达主旨"。其主旨要么借古讽今，劝谕统治者借鉴历史，或讽刺当政者荒淫无耻，抨击时弊；要么怀古伤今，喟叹朝代兴亡变化，悲叹昔盛今衰，或物是人非，感慨岁月瞬息变幻，表现诗人阅尽沧桑之后

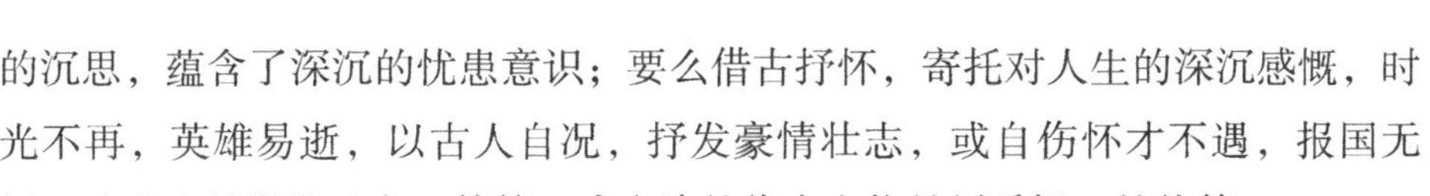

的沉思，蕴含了深沉的忧患意识；要么借古抒怀，寄托对人生的深沉感慨，时光不再，英雄易逝，以古人自况，抒发豪情壮志，或自伤怀才不遇，报国无门，功业未就鬓发已白；等等。咏史诗的代表人物是刘禹锡、杜牧等。

咏物诗：托物言志，咏物“不即不离”，状物“似与不似”，由形写神，物我一境，所写似物非物，意在写人，曲尽“物”之妙处而寄情其中。其基本思路是“物—情、物—理”。因而对于这类诗歌，“裸读”时要抓住诗歌中所表现的“物”的主要特征（某一与诗人情感相吻合的特征），从而揣摩诗中的比喻意和象征意。这类诗歌，要么托物言志，表达诗人志向情感；要么借物喻人，赞美或批判社会上某类人；要么借物喻理，即提出劝世道德箴言。例如，王勃《咏风》“肃肃凉风生，加我林壑清。驱烟寻涧户，卷雾出山楹。来去固无迹，动息如有情。日落山水静，为君起松声”②，借“风”而起兴，结句表达自己要成就一番事业，要在诗坛上引领风骚的志向。

写景诗：包括田园诗、山水诗等。其写法可以是写景抒情，先写景，后直抒胸臆；可以是情景交融，全诗皆写景，但融情于景，注意景物色彩，特别是注意常用的寄托某种情思的意象（景物），如杜甫《绝句》：“两个黄鹂鸣翠柳，一行白鹭上青天。窗含西岭千秋雪，门泊东吴万里船。”全诗对仗工整，看似句句写景，实则字字含情，情景交融。开头两句描写明媚的春景图，流露出诗人喜悦之情。后面两句“千秋”与“万里”相对，表现诗人思接千载、视通万里的浩茫心绪，卒章见底，关键词（诗眼）是“万里船”。门外所泊是来自东吴的“万里船”，诗人却有船行不得，有家归不了。倚窗见到千年不变的茫茫雪山，满眼异地风光。再回想去年官兵收复河南、河北，诗人就想“青春作伴好还乡”，可是一年已过，春天又至，诗人仍然淹留他乡。于是喜悦之情随着视线的转移而消逝，代之而起的是无限思乡之情，以至心随“白鹭”和“东吴万里船”俱往故乡。最后的乐景却反衬了诗人的离愁别绪。

田园诗原是歌咏恬静悠然的田园生活，如东晋陶渊明的一些诗曾被称为“田园诗”代表作。某些诗人不满现实，退居乡野，通过对自然景物的歌咏，流露出不愿与世同流合污的情绪。诗人把细腻的笔触投向静谧的山林和悠闲的田野，创造出一种田园牧歌式的生活，借以表达对现实的不满，以及对宁静平和生活的向往。诗人主要有晋代陶渊明，南朝的鲍照、江淹、沈约、谢朓，南北朝的庾信，盛唐时期山水田园诗的代表作家有王维、孟浩然，此外，唐朝诗人张籍、刘禹锡、柳宗元、白居易、李绅、元稹、姚合、温庭筠、司马札、皮日休、聂夷中、陆龟蒙、杜荀鹤、颜仁郁、可朋、韦庄、王驾等，李白、储光羲、高适、杜甫、元结、袁高、戴叔伦、韦应物、孟郊、王建、颜仁郁等，也都留下了田园诗佳作。

山水诗则主要表现自然美的艺术境界，表现向往自然、回归自然的意愿；或者甘于淡泊、守拙归真，追求平和悠闲的心境与冲淡朴素的物境的融合；或者远离尘嚣，不与世同流合污；或者表现隐逸山水的喜悦、闲适的情感；或者表现大自然的勃勃生机，表达希望、喜悦之情，热爱大自然之情；或者表达与自然和睦相处的宁静平和的心境；或者表现自然恬淡的情趣及掩盖不住的内心的孤清和寂寞之情；等等。山水诗代表人物主要有晋代的陶渊明，南北朝的谢灵运、谢朓，唐代的孟浩然、王维、李白，宋代的杨万里和范成大等。唐代诗人几乎都写有山水诗，杜甫和宋代的梅尧臣、苏东坡、王安石、陆游等大诗人也有大量描写山水的佳作。

边塞诗和战争诗：其思路往往是“塞外景物——戍边战士的情怀”。这种诗要么豪迈奔放、一往无前，显示祖国河山之壮美，抒发戍边将士保家卫国、建功立业之豪情（盛唐时期的边塞诗多如此，代表人物如高适、岑参）；要么表现边塞生活的艰苦，表示戍边战士平息叛乱、反对侵略和巩固边防、为国捐躯的决心；要么写边塞的风光或思乡怀人的情怀，抒发报国无门的愤懑压抑，以及归家无望的哀伤之情；要么表达外患未除、功业未建，以及久戍边地、士兵思乡等复杂矛盾的心情（宋代的边塞诗多如此，代表人物如范仲淹）；要么诉连年征战之苦，思乡思亲之苦（宋代的边塞诗多如此）；要么揭露统治者穷兵黩武给老百姓带来的痛苦（战争诗常如此）；等等。

赠别诗和悼亡诗：这类诗歌较其他类属作品，情感更为挚厚、强烈，所谓“悲莫悲兮生离别”，展现出主体意愿与严酷现实的矛盾，前者“欲留不能，欲舍不忍”，后者“抚存感往，物是人非”，以感情的悲剧性冲突和心灵的巨大波荡唤起读者的共鸣、同情与悲悯。读送别诗要注意其重团聚、怨别离的特点，诗中除了抒发恨别之情外，往往蕴含其他思想感情，如建功立业的豪情、壮志难酬之惆怅、被贬之愤懑、忧国忧民之情、男女之情、连年战争，以及有家难归之悲愤，等等；还要注意想象诗中描写的景物所蕴含的感情，因为古人送别多在歧路旁、津渡口、长亭间或都门外，这时可供作者触而伤怀、借以言情的客观物象一般有落日余晖、流水通波、江风引雨、平沙卷蓬、云横秦岭、路绕蜀山等，作为“人化的自然”，往往荒寒而悲凉，空廓而沉深。而悼亡诗多是感怀亡妻之作，从西晋潘岳悼亡妻的三首代表作起，后人感怀亡妻的作品多用“悼亡”为题，表达悼亡的痛楚和哀伤，这类诗中所写地点或物象要么是闺阁庭院，亡妻生前所生活的空间，“望庐思其人”“入室想所历”，睹物思人，黯然伤神；要么是墟墓间，往往怅恨阴阳两分隔，表现“徘徊墟墓间。欲去复不忍”的伤逝之情。历代著名诗人如潘岳、鲍照、韦应物、孟郊、元稹、李商隐、梅尧臣、苏轼、黄庭坚，一直到明代的于谦和清代的吴嘉纪、厉鹗等，都有悼亡诗流传。

乡思诗、行旅诗、记游诗：这类诗歌往往表现愁肠百结、思乡怀人的主题，或描述个人游历见闻感受，或表现思亲怀乡之情，叙事与抒情相结合。这类诗离不开山水景物描写，所以又称“山水记行诗”。但与纯粹的山水诗略有区别，是“以记抒情”为主的，如杜甫的《旅夜抒怀》、马致远的《秋思》，便不可视作山水诗。其思路是“写物象—触‘物’生情—抒情”。

咏怀诗：以吟咏个人抱负，反映或讽刺社会为题材的诗歌。也有的咏怀诗叹世道不予我生、伤夫妻离别、苦人生短暂（人生若尘露）、哀朋友遗弃，即抒发嗟生、忧时、愤世、疾俗等思想感情，如阮籍的咏怀诗。比兴、象征、联想等是其主要手法。咏怀诗也源自《诗经》，是古诗中最重要的诗歌之一。例如，屈原的《离骚》《涉江》、李白的《行路难》《将进酒》、陈子昂的《登幽州台歌》、苏轼的《定风波·沙湖道中遇》、陆游的《书愤》等等，都是咏怀名作。

游仙诗：这类诗歌往往在浪漫的想象之中，通过对自然景物的描摹，建构理想中的仙境，以寻求对现实环境的解脱，宣泄心中的愤懑，表达对时局的无可奈何与失望之情，表现诗人自由自在的精神和离经叛道的气质。

悯农怜民诗：讲农民劳作之苦，或揭露统治者穷兵黩武政策或苛捐杂税政策，表达对人民的深切同情。

讽喻诗：以嘲讽或劝喻手法，揭露社会黑暗、世态炎凉，表达人民或正人直士呼声的诗歌，亦称“讽喻诗”，有时也称“政治讽刺诗”。自《诗经》起直到现代从未消失，如《硕鼠》《伐檀》《蜂》（唐·罗隐）、《题临安邸》（南宋·林升）、《醉太平》（“讥贪小利者”元代无名氏）等等。

闺情诗：是以女性为主题的描写女性心理情感的诗篇，其思想内容最终可以归结为一个“怨”字。具体来说，这类诗歌，有宫女怨，即反映皇宫内妇女生活的怨诗，往往写皇帝喜新厌旧和封建社会红颜衰老而被遗弃的可悲结局，表达诗人对宫中广大嫔妃不能自主命运的深切同情，如王昌龄的《春宫曲》《长信秋词》、李白《玉阶怨》、杜牧的《秋夕》、白居易《后宫词》、张祜《宫词》等；有征妇怨，妇人独守空闺，良人（丈夫）远在边关，良人可能是为了功名，但更多的却是被征调入边关，诗歌既有对战争早日结束、良人早归的期盼，也有对战争的诅咒，亲人不得相见，无尽的思念只好寄托在梦里，如金昌绪《春怨》“打起黄莺儿，休教树上啼。啼时惊妾梦，不得到辽西”，但更可怕的是春闺梦里人已经成了无定河边骨；有商妇怨，商人重利轻别离，留下妻子独守空房，商人妇因爱而生怨，如李益《江南曲》“嫁得瞿塘贾，朝朝误妾期，早知潮有信，嫁与弄潮儿”；有情人怨，担心自己命运，或抱怨自己被抛弃，也有写对爱情的向往；等等。

干谒诗：为得到对方的赏识和录用而作，诗中表现自己的才华，抒发报效祖国、建功立业的情怀。含蓄是好的干谒诗必备条件之一。

三、自觉积累并运用古代诗人笔下的常用意象知识来素读

诗人表情达意是需要有所依托的，这些寄托了诗人情感的东西就是所谓的意象，主要是物象。下面介绍几类主要意象。

第一类：植物的象征意义

柳：送别，留恋，伤感，春天的美好。

杨柳：离情别恨或柔情，以折柳表惜别。“柳”“留”谐音，古人在送别之时，往往折柳相送，以表达依依惜别的深情。汉代有《折杨柳》的曲子，以吹奏的形式表达惜别之情。唐代西安的灞陵桥，是当时人们到全国各地去时离别长安的必经之地，而灞陵桥两边杨柳掩映，这儿就成了古人折柳送别的著名的地方，后世就把“灞桥折柳”作为送别和送别之所。

杨花：离散、飘零。

梧桐：寂寞，惆怅，凄苦，悲伤。

木叶：惆怅落寞的心境。

兰花：高洁，高雅，美好。

菊花：隐逸，高洁，脱俗。

竹：正直向上，有气节，虚心。

竹林：闲趣，隐逸。

牡丹：富贵，美好。

丁香：愁思或爱恋情结。

枯藤：萧瑟，荒凉。

梅子：成熟，少女怀春。

花落：表现失意、惜春之情，感伤凋零，人生、事业的挫折，对美好事物的留恋、追怀。

花开：象征希望，人生的美好，青春、人生的灿烂。

桑梓：家乡，表现怀乡之情。

草：表现生生不息和希望，表现荒凉、偏僻，象征地位、身份的卑微，生命力强，离恨。

松柏：高洁，坚贞，富有生命力，象征孤直耐寒的品格。

红叶：代称传情之物，借指以诗传情。

禾黍：黍离之悲，对昔盛今衰的感叹。

黄粱：表现虚幻的事或欲望的破灭。

桃花：象征美人。

红豆：即相思豆，借指男女爱情的信物，比喻男女爱情或朋友情谊。

莲：高洁，出淤泥而不染；由于“莲”与“怜”音同，所以不少写莲的诗句，借以表达爱情。

草木：以草木繁盛反衬荒凉，以抒发盛衰兴亡的感慨。

芭蕉：常常与孤独忧愁特别是离情别绪相联系。南方有丝竹乐《雨打芭蕉》，表凄凉之音。

黄叶：凋零，成熟，美人迟暮，新陈代谢。

绿叶：生命力，希望，活力。

折柳：是汉代惜别的风俗。后寓有惜别怀远之意。

堤柳堆烟：能触发往事如烟，常被用来抒发兴亡之感。

梅花：高洁，不屈不挠，傲雪，坚强。不怕打击挫折、敢为天下先的品质，纯净洁白，备受摧残的不幸遭遇和不愿与世同流合污的高尚情操。反映自己不愿同流合污的品质，言浅而意深。

第二类：动物的象征意义

鸳鸯：比喻夫妻，表现夫妻情深。

鸿雁：表现两情交往或思乡之情。《汉书·苏武传》载，匈奴单于欺骗汉使，称苏武已死，而汉使者故意说天子打猎时射下一只北方飞来的鸿燕，脚上拴着帛书，是苏武写的，单于只好放了苏武。后来就用“鸿雁”“雁书”“雁足”“鱼雁”等指书信。

鹧鸪：烘托荒凉破败或惆怅落寞。

杜鹃：哀怨，凄恻，思归或冤魂悲鸣。杜鹃鸟俗称布谷，又名子规、杜宇、子鹃。杜鹃的啼叫又好像是说“不如归去，不如归去”，它的啼叫容易触动人们的乡愁乡思。

猴猿：表现凄厉、哀伤、孤寂、愁苦。

鹰：表现刚劲、自由或大志，人生的搏击，事业的成功。

燕子：温情，惜春，爱的思念，沧桑，漂泊。

乌鸦：不祥之物，小人，凡夫俗子，常与衰败荒凉的事物联系在一起。

沙鸥：人生的飘零或伤感愁怀。

青鸟：信使，有时特指情人派来的使者。

孤雁：思亲，思乡，孤独。

寒蝉：悲凉，离愁别绪。

蝉：以蝉喻品行高洁。

鸿鹄：理想，追求，鸿鹄飞得很高，常用来比喻志向高远的人。

蟋蟀：怀念征人。蟋蟀被直接唤为“促织”。

逐鹿：以鹿喻帝位。后来用逐鹿比喻群雄并起，争夺天下。

哀鸿：比喻哀伤苦痛、流离失所的人。以鸿雁在野、哀鸿遍野喻指百姓流离失所。

双鲤：代指书信。

班马：送别诗多用以抒发惜别之情。

鱼：自由惬意。

狗、鸡：生活气息，田园生活。

（瘦）马：奔腾，追求，漂泊。

鸟：象征自由。

第三类：自然景物的象征意义

太阳：希望，活力，时光流逝。

夕阳：失落，消沉，珍惜美好而短暂的人生或事物。

细雨：表现生机、活力或缠绵的友情、爱情，潜移默化的教化。

月亮：象征人生的圆满、缺憾，表现亲人的团圆、分离，寄托思乡、思亲之情，表现旷达、潇洒，美丽，冷清，对月思亲，引发离愁别绪，思乡之愁。月亮的别称：蟾宫、玉盘、银钩、婵娟、桂宫、玉盘、玉轮、玉环、玉钩、玉弓、玉镜、天镜、明镜、玉兔、嫦娥、蟾蜍。

秋雨：忧愁。

暴雨：热情或残酷，荡涤污秽的力量。

露：比喻人生短促、生命易逝。

雪：象征纯洁、高洁或环境的恶劣。

霜：人生无常易老，前路坎坷。

冰雪：以冰、雪的晶莹比喻心志的忠贞、品格的高尚。

春风：希望，旷达，欢愉，得意。

西风：落寞，惆怅，思归，衰败。

浮云：游子漂泊，飘零。

浓云：愁肠压抑。

阴天：压抑，愁苦，寂寞。

水：在中国古代诗歌里和绵绵的愁丝连在一起，离愁。

秋水：喻指眼睛，形容盼望的迫切。

烟雾：情感的朦胧、惨淡，前途的迷惘、渺茫，理想的落空、幻灭。

第四类：物品

玉：高洁，脱俗。

珍珠：美丽，纯洁无瑕。

船：漂泊，无拘无束，自由旷达。

捣衣砧：妇女对丈夫的思念。

酒：欢悦，得意，失意。

羌笛：羌笛发出的凄切之音，常让征夫怆然泪下。胡笳的作用与此相同。

琴瑟：（1）比喻夫妇感情和谐，亦作“瑟琴”。（2）比喻兄弟朋友的情谊。

昆山玉：比喻杰出的人才。

第五类：地点

关山：遥远的地方，怀乡，思人。

江水：时光的流逝，岁月的短暂，绵长的愁苦，历史的发展趋势。

长亭、短亭：陆上的送别之所。

梨园：后世的戏曲班社常以“梨园”为其代称，戏曲艺人称“梨园弟子”。

柳营：“柳”指柳亚夫，他治军严明；“柳营”指军营，纪律严明的军营。

四、自觉积累并运用古代诗人常用的典故来素读

古代诗人往往饱读诗书，因而写作诗歌的时候，自觉不自觉地爱用典故。诗人借助典故来表情达意，往往含蓄蕴藉，如果我们不明典故，有时很难读懂。所以，我们平时在读书尤其是读古诗文的时候，要注意积累典故，在读古典诗歌的时候，要自觉运用典故来理解诗意。

典故有两种情况，一是用事，就是借用历史故事来表达作者的思想感情，包括对现实生活中某些问题的立场和态度、个人的意绪和愿望等等，属于借古抒怀，如王绩的《野望》中“相顾无相识，长歌怀采薇”就是用了“采薇”这一历史故事；一是引言，就是引用或化用前人诗句，目的是开拓加深诗词的意境或促使人联想而寻意于言外，如辛弃疾《南乡子·登京口北固亭有怀》中的“不尽长江滚滚流”就是化用杜甫《登高》中的“不尽长江滚滚来”。

在诗词当中，作者有时为了表达复杂或不便直言的情感，囿于诗词语言的凝练性，不可能长篇大论地来倾诉，而典故的特点就是语言精练，含义深厚隽永，表达情感丰富，这样，典故便赢得了诗人的青睐，他们便有意识地在诗作中采用典故，使诗词的表现力和感染力大大得到加强。尽管典故的作用总体来说是含蓄蕴藉，但在不同题材的诗词中，典故的作用又不尽相同。首先，在写景抒情类题材的诗词中，典故的作用主要是拓宽意境，使文章起到典雅含蓄的效果。例如，“东篱把酒黄昏后，有暗香盈袖。莫道不销魂，帘卷西风，人比黄花瘦。”（李清照《醉花阴》）中“东篱”出自东晋陶渊明“采菊东篱下，悠然见南山”，后多用来表现归隐之后的田园生活或娴雅的情致。李清照

用“东篱”与后面的三句来搭配，“黄花”又与“东篱”呼应，一明一暗，既点出赏菊主题，又表达了自己的离愁别绪，使整个词作典雅，含蓄，浑然一体。其次，在咏物言志题材诗中，运用典故主要是为了进一步寄托诗人自己的感情，表达诗人的精神、品质或理想。例如，“南阳诸葛庐，西蜀子云亭”（刘禹锡《陋室铭》），“诸葛庐”遗址在今湖北省襄樊市西，是三国时期政治家、军事家诸葛亮隐居时所住的草庐。“子云亭”，遗址在今成都少城西南，指西汉文学家、哲学家兼语言学家扬雄住过的“扬子宅”，也称草玄堂。文章为了押韵，所以不说扬子宅或草玄堂，而说“子云亭”，子云是扬雄的字。这两句是说，诸葛庐和子云亭都很简陋，因为居住的人很有名，所以受到人们的景仰。作者借南阳诸葛亮的草庐与西蜀扬雄的旧居来类比自己的陋室，有引诸葛亮与扬雄为自己同道的意思，由于它们的主人品德高尚，因而陋室不陋，也表明了作者以这二人为自己的楷模，希望自己也能如同他们一样拥有高尚的德操！有了这一层意思，便使文章内容更丰富了，也加重了主题的分量，使作品更多了一层波澜。再次，在即事感怀诗题材中，作者采用典故是为了加深怀亲、思乡、念友等的感情，或抒发自己遭遇情感等。例如，“杨花落尽子规啼，闻道龙标过五溪”（李白《闻王昌龄左迁龙标遥有此寄》）中“子规”即杜鹃。相传战国时蜀王杜宇称帝，号望帝，为蜀治水有功，后禅位臣子，退隐西山，死后化为杜鹃鸟，啼声凄切，后常指悲哀凄惨的啼哭。李白是一个重情重义、至真至诚的诗人，他的许多送别友人、咏怀相思的诗作见证了自己和朋友之间那种肝胆相照、荣辱与共、灵犀相通、心心相印的友谊。这首诗就是谱写纯真友谊，抒发忧思愤慨的代表作。他得知王昌龄落难的消息后，便写下这首牵肠挂肚、满怀忧愤、杜鹃啼血般的诗篇，从远方寄给王昌龄，展示了两位朋友患难中的真情和世俗中的高洁。看似漫不经心，信手拈来，实则合时合景，切情切境，未写悲痛而悲痛自见，不着凄凉而凄凉自显。又次，在怀古咏史题材诗中，作者借历史典故来表明自己的看法，或借古讽今，或抒发沧海桑田世事多变的感慨。例如，“折戟沉沙铁未销，自将磨洗认前朝。东风不与周郎便，铜雀春深锁二乔”（杜牧《赤壁》）中的“折戟”是折断了的戟，指战争留下来的残旧兵器，暗指赤壁之战；“周郎”是指挥赤壁之战的东汉末年东吴名将周瑜，208年，孙、刘联军在周瑜的指挥下，于赤壁以火攻击败曹操的军队，此战也奠定了三分天下的基础；“铜雀”是古台名，在邺城（今河北省临漳县），曹操所建，供歌舞宴游的场所，上有楼，曹操置妻妾于其上，楼顶立有高丈五的铜雀，故名；“二乔”指东吴美女大乔和小乔，大乔嫁给孙策为妻，小乔嫁与周瑜为妻，作者用这个典故有点诙谐，近于说俏皮话，又似乎在贬低周瑜，说他只是侥幸成功。其实不然，杜牧是在感叹建立一番事业，非得有一定的条件不可。如果这样的条件不具备，即使英雄人物也一样无能为力。这是婉转曲折地借怀古以抒发自己的悲哀。杜牧是唐代一位有才华的诗人，在政治上有抱负，善于谈兵，希望做一番事业。可是一辈子受到顽固保守的大官僚的压抑，不得有所作为。所以，借周瑜的往事，以寄托自己的抑郁心情，抒发个人才能得不到施展的感慨，表达对唐王朝统治者不识人才、不重人才、不用人才的愤懑之情。最后，在边塞征战题材诗中，作者借典故抒发将士们乐观豪迈或相思离愁的情感，风格悲壮雄浑，笔势豪放。例如，“浊酒一杯家万里，燕然未勒归无计”（范仲淹《渔家傲·秋思》）中“燕然未勒”是燕然勒功的反用。燕然，山名，即今蒙古境内杭爱山。勒功，刻石记功，东汉大将窦宪追击北匈奴，出塞三千余里，至燕然山刻石记功而还。“燕然未勒”的意思就是自己还没有建立破敌的大功。作者借这个典故来说明自己守边任务还未完成，没有打算回乡的计划，在思乡与报国的矛盾中，他以戍边军务为重。他尽忠职守，已擦干思乡之泪，不建功勋于边陲，绝不回家，表达了对国家的耿耿丹心。

大家可以了解一下下列常用典故：

投笔：《后汉书》载，班超家境贫寒，靠为官府抄写文书生活，他曾投笔感叹，要效法傅介子、张骞立功边境，取爵封侯。后来“投笔”就指弃文从武，如辛弃疾《水调歌头》“莫学班超投笔，纵得封侯万里，憔悴老边州”。

长城：《南史檀道济传》，檀道济是南朝宋的大将，权力很大，受到君臣猜忌，后来宋文帝借机杀他时，檀道济大怒道：“乃坏汝万里长城！”后来就用“万里长城”指守边的将领，如陆游的《书愤》“塞上长城空自许，镜中衰鬓已先斑”。

楼兰：《汉书》载，楼兰国王贪财，多次杀害前往西域的汉使，后来傅介子被派出使西域，计斩楼兰王，为国立功。以后诗人就常用“楼兰”代指边境之敌，用“破（斩）楼兰”指建功立业，如王昌龄《从军行》“青海长云暗雪山，孤城遥望玉门关。黄沙百战穿金甲，不破楼兰终不还”；李白《塞下曲六首·其一》“五月天山雪，无花只有寒。笛中闻折柳，春色未曾看。晓战随金鼓，宵眠抱玉鞍。愿将腰下剑，直为斩楼兰”。

折腰：《宋书隐逸传》载，陶渊明曾做彭泽县令，因不肯“为五斗米折腰向乡里小儿”而弃官归隐。“折腰”意为躬身拜揖，后来喻指屈身事人，而诗人常反其义用之，如李白《梦游天姥吟留别》：“安能摧眉折腰事权贵，使我不得开心颜！”

化碧：《庄子外物》载，苌弘是周朝的贤臣，无辜获罪而被流放蜀地，他在蜀地自杀后，当地人用玉匣把他的血藏起来，三年后血变成了碧玉，后来人们就常用“化碧”形容刚直中正的人为正义事业而蒙冤受屈。

五柳：陶渊明《五柳先生传》有“宅边有五柳树，因以号为焉”，后来“五柳”就成了隐者的代称。例如，王维《辋川闲居赠裴秀才迪》：“寒山转苍翠，秋水日潺湲。倚仗柴门外，临风听暮蝉。渡头余落日，墟里上孤烟。负值接舆醉，狂歌五柳前。”

风骚：原指《诗经》的《国风》和《楚辞》的《离骚》，后泛指优秀的文学作品或指文采。例如，毛泽东《沁园春》：“秦皇汉武，略输文采；唐宗宋祖，稍逊风骚。”

雕虫：语出汉代扬雄《法言》“童子雕虫篆刻，状夫不为也”，后来比喻微不足道的技术，多指文学技巧。例如，李贺《南园十三首》：“寻章摘句老雕虫，晓月当帘挂玉弓。不见年年辽海上，文章何处哭秋风？”

抱柱：相传古代尾生同一女子相约在桥下见面，他等了很久，不见女子到来，这时河水猛涨，淹没桥梁，尾生为了坚守信约，不肯离去，抱住桥柱，淹死在水里，后以喻坚守信约。例如，李白《长干行》：“常存抱柱信，岂上望夫台。”

请缨：汉武帝派年轻的近臣终军到南越劝说南越王朝，终军说“请给一根长缨，我一定把南越王抓来”，后以喻杀敌报国。

钓鳌：传说古渤海东面有五座大山随海波漂流，上帝叫十五只大鳌顶住，山才固定不动。友伯国有一巨人抬起脚来跨出没几步，就到了五座山的地方，他一下钓去六只鳌，因此，有两座山就沉入海底了。后以喻豪迈的举止或远大的抱负，如李白《赠薛校书》：“未夸观涛作，空郁钓鳌心。”

还珠：古时合浦地区盛产珍珠，但是地方官员很贪，珍珠都自动移到别的地方去了，后来东汉的孟尝到这里来当太守，革除贪污流弊，珍珠又回到合浦来了。故以“还珠”喻官吏为政清廉，如杜牧《春日言虢州李长侍十韵》：“今日还珠守，何年执戟郎？”

青眼：相传三国魏的名士阮籍，能为青白眼，对所讨厌的人，眼睛向上或向旁边看，露出眼白，表示轻视或憎恨，而对喜爱或尊敬的人，就对他正视，青黑的眼珠在中间，表示尊重。他见到嵇康的哥哥嵇喜，就以白眼相待，见到嵇康就用青眼。后以“青眼”指对人喜爱或器重。

月老：传说唐朝一个叫韦固的书生月夜里经过宋城，遇见一个老人坐着翻检书本，韦固前往窥视，一个字也不认得，向老人询问后，才知道老人是专管人间婚姻的神仙，翻检的书是婚姻簿子（见《续幽怪录·定婚店》）。后来称媒人为月下老人或月老。

陶朱：春秋时越国大夫范蠡的别号。相传他帮助勾践灭吴后，离开越国到陶，善于经营生计，积累了很多财富，后世因此以“陶朱”或“陶朱公”来称富商。

祝融：传说中楚国君主的祖先，为高辛氏帝喾的火正（掌火之官），以光明四海而称为祝融，后世祀为火神。由此，火灾称为祝融之灾。

青梅竹马：出自李白的《长干行》中的“郎骑竹马来，绕床弄青梅。同居长干里，两小无嫌猜。”后来用“青梅竹马”形容男女小的时候天真无邪，也指幼小时就相识的伴侣。

南冠：指囚犯。典故出自《左传·成公九年》，楚人钟仪囚于晋，仍然戴南冠，弹奏南国音乐，范文子称赞这是君子之行，后来一般文人以此指代自己怀有节操的囚徒生活。

献芹：《列子·杨朱》有一个故事说，从前有个人在乡里的豪绅面前大肆吹嘘芹菜如何好吃，豪绅尝了之后，竟“蜇于口，惨于腹”，后来就用“献芹”谦称赠人的礼品菲薄或所提的建议浅陋，也说“芹献”。例如，高适《自淇涉黄河途中作》：“尚有献芹心，无因见明主。”

精卫：古代神话中说炎帝的女儿在东南海淹死，化为精卫鸟，每天衔西山的木石来填东海（见《山海经·北山经》）。后来用精卫填海来比喻有深仇大恨，立志必报；也比喻不畏艰难，努力奋斗。

班马：春秋时，晋、鲁、郑伐齐，齐军趁夜间撤走。晋国大臣刑伯听到齐军营里马叫，推测道："有班马之声，齐国军队一定连夜撤走了。"班马为离群之马，后送别诗多用以抒发惜别之情，如李白《送友人》："挥手自兹去，萧萧班马鸣。"

辞第：汉时，北方匈奴贵族经常骚扰边境。一次汉武帝要为大将霍去病修建府第，霍去病辞谢道："匈奴未灭，无以家为也。"后指为国忘家，如杜甫《奉和严中臣西城晚眺十韵》："辞第输高义，观图忆古人。"

金鸡：古代流传天鸡星动就要大赦，所以古人便在大赦日竖起长竿，在竿上立一金鸡，把该赦的罪犯集中在一起，向他们宣布大赦令。后便以"金鸡"借指大赦令，如李白《流夜郎赠辛判官》："我愁远谪夜郎去，何日金鸡放赦回？"

烂柯：古代神话传说晋人王质上山砍柴，看见有几个小孩在下棋唱歌，于是就坐下来听他们唱，小孩给他一个像枣核的东西，他含在嘴里就不觉得饿了。过了一会儿，小孩催他回去，他站起来，发现斧头柄已全烂了。他回到家，原来的人一个都不在世了。后便以"烂柯"喻离家年久，如刘禹锡《酬乐天扬州初逢席上见赠》："怀旧空吟闻笛赋，到乡翻似烂柯人。"

高山流水：也作"流水高山"。相传春秋俞伯牙善于弹琴，钟子期善于听琴。每当伯牙弹到描写高山、流水的典调时，钟子期就感到他的琴声犹如巍峨的高山、浩荡的江河。钟子期死后，伯牙叹无知音，不再弹琴。后常借指知音或乐曲的高妙，如明代唐寅《世情歌》"清风明月用不竭，高山流水情相投"，辛弃疾《谒金门》"流水高山弦断绝，怒蛙声自咽"。

白衣苍狗：亦叫白云苍狗，比喻世事变幻无常。出自杜甫诗《可叹》："天上浮云如白衣，斯须改变如苍狗。古往今来共一时，人生万事无不有。"人事变化，犹如浮云，一会儿像白云，一会儿像灰狗。宋刘克庄《沁园春·和吴尚书叔永》："笑是非浮论，白衣苍狗，文章定价，秋月华星。"人生是是非非如同天上白云，变化无常，难以逆料，只有"定价"文章如"秋月华星"，光照人间。

吴钩：泛指宝刀、利剑。出自汉赵晔《吴越春秋·阖闾内传》："吴作钩者甚众。"例如，辛弃疾《水龙吟·登建康赏心亭》："落日楼头，断鸿声里，江南游子。把吴钩看了，栏杆拍遍，无人会，登临意。"通过看吴钩，拍栏杆，表达了自己意欲报效祖国，建功立业，而又无人领会的失意情怀。

莼羹鲈脍：指家乡风味。典出刘义庆《世说新语·识鉴》（或《晋书·张翰传》）：“（张翰）在洛，见秋风起，因思吴中莼菜羹、鲈鱼脍，曰：‘人生贵得适意尔，何能羁宦数千里以要名爵？’遂命驾归。”莼菜羹：莼菜、莼羹。后来文人以“莼羹鲈脍”“莼鲈秋思”借指思乡之情，如辛弃疾《沁园春·带湖新居将成》：“意倦须还，身闲贵早，岂为莼羹鲈鲙哉。”徐自华《慧僧先生解职归见》：“转瞬西风又起，忽摇动莼鲈乡思。”

庄周梦蝶：《庄子·齐物论》：“昔者庄周梦为胡（蝴）蝶，栩栩然胡（蝴）蝶也。自喻适志与！不知周也。俄然觉，则蘧蘧然周也。不知周之梦为胡（蝴）蝶与？胡（蝴）蝶之梦为周与？周与胡（蝴）蝶则必有分矣。此之谓物化。”庄子以此说明物我为一，万物齐等的思想，后来文人用来借指迷惑的梦幻和变化无常的事物，如陆游《冬夜》诗云：“一杯罂粟蛮奴供，庄周蝴蝶两俱空。”

【译文】

① 茂盛葱翠的松树生长在山涧底，风中低垂摇摆着的小树生长在山顶上。由于生长的地势高低不同，山顶径寸的小树，却能遮盖百尺之松。世家子弟能登上高位获得权势，有才能的人却被埋没在下级官职中。这种情况恰如涧底松和山上苗一样，是地势造成的，其所从来久矣。

汉代金日磾和张安世二家就是依靠了祖上的遗业，子孙七代做了高官。冯唐难道还不算是个奇伟的人才吗？可就因为出身寒微，等到白头仍不被重用。

② 炎热未消的初秋，一阵清凉的风肃肃吹来，山谷林间顿时变得清爽凉快。它吹散了山中的烟云，卷走了山间的雾霭，显现出了山上涧旁的人家房屋。凉风来来去去本来没有踪迹，可它的吹起和停息好像很有感情，合人心意。当红日西下，大地山川一片寂静的时候，它又自松林间吹起，响起一片松涛声。

（本章撰稿人：彭文友）

第四章

素读古代诗歌需要联想和想象

联想和想象既是人类生存和创造（创作）的基本技能，也是我们理解世界及文学的基本方法。素读古代诗歌是离不开联想和想象的，同学们要想提高自己素读古代诗歌的能力，当然需要提高自己的联想和想象能力。

第一节　联想和想象是人类生存和创造的一种基本技能

人与动物的区别之一，就在于人有联想和想象。这种能力可不得了，它能将人类的过去、现在和将来联系起来，将世界各地联系起来，将世上已有的、可能有的，甚至没有的东西联系起来……一言以蔽之，它能将无限时空里的无限事物联系起来。一定程度上说，联想和想象是人类生存和创造的一种基本技能。

《现代汉语词典》（商务印书馆第6版）告诉我们，联想是“由于某人或某事物而想起其他相关的人或事物；由于某概念而引起其他相关的概念”，想象是“对于不在眼前的事物想出它的具体形象；设想”，或者“心理学上指在知觉材料的基础上，经过新的配合而创造出新形象的心理过程”。宇宙之大，天地之广，时间无始无终，事物千千万万……这中间看似杂乱无序，其实是有内在联系的。而对它们之间规律的认识、联系的揭示，都是离不开人类的联想和想象的，尽管联想和想象只是其中的手段之一。中国的盘古开天辟地，西方的上帝造人等，其实就是联想、想象的结果。我们读《山海经》《圣经·创世记》等，不能不折服于前人那丰富的联想和想象。

作为思维能力的重要组成部分，联想和想象当然是与人的观察力、记忆力等分不开的。“联想”“想象”里的“想”就是“思”，即思考，也就是思维能力；“想象”里的“象”就是外界事物，可以通过观察而得到，也可以通过思考（“想”）而得到。有了观察，头脑才会有储备，有了记忆，人才能从储备中去提取，这是联想和想象的基础；反过来，联想和想象又促使观察力和记忆力的提升。“触景生情”就很好地揭示了这个道理。“触景”之所以能“生情”，就是因为既有观察、记忆在里面，又有联想、想象在里面，它们都在起作用。我们读他人的作品，能产生共鸣，其实也是这个道理。如果人失忆了，人的联想和想象能力也就严重受损了，而要恢复他的记忆力，也得依靠外物的强烈刺激，以求在这种强烈刺激下，让他“想”（联想、想象）起点什么来。

所以说，联想和想象真的是人类联系过去、现在和未来的桥梁，往古来今、宇宙天地……古今中外的一切，就靠着联想和想象联系了起来。纷繁芜杂的世界，如果缺失了联想和想象，简直不可思议。梦想也好，胡思乱想、想入非非也好，总之，那都是人在极力找出与这纷繁芜杂的世界的联系。如今的所谓互联网也好，物联网也罢，其实就是模仿、借鉴人的联想、想象的成果，当然也是人运用联想和想象的结果。世界是无穷无尽的，也是普遍联系的，事物也是有内在规律的，设想一下，如果天地万物不发生联系，或者不能给它们建立起联系，又或者发现不了它们之间的联系，那是多么可怕的事！毫不夸张地说，人类之所以能屹立于天地之间，并且还能让生活越来越好，联想和想象功不可没！

我们读《尚书》，读《西游记》，读《三体》（刘慈欣），读《时间简史》（霍金），甚至读数理化教科书或理论专著，都可以感知到其中的联想、想象，这些也需要我们用联想和想象去帮助理解，在这里，分析能力跟联想和想象能力并不是截然对立的，而是相互支持、相互促进的。爱因斯坦等世界大科学家工作之余爱拉小提琴，除了休息放松之外，艺术的享受也是他们放飞思想，获取科学灵感的手段之一，尽管他们本身的联想、想象能力就比一般人要强，要知道，提出相对论，探求宇宙的奥秘，没有超强的想象力是不可能做到的。

第二节　古代诗歌创作离不开联想和想象

一切文学作品的创作都离不开联想和想象，古代诗歌也一样。

尽管也有当着写作对象直接写作的情况存在，但更多的还是写不在眼前的事情，要把不在眼前的事情写得如在眼前一样。而这“不在眼前的事情”，可以是过去发生的，可以是正在发生的，也可以是将来要发生或会发生的，甚至是永远都不可能发生的。不管是哪种情况，诗人都得用到联想、想象。

就算白居易的《琵琶行》是“明年（元和十年）秋，送客湓浦口”的当晚，诗人一边听琵琶女的弹奏，一边援笔当堂写就的，但琵琶女的自述身世，“我”的“谪居卧病浔阳城”的感慨，都是联想的产物，更何况那些描写琵琶声的妙喻，也是联想和想象的结果，而且还不是一般的联想和想象，而是超出一般人的奇思妙想。再来看杜甫的《观公孙大娘弟子舞剑器行》：“昔有佳人公孙氏，一舞剑器动四方。观者如山色沮丧，天地为之久低昂。㸌如羿射九日落，矫如群帝骖龙翔。来如雷霆收震怒，罢如江海凝清光。绛唇珠袖两寂寞，晚有弟子传芬芳。临颍美人在白帝，妙舞此曲神扬扬。与余问答既有以，感时抚事增惋伤。先帝侍女八千人，公孙剑器初第一。五十年间似反掌，风尘澒动昏王室。梨园弟子散如烟，女乐余姿映寒日。金粟堆前木已拱，瞿唐石城草萧瑟。玳筵急管曲复终，乐极哀来月东出。老夫不知其所往，足茧荒山转愁疾。”①就算他是现场边观看边写，一下笔，其中的“昔有佳人公孙氏……罢如江海凝清光”这几句却是典型的联想和想象。事实上，白居易和杜甫的这两首诗，更大的可能还是听后或观后所作。而李白的《梦游天姥吟留别》，标题就告诉你，没有丰富的联想和想象，根本不可能写出这样的诗歌。

所以，不论是现实主义，还是浪漫主义，诗歌创作总离不开联想和想象。诗人借助联想和想象，把已逝去的东西拉回来，把远处的东西放到了眼前，把世界上从未见过的东西变成文字形象，把将来的东西展现在眼前；把极其微小的东西变得无穷大，把极大的东西纳于酒杯当中；把抽象的东西变得具体，把具体的东西变得抽象；把平凡的东西变得奇特，把奇特的东西变得平常……诗人“精骛八极，心游万仞”，“登山则情满于山，观海则意溢于海”，过去、现在、未来，任意遨游；天上、人间、地狱，无处不在。“朱雀桥边野草花，乌衣巷口夕阳斜。旧时王谢堂前燕，飞入寻常百姓家。”（刘禹锡《金陵五题》），这是过去和现在的对接；“君问归期未有期，巴山夜雨涨秋池。何当共剪西窗烛，却话巴山夜雨时”（李商隐《夜雨寄北》），这是今日对未来的期待！李白想象自己在天上的情形是“天上白玉京，十二楼五城。仙人抚我顶，结发受长生”（《经乱离后天恩流夜郎忆旧游书怀赠江夏韦太守良宰》）；他想象中的现实是“俯视洛阳川，茫茫走胡兵。流血涂草野，豺狼尽冠缨”（《古风·其十九》），他想象中的黄泉是“纪叟黄泉里，亦应酿老春。夜台无李白，沽酒与何人”（《哭宣城善酿纪叟》）……这一切，离开了联想和想象，我们还真不知道诗人能如何来表现。刘勰在《文心雕龙》里说："古人云：'形在江海之上，心存魏阙之下'，神思之谓也。文之思也，其神远矣。故寂然凝虑，思接千载；悄焉动容，视通万里；吟咏之间，吐纳珠玉之声；眉睫之前，卷舒风云之色。"清人方东树说李白的诗歌是"发想超旷"，陆时雍说李白是"想落天外"。黑格尔说："真正的创造就是艺术想象的活动。"别林斯基说："在诗中，想象是主要的活动力量，创作过程只有通过想象才能完成。"古今中外的人都认识到，联想和想象对包括诗歌创作在内的文学创作的意义，正如诗人艾青所说的那样，"想象是诗歌的翅膀，没有想象，诗人就无法在理想的天空飞翔"。

来读读宋代吕本中的《减字木兰花·去年今夜》吧："去年今夜，同醉月明花树下。此夜江边，月暗长堤柳暗船。故人何处？带我离愁江外去。来岁花前，又是今年忆去年。"[②]你看，"去年今夜""故人何处"没有联想和想象，诗人还能下笔吗？这里诗人将三种不同时空意象叠映，借以烘托出别情之深切。上片犹如两个蒙太奇镜头，对比中生出无限悲愁。同是月夜，去年月明花香，人聚同醉；今年却是月暗柳昏，人别船离。过片直写离别。结句写"来岁"思念，妙在"来岁"又包含"今年忆去年"之聚散忧乐。在时间的三维（过去、现在、未来）上表现出三种不同的事态情思，而又相融相生，用笔极简练而情思极丰富。从根本上说，所有这一切，都是建立在联想和想象的基础上而取得的。

【译文】

① 从前有个漂亮女人，名叫公孙大娘，每当她跳起剑舞来，就要轰动四方。观看人群多如山，心惊魄动脸变色，天地也被她的舞姿感染，起伏震荡。剑光璀璨夺目，有如后羿射落九日，舞姿矫健敏捷，恰似天神驾龙飞翔。起舞时剑势如雷霆万钧，令人屏息，收舞时平静，好像江海凝聚的波光。鲜红的嘴唇绰约的舞姿，都已逝去，到了晚年，有弟子把艺术继承发扬。

临颍美人李十二娘，在白帝城表演，她和此曲起舞，精妙无比神采飞扬。她和我谈论好久，关于剑舞的来由，我忆昔抚今，更增添无限惋惜哀伤。当年玄宗皇上的侍女，约有八千人，剑器舞姿数第一的，只有公孙大娘。五十年的光阴，真好比翻一下手掌，连年战乱烽烟弥漫，朝政昏暗无常。那些梨园子弟，一个个烟消云散，只留李氏的舞姿，掩映冬日的寒光。金粟山玄宗墓前的树木，已经合抱，瞿塘峡白帝城一带，秋草萧瑟荒凉。玳弦琴瑟急促的乐曲，又一曲终了，明月初出乐极生悲，我心中惶惶。我这老夫，真不知哪是要去的地方，荒山里迈步艰难，越走就越觉凄伤。

② 记得去年的今夜，我们在月明花娇的万树丛中举杯欢饮，一同进入醉乡。而今年今夜，只有我一个停立江边，心情无比惆怅。月色朦胧，长堤昏昏暗暗，岸上垂柳摇曳的阴影遮住了停靠江边的小船。远游的故人你现在何处？请江月把我的离愁带往江外我那好友居住的地方。预想来年百花吐艳的时节，我还会像今年这样，更加深情地追忆去年呢！

第三节　古代诗歌中联想和想象的分类

一、联想的分类

按照不同的标准，分出的结果会不一样。

1. 从建立联系的方式来分，有相关联想、相似联想、对比联想、因果联想等

相关联想：由一事物联想到与它相关的其他事物，事物之间凭相关性联系在一起，这种联系方式就叫相关联想。例如，苏轼因乌台诗案被贬黄州，他来到长江岸边，尽管明知自己所站的地方“赤鼻矶”并非三国时赤壁之战的赤壁，还是忍不住想到了赤壁之战，想到了少年得志的周瑜，想到了自己以往的理想和当下的遭遇，于是《念奴娇·赤壁怀古》便喷涌而出：“大江东去，浪淘尽，千古风流人物。”又如，韦应物某个秋夜里散步，看着眼前的景物，突然想起了朋友邱员外，于是写下了诗歌《秋夜寄丘二十二员外》：“怀君属秋夜，散步咏凉天。空山松子落，幽人应未眠。”[①]前半部分写诗人自己，即怀念友人之人；后半部分写正在临平山学道的邱丹，即诗人所怀念之人。首句“怀君属秋夜”，点明季节是秋天，时间是夜晚，而这“秋夜”之景与“怀君”之情，正是彼此衬映的。次句“散步咏凉天”，承接自然，全不着力，而紧扣上句。“散步”是与“怀君”相照应的：“凉天”是与“秋夜”相绾合的。这两句都是写实，写出了作者因怀人而在凉秋之夜徘徊沉吟的情景。接下来，作者不顺情抒写，就景描述，诗思飞驰到了远方，在三、四两句中，想象所怀念之人在此时、彼地的状况。而这三、四两句又是紧扣一、二两句的。第三句“山空松子落”，遥承“秋夜”“凉天”，是从眼前的凉秋之夜，推想临平山中今夜的秋色。第四句“幽人应未眠”，则遥承“怀君”“散步”，是从自己正在怀念远人、徘徊不寐，推想对方应也未眠。这两句出于想象，既是从前两句生发，又是前两句诗情的深化。从整首诗看，作者运用写实与虚构相结合的手法，使眼前景与意中景同时并列，使怀人之人与所怀之人两地相连，进而表达了异地相思的深情。当然，这首诗也告诉我们，其实联想和想象往往是联系在一起的，只是为了解说的方便，我们暂时将二者分离开来。

相似联想：如果事物之间靠相似性而联系到一起，看到某人或某事物，就想到与其相似的某人或某事物，就是相似联想。唐朝某年的九月初三日，夕阳西下，白居易行走江边，看到夕阳下的美丽江景，忍不住吟出了《暮江吟》：“一道残阳铺水中，半江瑟瑟半江红。可怜九月初三夜，露似真珠月似弓。”“露似真珠月似弓”就是相似联想。再来看看刘禹锡眼中的洞庭湖吧：“湖光秋月两相和，潭面无风镜未磨。遥望洞庭山水翠，白银盘里一青螺。”（《望洞庭》）这里把湖面比作明镜，把洞庭湖里的君山比作白银盘里的青螺，多么生动形象，而这一切都得益于相似联想。我们再来读读李贺的《李凭箜篌引》：“吴丝蜀桐张高秋，空山凝云颓不流。江娥啼竹素女愁，李凭中国弹箜篌。昆山玉碎凤凰叫，芙蓉泣露香兰笑。十二门前融冷光，二十三丝动紫皇。女娲炼石补天处，石破天惊逗秋雨。梦入坤山教神妪，老鱼跳波瘦蛟舞。吴质不眠倚桂树，露脚斜飞湿寒兔。”[②]声音是难以“画影图形”的，怎么办呢？高明的诗人就采用相似联想，用比喻将稍纵即逝的美妙的箜篌声永久性地记录了下来。五、六两句正面写乐声，而又各具特色。“昆山”句是以声写声，着重表现乐声的起伏多变；“芙蓉”句则是以形写声，刻意渲染乐声的优美动听。“昆山玉碎凤凰叫”，那箜篌，时而众弦齐鸣，嘈嘈杂杂，仿佛玉碎山崩，令人不遑分辨；时而又一弦独响，宛如凤凰鸣叫，声振林木，响遏行云。“芙蓉泣露香兰笑”，构思奇特。带露的芙蓉（即荷花）是屡见不鲜的，盛开的兰花也确实给人以张口欲笑的印象。它们都是美的化身。诗人用“芙蓉泣露”摹写琴声的悲抑，而以“香兰笑”显示琴声的欢快，不仅可以耳闻，而且可以目睹。这种表现方法，真有形神兼备之妙，而这一切都得助于相似联想。

对比联想：在观察和思考某人或某事物的特点时，想起与之相反、相对的人或事物，这种联想就是对比联想。俗话说，不怕不识货，就怕货比货。美与丑、善与恶、谦虚与骄傲、诚实与虚伪等，都是相比较而存在的，通过对比，更能把人或事物的特点凸显出来，如杜甫的“朱门酒肉臭，路有冻死骨”（《自京赴奉先县咏怀五百字》）。又如，宋代晏几道《阮郎归·旧香残粉似当初》：“旧香残粉似当初，人情恨不如。一春犹有数行书，秋来书更疏。衾凤冷，枕鸳孤，愁肠待酒舒。梦魂纵有也成虚，那堪和梦无。”③上片起首两句将物与人比照起来写，意谓往昔所用香粉虽给人以残旧之感，但物仍故物，香犹故香，而离去之人的感情，却经不起空间与时间考验，逐渐淡薄，今不如昔了。上片歇拍两句，是上两句的补充和延伸，举出人不如物、今不如昔的事实，那就是行人春天初去时还有几行书信寄来，到了秋天，书信越来越稀少了。上片四句，即物思人，感昔伤今，抒写了女主人公对行者薄情的满腔怨恨。词的下片转而叙述女主人公夜间的愁思，抒写其处境的凄凉、相思的痛苦。

因果联想：事物之间的联系由因果关系建立起来，这种联想叫因果联想。例如，苏轼《题西林壁》：“横看成岭侧成峰，远近高低各不同。不识庐山真面目，只缘身在此山中。”之所以“横看成岭侧成峰，远近高低各不同。不识庐山真面目”，其道理就在“只缘身在此山中”。朱熹的《观书有感二首·其一》也是如此：“半亩方塘一鉴开，天光云影共徘徊。问渠那得清如许？为有源头活水来。”“问渠那得清如许？为有源头活水来”就是一种因果解说。又如，宋代杨万里《过松源晨炊漆公店六首》：“莫言下岭便无难，赚得行人空喜欢。正入万山圈子里，一山放出一山拦。”④第一句当头喝起，“莫言下岭便无难”是一个富于包孕的诗句，它包含了下岭前艰难攀登的整个上山过程，以及对所经历困难的种种感受。正因为上山艰难，人们便往往把下山看得容易和轻松。开头一句，正像是对这种普遍心理所发的棒喝。“莫言”二字，像是自诫，又像是提醒别人，耐人寻味。第二句“赚得行人空喜欢”补足首句，“赚”字富于幽默风趣。行人心目中下岭的容易，与它实际上的艰难形成鲜明对比，因此说“赚”——行人是被自己对下岭的主观想象骗了。诗人在这里点出而不说破，给读者留下悬念，使下两句的出现更引人注目。三、四两句则承接“空喜欢”，对第二句留下的悬念进行解释。本来，上山过程中要攀登多少道山岭，下山过程中也会相应遇到多少道山岭。山本无知，“一山放出一山拦”的形容却把山变成了有生命有灵性的东西。它仿佛给行人布置了一个迷魂阵，设置了层层叠叠的圈套。而行人的种种心情——意外、惊诧、厌烦，直至恍然大悟，也都在这一“拦”一“放”的重复中体现出来了。诗人借助景物描写和生动形象的比喻，通过写山区行路的感受，说明一个具有普遍意义的深刻道理：人们无论做什么事，都要对前进道路上的困难做好充分的估计，不要被一时的成功所陶醉。

2. 从诗歌内容来分，有“时、空、人、事、物、景、境、理……”诸多方面的联想

空间联想：事物离不开空间，所以空间联系是最基本的联系之一，或者说，空间是承载事物最基本的“容器”之一。事物的普遍联系性，使得空间联想无时无处不在，离开了空间联想，事物实在很难联系起来。例如，周邦彦《苏幕遮·燎沉香》：“燎沉香，消溽暑。鸟雀呼晴，侵晓窥檐语。叶上初阳干宿雨、水面清圆，一一风荷举。故乡遥，何日去？家住吴门，久作长安旅。五月渔郎相忆否？小楫轻舟，梦入芙蓉浦。”过片“故乡遥”一下子就由眼前联想到了遥远的故乡，自然是空间联想。当然，诗人抒发情感是需要借助意象的，所以不会单纯地只使用空间联想，而是综合式的，会用到各种能产生联想的事物，这首词也一样，除了空间联想外，它还有别的事物如荷花等的联想，由眼前的荷花联想到故乡的荷花，从而抒发思乡之情。为了论说的方便，我们只突出其中的一点，这是需要加以说明的。又如，李清照《南歌子·天上星河转》：“天上星河转，人间帘幕垂。凉生枕簟泪痕滋。起解罗衣聊问夜何其。　　翠贴莲蓬小，金销藕叶稀。旧时天气旧时衣。只有情怀不似旧家时！”[5]上片“天上”“人间”显然是空间联想。

时间联想：与空间联想一样，时间联想也是一种最基本的联想方式，因为时间也是事物之间最基本的联系之一，事物就是在时空里存在的。例如，欧阳修《生查子·元夕》：“去年元夜时，花市灯如昼。月上柳梢头，人约黄昏后。今年元夜时，月与灯依旧。不见去年人，泪湿春衫袖。”[6]“去年元夜时”与“今年元夜时”是再明显不过的时间联想了。这是首相思词，写去年与情人相会的甜蜜与今日不见情人的痛苦，明白如话，饶有韵味。词的上阕写

“去年元夜”的事情，花市的灯像白天一样亮，不但是观灯赏月的好时节，也给恋爱的青年男女以良好的时机，在灯火阑珊处秘密相会。“月到柳梢头，人约黄昏后”二句言有尽而意无穷，柔情蜜意溢于言表。下阕写“今年元夜”的情景。“月与灯依旧”，虽然只举月与灯，实际应包括二、三句的花和柳，是说闹市佳节良宵与去年一样，景物依旧。下一句“不见去年人”“泪湿春衫袖”，表情极明显，一个“湿”字，将物是人非、旧情难续的感伤表现得淋漓尽致。

人、事、物、景、境、理等的联想：世界是一个普遍联系的世界，事物是普遍联系的，这就使得诗人很容易将此时此地的人、事、物、景、境、理等与彼时彼地的人、事、物、景、境、理等联系起来，从而建立起人、事、物、景、境、理等的联想。例如，宋代秦观《鹧鸪天·枝上流莺和泪闻》：“枝上流莺和泪闻，新啼痕间旧啼痕。一春鱼鸟无消息，千里关山劳梦魂。无一语，对芳尊。安排肠断到黄昏。甫能炙得灯儿了，雨打梨花深闭门。”[7]思妇凌晨在梦中被莺声唤醒，远忆征人，泪流不止。这是人的联想（联系）。丈夫征戍在外，远隔千里，故而引起思妇魂牵梦萦。整整一个春季，丈夫未寄一封家书，究竟平安与否，不得而知，故而引起思妇的忧虑与忆念。从词意推知，思妇的梦魂，本已缥缈千里，与丈夫客中相聚，现实中无法实现的愿望，在梦境中得到了满足。这是何等的快慰，然而树上黄莺一大早就恼人地歌唱起来，把她从甜蜜的梦乡中唤醒。她又回到双双分离的现实中，伊人不见，鱼鸟音沉。于是，她失望了，痛哭了。结尾两句，融情入景，表达了绵绵无尽的相思。这里是说，刚刚把灯油熬干了，又听着一声声雨打梨花的凄楚之音，就这样睁着眼睛挨到天明。词人不是直说彻夜无眠，而是通过景物的变化，婉曲地表达长时间的忆念，用笔极为工巧。你看，人的联系又是通过物（黄莺）与事（梦）连接了起来，而结尾则造成一种愁苦的处境，这就是人、事、物、境等的联想。

二、想象的分类

古人说，思接千载，视通万里，心骛八极，说的都是丰富的想象能力。作为一种思维形式，想象具有极大的自由度。凭借想象力，人的创造性思维才有广阔的活动空间，人的思想才能插上腾飞的翅膀，自由翱翔于无限的现实世界和神奇的幻想境地。一般说来，想象具有创造性和夸张性两大特点。屈原的

《九歌》《天问》，李白的《蜀道难》《梦游天姥吟留别》，等等，都是作者创造性思维的结果。而想象往往又离不开夸张，如李白的“飞流直下三千尺，疑是银河落九天”“两岸猿声啼不住，轻舟已过万重山”等，都用到了夸张。大致说来，现实主义创作多用联想，而浪漫主义则多用想象。当然，许多情况下，二者往往是紧密联系在一起的，并不能截然分开。

想象的分类一般有追忆、幻想等。

追忆：人的大脑平日将作用于我们感观中的各种事物保存起来，形成记忆。作家创作时将它再现出来，这就是追忆，如李商隐《锦瑟》的结尾：“此情可待成追忆，只是当时已惘然。”那么，他在这首诗中，追忆的是什么呢？诗人采用的是含蓄隐约的借喻：庄子的蝴蝶梦，杜鹃的春日啼血鸣，海底珍珠蚌的眼泪，蓝田玉的袅袅青烟。这些借喻，让历代诗论家颇费猜测，众说纷纭。但有一点是肯定的，是诗人对当年岁月、对往事的追忆。因为诗人明确道出这是“一弦一柱思华年”；明确指出“此情可待成追忆”。至于为何以“锦瑟”命题，为何采用种种借喻，正如宋人贺铸的“锦瑟年华谁与共”，元人元好问的“佳人锦瑟凭年华”一样，“锦瑟”不过是诗人情丝所系，“赌书赢得泼茶香，当时只道是平常”，鬓已星星的诗人睹物生情，于是，少年往事如浮云过月，伤感、悲叹、无奈、迷离之情纷纷涌上心头。“沧海月明珠有泪”，月满珠圆，月亏珠缺，且满且圆，且亏且缺，如梦如幻；“蓝田日暖玉生烟”，无论是蓝田日暖，还是良玉生烟，都是过眼烟云，繁华一瞬而已。给自己晚年留下的只是庄子的梦醒时分，只是杜鹃的啼血之时。

幻想（神游、梦境）：幻想属于组合想象。实际生活中作者并无此经历，因此在诗歌中并不是这种生活印象的复制和再现，而是将从各种信息渠道获得的印象、知识，加以改造组合，创造出一种或一组在实际生活中并未出现或者根本无法出现的新的形象，以此来表达自己的主观情感和愿望。它包括神游、梦幻、奇想等方式。中国古代诗歌中这类奇想很多，如“人如天上坐，鱼似镜中悬”（沈佺期《钓鱼诗》），“忽如一夜春风来，千树万树梨花开”（岑参《白雪歌送武判官归京》），“且就洞庭赊月色，将船买酒白云边”（李白《陪族叔刑部侍郎晔及中书贾舍人至游洞庭五首·其二》），“女娲只解补青天，不解煎胶粘日月”（司空图《杂言》），“如何得与凉风约，不共尘沙一并来”（陈与义《中牟道中二首其一》）等。神游如李白《古风》十九诗用游仙体，前十句幻想自己在华山莲花峰上遇到明星仙女，“素手把芙蓉，虚步蹑太清”，又遇到神仙卫叔卿，一句“驾鸿凌紫冥”极尽神游之乐。后四句以“俯视”为转捩点，对安史叛军的残暴和人民的苦难，表示愤慨和关切。显示了他貌虽放旷，根本上却是与祖国、与人民是呼吸与共的。梦境如李白《梦游天姥吟留别》等。

【译文】

①怀念你竟在这深秋的夜晚，散步咏叹多么寒凉的霜天。想此刻空山中正掉落松子，幽居的友人一定还未安眠。

②在深秋的夜晚，弹奏起吴丝蜀桐制成的精美箜篌。听到美妙的乐声，天空的白云凝聚起来不再飘游。湘娥把泪珠洒满斑竹，九天素女也牵动满腔忧愁。出现这种情况，是由于乐工李凭在京城弹奏箜篌。乐声清脆动听得就像昆仑山美玉击碎，凤凰鸣叫；时而使芙蓉在露水中饮泣，时而使香兰开怀欢笑。清脆的乐声，融和了长安城十二门前的清冷光气。二十三根弦丝高弹轻拨，打动了高高在上的天帝。高亢的乐声直冲云霄，冲上女娲炼石补过的天际。好似补天的五彩石被击破，逗落了漫天绵绵秋雨。幻觉中仿佛乐工进入了神山，把技艺向女仙传授；老鱼兴奋地在波中跳跃，瘦蛟也翩翩起舞乐悠悠。月宫中吴刚被乐声吸引，彻夜不眠在桂树下逗留。桂树下的兔子也伫立聆听，不顾露珠斜飞寒飕飕！

③旧日用残的香粉芳馥似当初，人的情意淡了反恨不如。一个春天还寄来几行书信，到了秋天书信越见稀疏。绣凤被冷，鸳鸯枕孤，郁郁愁肠只待酒来宽舒。梦魂儿纵然有相逢把晤也成虚无，怎忍受连想做个虚幻的梦也无路。

④不要说从山岭上下来就没有困难，骗得前来爬山的人白白地欢喜一场。好比行走在群山的包围之中，你刚攀过一座山，另一座山立刻出现阻拦去路。

⑤天空中银河不断转动、星移斗转，人世间的帘幕却一动不动地低低下垂。枕席变凉，泪水更多地流淌，一片湿滋滋。和衣而睡，醒来脱去绸缎外衣，随即问道：“夜已到何时？”

这件穿了多年的罗衣，用青绿色的丝线绣成的莲蓬已经变小；用金线绣制的荷叶颜色减退、变得单薄而稀疏。每逢秋凉，还总是穿上这件罗衣。唯独人的心情不像从前舒畅适时。

⑥ 去年元宵节的时候，花市被灯光照得如同白昼。与佳人相约在黄昏之后、月上柳梢头之时同叙衷肠。今年正月十五元宵节，月光与灯光仍同去年一样。再也看不到去年的故人，相思之泪沾湿了春衫的衣袖。

⑦ 耳畔突然响起黄莺的啼鸣，梦中惊醒的我泪流满面，新的泪痕叠着旧泪痕。丈夫远在千里关山，整整一个春季未寄一封家书，只有在梦中才能见到他。早上起来，没有人可以诉说一句话，只有空对着精致的酒樽。一天从早晨到黄昏肠都断了。夜里刚刚灯油熬干了，窗外雨打梨花，还是闭门听着吧。

第四节　素读古代诗歌要自觉运用联想和想象

写和读方向是相反的。诗人用联想和想象写出来的作品，反过来，我们在读的时候，也是需要用到联想和想象的，用联想和想象来千方百计找出人、事、物、景、情之间的关联，用联想和想象来填补诗人没写出的东西，以求产生体验和共鸣，能将自己置身于诗境当中，“缘景明情”，更好地理解诗意，把握情感，得到美的享受。要说明的一句是，我们在读诗歌的时候，往往是综合运用各种联想和想象的方法的，这里只是为了解说的需要，分开来说了。

用相关联想读懂诗歌：主要是抓住事物间的关联性。我们读宋代张元干《石州慢·寒水依痕》：“寒水依痕，春意渐回，沙际烟阔。溪梅晴照生香，冷蕊数枝争发。天涯旧恨，试看几许消魂，长亭门外山重叠。不尽眼中青，是愁来时节。情切。画楼深闭，想见东风，暗销肌雪。辜负枕前云雨，尊前花月。心期切处，更有多少凄凉，殷勤留与归时说。到得再相逢，恰经年离别。”[①]这是作者晚年离乡思归之作，在冬去春来，大地复苏的景象中，作者触景生情，在词中表达了自己内心深沉的思乡之情。而这“触景生情”就是一种相关联想。

用相似联想读懂诗歌：一定要扣紧事物间的相似性来读。读唐代李益《夜上受降城闻笛》：“回乐烽前沙似雪，受降城外月如霜。不知何处吹芦管，一夜征人尽望乡。”[②]“回乐烽前沙似雪，受降城外月如霜”描写了边塞月夜的独特景色。举目远眺，蜿蜒数十里的丘陵上耸立着座座高大的烽火台，烽火台下是一片无垠的沙漠，在月光的映照下如同积雪的荒原。近看，高城之外月光皎洁，如同深秋的寒霜。沙漠并非雪原，诗人偏说它“似雪”；月光并非秋霜，诗人偏说它“如霜”。这显然是运用了相似联想，诗人如此运笔，是为了借这寒气袭人的景物来渲染心境的愁惨凄凉。正是这似雪的沙漠和如霜的月光使受降城显得格外空寂惨淡，也使诗人格外强烈地感受到置身边塞绝域的孤独，而生发出思乡情愫。从全诗来看，前两句写的是色，第三句写的是声，末句抒心中所感，写的是情。前三句都是为末句直接抒情作烘托、铺垫。开头由视觉形象引动绵绵乡情，进而由听觉形象把乡思的暗流引向滔滔的感情洪波。前三句已经蓄势有余，末句一般就用直抒胸臆写出。

用对比联想读懂诗歌：诗人有比较必有诉说，必有情感的表露，抓住了就能理解诗歌的情感。我们读《诗经·伐檀》：“坎坎伐檀兮，置之河之干兮。河水清且涟猗。不稼不穑，胡取禾三百廛兮？不狩不猎，胡瞻尔庭有县貆兮？彼君子兮，不素餐兮！　　坎坎伐辐兮，置之河之侧兮。河水清且直猗。不稼不穑，胡取禾三百亿兮？不狩不猎，胡瞻尔庭有县特兮？彼君子兮，不素食兮！　　坎坎伐轮兮，置之河之漘兮。河水清且沦猗。不稼不穑，胡取禾三百囷兮？不狩不猎，胡瞻尔庭有县鹑兮？彼君子兮，不素飧兮！”[③]抓住了“不稼不穑，胡取禾三百廛兮？不狩不猎，胡瞻尔庭有县貆兮”等这些对比强烈的诗句，那种对统治者的讽刺和对社会现实不公的斥责的强烈情感也就容易把握了。

用因果联想读懂诗歌：理清了因果，也就把握了诗歌的理趣，就能读懂诗歌的味道。例如，读苏轼的《琴诗》：“若言琴上有琴声，放在匣中何不鸣？若言声在指头上，何不于君指上听？”[④]这首诗讲了一个弹琴的道理：一支乐曲的产生单靠琴不行，单靠指头也不行，还要靠人的思想感情和技术的熟练。琴不难掌握，指头人人有，但由于人的思想感情和弹琴技术的差异很大，演奏出来的乐曲是否悦耳可就大不一样了。诗里用了两个提问，让读者去思考。其实这是一个复杂的美学问题：产生艺术美的主客观关系。从字面上看是说，如果说琴可以自己发声，那么为什么把它放在盒子里就没了乐声？如果说声音是由手指头发出的，那么为什么不能凑过耳朵靠近指头直接听到乐声呢？苏轼在这首诗中思考琴是如何发出声音的。根据科学依据可知，其实，琴能演奏出优美的音乐，这不光靠琴，还要靠人的指头弹动、敲击钢丝，产生振动发音，人的手指和琴同时存在是发出琴音的物质基础，只有两者相辅相成，才能奏出优美的音乐。但其实从禅理方面来说，诗人以琴声来解说禅理。诗人通过设问的方式，巧妙而形象地说明了是琴与指的结合，才产生了精美的琴声。一方面，不论是从单纯的琴来说，还是单纯的指来说，都是一种客观存在，有其在就能发出琴声来，这就是“有”；但琴与指都是无法独自产生出美妙音乐来的，这就是“无”。另一方面，精妙绝伦的琴声却又是的的确确从琴和手指上发出来的，琴声是潜存于琴与指上的，这就是“有”。缺少了琴与指中的任何一个，也不能发出优美的琴声来，这又是“无”。正是这种“无中生有”“有来自无”“有无相生”“有无结合”，才会产生美妙无比的琴声来，从而揭示了“有”与“无”结合、“有”“无”统一才能生成万物的普遍道理。须知，琴声潜在于琴上，要靠指头点拨，即靠“有”的推动才能发出声来，但光有指头也无济于事，“有”必依赖“无”，即潜在于琴身的音才可生出声。总之，有无相生是万物生成之本。该诗哲理性很强，富有禅机。佛教视有为无，视生为灭，追求无声无形不生不减，音乐的真实即虚无，所以音乐无所谓真实与否，要以“谐无声之乐，以自得为和”“反闻闻自性，性成无上道”，通过内心的感受而自得、反悟禅道。《琴诗》否定了琴、指两者和音乐之声的关系，其思想和《楞严经》“声无既无灭，声有亦非生，生灭两圆离，是则常真实”相通。

用时空联想来读懂诗歌：时空是事物存在的基本方式，把握时空有利于把握诗歌情感。我们来读张祜的《宫词》：“故国三千里，深宫二十年。一声何满子，双泪落君前。”⑤如果用时空联想法来读的话，是较容易读懂的。诗总共二十个字，作者在前半首里，以举重若轻、驭繁如简的笔力，把一个宫人远离故乡、幽闭深宫的整个遭遇浓缩在短短十个字中。首句“故国三千里”，是从空间着眼，写去家之远；次句“深宫二十年”，是从时间下笔，写入宫之久。这两句诗，不仅有高度的概括性，而且有强烈的感染力；不仅把诗中女主角的千愁万恨一下子集中地显示了出来，而且是加一倍、进一层地表达了她的愁恨。一个少女不幸被选入宫，与家人分离，与外界隔绝，失去幸福，失去自由，本来已经够悲惨了，何况家乡又在三千里之外，岁月已有二十年之长，这就使读者感到其命运更加悲惨，其身世更可同情。四句诗中，以“三千里”表明距离，以“二十年”表明时间，以“一声”写歌唱，以“双泪”写泣下，句句都用了数字。而数字在诗歌中往往有其特殊作用，它能把一件事情、一个问题表达得更清晰、更准确，给读者以更深刻的印象，也使诗句特别精练有力。这首诗的这两个艺术形式上的特点，与它的内容互为表里，相得益彰。而这一切，都是时空联想的妙用。

用人、事、物、境等的联想来读懂诗歌：诗歌无非就是通过人、事、物、境来表情达意的，扣住了诗歌里的人、事、物、境，也就能分析出其中的情感。例如，读唐代韩翃的《同题仙游观》："仙台下见五城楼，风物凄凄宿雨收。山色遥连秦树晚，砧声近报汉宫秋。疏松影落空坛静，细草香闲小洞幽。何用别寻方外去，人间亦自有丹丘。"[⑥]这首诗就牵涉了人、事、物、景、理。诗写道士的楼观，是一首游览题咏之作，描绘了雨后仙游观高远开阔、清幽雅静的景色，盛赞道家观宇胜似人间仙境，表现了诗人对道家修行生活的企慕。前三联描绘了雨后仙游观观内观外的景色。首联点明时地，切中题目"仙游观"，并描写了天气情况。颔联写观外秋夜景物，先是"见""秦树"，后是"闻""砧声"。颈联写观内景物，先写高处"空坛"的静，后写低处"小洞"的幽，点明是道士居处，形象地展现了仙游观宁静娴雅的景色。末联直抒胸臆，引用《远游》之语，称赞这地方是神仙居处的丹丘妙地，不用再去寻觅他方了，表达了作者对闲适生活的向往。作者见到仙游观，正是宿雨初收、风物凄清的时候。暮霭中，山色与秦地的树影遥遥相连，捣衣的砧声，似在报告着汉宫进入了秋天。疏疏落落的青松投下纵横的树影，道坛上空寂宁静，细草生香，洞府幽深。整首诗，有远景，有近景，着力刻画的是道观幽静的景物。全诗语言工美秀丽，音调婉转和鸣，读来琅琅上口，内容却是空泛而无多大深意，只可吟咏，不可玩味。

【译文】

① 寒水缓缓消退，岸边留下一线沙痕。春意渐渐回临，空阔的沙洲烟霭纷纷。晴日朗照，溪边的新梅香气氤氲。数枝梅花争相吐蕊，装点新春。我独在天涯满腔怨恨，试想我现在是何等的悲怆伤神？长亭门外，群山重叠，望不断的远山遥岑，正是令人忧愁的节令时分。遥想深闺中的你，一定也是思绪纷纭。画楼的层门紧闭，春风暗暗使你的容颜瘦损。我真是对不起你啊，让你独守空闺冷衾。辜负了多少尊前花月的美景，浪费了大好青春。你可知道，我也

是归心似箭，恨不得一步跨进闺门。更有多少酸甜苦辣，留着回去向你诉说详尽。可等到我们再度相逢，恐怕又要过一年光阴。

② 回乐峰前的沙地洁白似雪，受降城外的月色有如深秋白霜。不知何处吹起凄凉的芦管，惹得出征的将士一夜都在思念家乡。

③ 砍伐檀树声坎坎啊，棵棵放倒堆河边啊，河水清清微波转哟。不播种来不收割，为何三百捆禾往家搬啊？不冬狩来不夜猎，为何见你庭院猪獾悬啊？那些老爷君子啊，不会白吃闲饭啊！砍下檀树做车辐啊，放在河边堆一处啊。河水清清直流注哟。不播种来不收割，为何三百捆禾要独取啊？不冬狩来不夜猎，为何见你庭院兽悬柱啊？那些老爷君子啊，不会白吃饱腹啊！砍下檀树做车轮啊，棵棵放倒河边屯啊。河水清清起波纹啊。不播种来不收割，为何三百捆禾要独吞啊？不冬狩来不夜猎，为何见你庭院挂鹌鹑啊？那些老爷君子啊，可不白吃腥荤啊！

④ 如果琴上有声音，放在箱中为何不响；如果声音是从手指上发出，为什么人们不在手指上听呢？

⑤ 故乡和亲人远在千里之外，我已被幽闭在这深宫里二十年了，听一声曲子《何满子》，忍不住掉下眼泪。

⑥ 在仙台上刚见到五城楼，夜雨初停景物冷落凄清。晓山翠色遥连秦地树木，汉宫砧声报讯寒秋来临。空坛澄清疏松影落水底，小洞清幽细草芳香沁人。何必去寻找世外的仙境，人世间就有美好的桃源。

（本章撰稿人：张怡春）

第五章

注意时空

从词义上说，“世界”“宇宙”都是时空统一体，“世”和“宙”指时间，“界”和“宇”指空间。世界上的一切事物都是存在于一定的时空当中的，文学离不开时空，素读古代诗歌当然也离不开时空。要读懂古代诗歌，从作品所反映的时空入手，不失为有效方法之一。

第一节　文学创作离不开时空

一切事物都是在时空里存在的，诗歌要表达的就是无限时空里的人、事、物、景、境、理、趣、情等内容。诗歌离不开时空，像情感一样，时空是诗歌的基本元素；离开了时空，诗歌也就失去了凭借，失去了依存。例如，苏轼《千秋岁·次韵少游》："岛边天外，未老身先退。珠泪溅，丹衷碎。声摇苍玉佩、色重黄金带。一万里，斜阳正与长安对。道远谁云会，罪大天能盖。君命重，臣节在。新恩犹可觊，旧学终难改。吾已矣，乘桴且恁浮于海。"[①]你看，"岛边天外""一万里""长安""道远""海"等关联的就是空间，而"未老""斜阳""乘桴且恁浮"等关联的就是时间；也就是说，整首词表现的就是某个时空里的情感。抓住了时空，我们就可以细析寄寓其中的人、事、物、景、境、理、趣、情等内容，从而读懂诗歌。上阕"未老身先退"句首先表明了对贬谪的不满，苏轼时年六十三，遭贬到海南岛，故言岛边天外。未老身先退是朝廷决定，非自己情愿，怎不叫人伤心落泪。"珠泪溅，丹衷碎"写出苏轼遭贬的愤懑。"斜阳"句是说自己虽已暮年，远在万里天涯，但还怀念着京都，苏轼一片忠心未改。下阕表示自己难迎合朝廷，迫不得已，只好学孔子"乘桴浮于海"，反映出苏轼内心的矛盾。一方面他是有罪之臣，难忘"君命""新恩"，另一方面"君命"有悖"旧学"，对自己的前途已不抱希望。"乘桴且恁于海"，语出《论语·公冶长》："道不行，乘桴浮于海。"孔子的意思是如果我政治主张行不通，我就乘着木排过海到海外去，跟随我的大概只有仲由吧。词人暗中写自己，也写秦观。仲由是孔子的学生，秦观也曾拜苏轼为师。他鼓励秦观振作起来。词人站得高，想得远，能摆脱个人得失，终不忘江山社稷。全词波澜起伏，情感激荡，表达了诗人不忘自己的使命，虽历经磨难仍不改报效国家的政治抱负，令人感受到苏轼胸中的那份永不泯灭的炽热情感。

又如苏轼《春宵》："春宵一刻值千金，花有清香月有阴。歌管楼台声细细，秋千院落夜沉沉。”②“春宵”是时间，“楼台”“院落”是空间，诗歌写如此的时空里的景和事，要表达的情感也就不难理解了。诗人以清新的笔致描写了春夜里迷人的景色，写花香，写月色，写高楼里传出的幽幽细吟的歌乐声，也写富贵人家为了不让美好的时光白白过去，都在尽情地寻欢作乐。“春宵一刻值千金，花有清香月有阴”这两句写的是春夜美景、光阴的珍贵。春天的夜晚，是那样宝贵，因为花儿散放着醉人的清香，月亮也有朦胧的阴影之美。这两句诗构成因果关系，前句为果，后句为因。这里不仅写出了夜景的清丽幽美，景色宜人，更是在告诉人们光阴的宝贵。“歌管楼台声细细，秋千院落夜沉沉”这两句写的是官宦贵族阶层的人们在抓紧一切时间戏耍、玩乐、享受的情景。诗人描绘那些流连光景，在春夜轻吹低唱的人正沉醉在良宵美景之中。对于他们来说，这样的良夜春景，更显得珍贵。这样的描写也反映了官宦贵族人家纸醉金迷的奢侈生活，不无讽刺意味。这首诗写得明白如画却又立意深沉，在冷静自然的描写中，含蓄委婉地透露出作者对醉生梦死、贪图享乐、不惜光阴的人的深深谴责。

正因为如此，所以许多诗歌就直接以时间空间词语做标题，如宋代翁卷《乡村四月》：“绿遍山原白满川，子规声里雨如烟。乡村四月闲人少，才了蚕桑又插田。”③“乡村”是空间，“四月”是时间，整首诗就是以空间时间词语做标题，要写的当然也就是“乡村”和“四月”。诗以白描手法写江南农村（今乐清市淡溪镇）初夏时节的景象，前两句着重写景：绿原、白川、子规、烟雨，寥寥几笔就把水乡初夏时特有的景色勾勒了出来。后两句写人，画面上主要突出在水田插秧的农民形象，从而衬托出“乡村四月”劳动的紧张与繁忙，前呼后应，交织成一幅色彩鲜明的图画。

诗人笔下的时空往往融合在一起，有时甚至还可以互相转化，显得重要又美轮美奂。例如，杜甫《茅屋为秋风所破歌》：“八月秋高风怒号，卷我屋上三重茅。茅飞渡江洒江郊，高者挂罥长林梢，下者飘转沉塘坳。南村群童欺我老无力，忍能对面为盗贼。公然抱茅入竹去，唇焦口燥呼不得，归来倚杖自叹息。俄顷风定云墨色，秋天漠漠向昏黑。布衾多年冷似铁，娇儿恶卧踏里裂。床头屋漏无干处，雨脚如麻未断绝。自经丧乱少睡眠，长夜沾湿何由彻！安得广厦千万间，大庇天下寒士俱欢颜，风雨不动安如山。呜呼！何时眼前突兀见此屋，吾庐独破受冻死亦足！”④其中的“俄顷风定云墨色，秋天漠漠向昏黑”的“秋天”就是典型的时空融合，这里的“秋天”即“秋季的天空”，“秋季”是时间，“天空”是空间，水乳交融。又如，白居易《长恨歌》“在天愿作比翼鸟，在地愿为连理枝。天长地久有时尽，此恨绵绵无绝期”中“天长地久”就有时空转换，或者说时空紧密融合在了一起，很好地表达出了那种绵绵无期的“恨”意，是对李隆基、杨贵妃爱情的一种升华。再如，宋代曾几《三衢道中》：“梅子黄时日日晴，小溪泛尽却山行。绿阴不减来时路，添得黄鹂四五声。”⑤“三衢道中”本是空间概念，但因为是行程，又有时间在里面，是时空的糅合。这是一首纪行诗，诗写初夏时宁静的景色和诗人山行时轻松愉快的心情。全诗明快自然，极富有生活韵味。首句点明此行的时间，“梅子黄时”正是江南梅雨时节（黄梅天），难得有这样“日日晴”的好天气，因此诗人的心情自然也为之一爽，游兴愈浓。诗人乘轻舟泛溪而行，溪尽而兴不尽，于是舍舟登岸，山路步行。一个“却”字，道出了他高涨的游兴。三、四句紧承“山行”，写绿树荫浓，爽静宜人，更有黄鹂啼鸣，幽韵悦耳，渲染出诗人舒畅愉悦的情怀。“来时路”将此行悄然过渡到归程，“添得”二字则暗示行归而兴致犹浓，故能注意到归途有黄鹂助兴，由此可见此作构思之机巧、剪裁之精当。作者将一次平平常常的行程，写得错落有致，平中见奇，不仅写出了初夏的宜人风光，而且诗人的愉悦情状也栩栩如生，让人领略到平和的意趣。

【译文】

① 人未老而身已退居在天外孤岛上。腰间佩戴金色的玉饰泠泠作响；金黄色的腰带色彩浓艳。夕阳正斜照着万里之外的汴京城。路途遥远，谁说还能见到汴京城。我的罪孽深重，但皇帝能给予宽恕。君王之命很重，不可违背；我的节操依然保持着。大概能期望君王赐予赦免的新恩，但我的旧识积习终究难以改变。算了吧，我还是乘舟漂浮在海上，暂且如此度过余生。

② 春天的夜晚，即使一刻钟也价值千金。花儿散发着淡淡的清香，月光在花下投射出朦胧的阴影。远处高楼上，官宦贵族们还在尽情地享受着歌舞管乐，架设着秋千的庭院正沉浸在幽寂茫茫的夜色中。

③ 山坡田野间草木茂盛，稻田里的水色与天光相辉映。杜鹃一声声啼叫在如烟如雾的蒙蒙细雨中。乡村的四月正是最忙的时候，刚刚结束了蚕桑的事又

要插秧了。

④ 八月秋深狂风大声吼叫，狂风卷走了我屋顶上好几层茅草。茅草乱飞渡过浣花溪散落在对岸江边，飞得高的茅草缠绕在高高的树梢上，飞得低的飘飘洒洒沉落到池塘和洼地里。南村的一群儿童欺负我年老没力气，竟忍心这样当面做“贼”抢东西，明目张胆地抱着茅草跑进竹林里去了。我费尽口舌也喝止不住，回到家后拄着拐杖独自叹息。不久后风停了，天空上的云像墨一样黑，秋季的天空阴沉迷蒙渐渐黑了下来。布质的被子盖了多年，又冷又硬像铁板似的，孩子睡觉姿势不好把被子蹬破了。如遇下雨整个屋子没有一点儿干燥的地方，雨点像下垂的麻线一样不停地往下漏。自从安史之乱后我的睡眠时间就很少了，长夜漫漫屋子潮湿不干如何才能挨到天亮？如何能得到千万间宽敞的大屋，普遍地庇护天底下贫寒的读书人让他们喜笑颜开，房屋遇到风雨也不为所动安稳得像山一样。唉！什么时候眼前出现这样高耸的房屋，到那时即使我的茅屋被秋风吹破自己受冻而死也心甘情愿！

⑤ 梅子黄透了的时候，天天都是晴朗的好天气，乘小舟沿着小溪而行，走到了小溪的尽头，再改走山路继续前行。

山路上苍翠的树，与来的时候一样浓密，深林丛中传来几声黄鹂的欢鸣声，比来时更增添了些幽趣。

第二节　古代诗歌里的时空表现

诗人的世界也好，诗歌的世界也好，其实都是时空统一体，也就是说，正是时空的统一，才构成诗人的世界、诗歌的世界，离开了时空，也就无所谓文学，无所谓诗歌了。从这个角度来说，我们谈诗歌的时空就不只是诗歌本身所具有的时空，其实也反映着诗人所处的时空，这就是知人论世、以意逆志的依据所在。我们来看李白《宣州谢朓楼饯别校书叔云》：“弃我去者，昨日之日不可留；乱我心者，今日之日多烦忧。长风万里送秋雁，对此可以酣高楼。蓬莱文章建安骨，中间小谢又清发。俱怀逸兴壮思飞，欲上青天览明月。抽刀断水水更流，举杯消愁愁更愁。人生在世不称意，明朝散发弄扁舟。”[1]这首诗歌所反映的其实就是诗人的处境、心境，是诗人在“此时此地（或‘彼时彼地’）”的心声。诗人在宣州谢朓楼上饯别友人，感怀万千，既满怀豪情逸兴，又时时掩抑不住郁闷和不平，感情回复跌宕，一波三折。“昨日之日”与“今日之日”，是指许许多多个弃我而去的“昨日”和接踵而至的“今日”，也就是说，每一天都深感日月不居，时光难驻，心烦意乱，忧愤郁悒。这里既蕴含了“功业莫从就，岁光屡奔迫”的精神苦闷，也融铸着诗人对污浊的政治现实的感受。而“长风万里送秋雁，对此可以酣高楼”两句突作转折，面对着寥廓明净的秋空，遥望万里长风吹送鸿雁的壮美景色，诗人不由得激起酣饮高楼的豪情逸兴，这两句在读者面前展现出一幅壮阔明朗的万里秋空画图，也展示出诗人豪迈阔大的胸襟。从极端苦闷忽然转到朗爽壮阔的境界，变化无端，不可思议。正因为他素怀远大的理想抱负，又长期为黑暗污浊的环境所压抑，所以时刻都向往着广大的可以自由驰骋的空间。全诗如歌如诉，情感起伏涨落，韵味深长。

一、古代诗歌里的时间表现

1. 自然时间（物理时间）

作为一维的时间本身来说，当然具有客观性，这就是它的自然属性，我们称为“自然时间（物理时间）”。春夏秋冬、黄昏黎明、某个具体的年月日等，作为自然时间，只要需要，就会出现在诗歌里，如白居易《暮江吟》：“一道残阳铺水中，半江瑟瑟半江红。可怜九月初三夜，露似真珠月似弓。”[2]这里写的就是诗人所处时代的某个“九月初三夜”的景致，之所以要写“夜”，又是由标题“暮江吟”的“暮”这个时间词语限定了的。九月初三，月亮刚出现，还是月牙儿，弯弯的，所以说像一张弓。“月似弓”进一步点出月初的秋夜。这句重点写了秋夜露珠和新月，连用两个新颖贴切的比喻，描绘出深秋月夜的迷人景象。当然如果从整首诗来看，它其实写了三个不同的“时间”，前两句写的是日落前（一小段时间）或日落时，后两句主要写日落后（一小段时间），即黄昏，由后两句还引申出夜里一段时间。全诗构思妙绝之处，在于摄取了两幅幽美的自然界的画面，加以组接，一幅是夕阳西沉、晚霞映江的绚丽景象，一幅是弯月初升、露珠晶莹的朦胧夜色。两者分开看各具佳景，合起来读更显妙境，诗人又在诗句中妥帖地加入比喻的写法，使景色倍显生动。由于这首诗渗透了诗人自愿远离朝廷后轻松愉悦的解放情绪和个性色彩，因而又使全诗成了诗人特定境遇下审美心理功能的艺术载体。

2. 心理时间（主观时间）

人是有情感的动物，所以，客观的自然时间有时会在人的主观世界里“变形”，所谓“度日如年”“光阴似箭”，在人的主观世界里，客观的自然时间会产生出各种不同的主观感受，从而给人以美感。我们来看大家最熟悉的李商隐的《登乐游原》：“向晚意不适，驱车登古原。夕阳无限好，只是近黄昏。”本来“黄昏”就是一个客观的时间，但在这里由于诗人“向晚意不适”，有着强烈的主观情绪，因而看到的夕阳尽管“无限好”，还是免不了怅惘之情。李商隐所处的时代是国运将尽的晚唐，尽管他有抱负，但是无法施展，很不得志。这首诗就反映了他的伤感情绪，是诗人对繁盛的唐帝国即将衰落的感叹。而李清照《声声慢》“梧桐更兼细雨，到黄昏，点点滴滴。这次第，怎一个愁字了得”里的时间是多么难挨啊，简直度秒如年！白居易《长恨歌》里有这样的句子：“春宵苦短日高起，从此君王不早朝”“迟迟钟鼓初长夜，耿耿星河欲曙天”，时间本是客观的，长短有定，在君王李隆基的心里，这前后时间的感受却截然不同，贵妃在时恨夜短，贵妃已亡恨夜长——心境前后完全不同啊。宋代晏殊《渔家傲·画鼓声中昏又晓》：“画鼓声中昏又晓。时光只解催人老。求得浅欢风日好。齐揭调。神仙一曲渔家傲。绿水悠悠天杳杳。浮生岂得长年少。莫惜醉来开口笑。须信道。人间万事何时了。”[③]黄昏、白天本是自然现象，客观正常的事，但在欢乐的时候，人们只觉其短，这就是首句所说的，在一片动听响亮的画鼓声中，人们不知已经过去了整日，真有点儿快乐不知时间过。“昏又晓”，黑夜与白天的更迭，形象表达时间的消逝。然而，“时光只解催人老”，时光不管你快乐与忧愁，只懂得催促人走向衰老，所以要“求得浅饮风日好”，及时地行乐，莫负光阴。后阕的“浮生岂得长年少”“莫惜醉来开口笑”再一次反复强调，抒发时光易逝、行乐须及时的感慨。而秦观的《鹊桥仙·纤云弄巧》“纤云弄巧，飞星传恨，银汉迢迢暗度。金风玉露一相逢，便胜却、人间无数。柔情似水，佳期如梦，忍顾鹊桥归路。两情若是久长时，又岂在、朝朝暮暮”[④]，也很好地反映了这种主观的时间感受。一夕佳期竟然像梦幻一般倏然而逝，才相见又分离，怎不令人心碎！

“佳期如梦”，相会时间之短，既是客观也是主观，写出了爱侣相会时的复杂心情。

3. 古代诗歌里常用的时间词语

节日：春节（如孟浩然《田家元日》）、元宵（如辛弃疾《青玉案·元夕》）、清明（如杜牧《清明》）、端午（如张耒《和端午》）、中秋（如杜甫《八月十五夜月二首》）、重阳（如王勃《蜀中九日》）、寒食（如韩翃《寒食》）等。（不只是诗歌题目上有，诗句里同样有，无法穷尽，仅举例而已。下同）

时节：春（如朱熹《春日》、韩愈《晚春二首》）、夏（如李白《夏日山中》、韩偓《夏夜》、朱淑真《初夏》）、秋（如程颢《秋日》）、冬（如白居易《早冬》、白居易《冬至夜怀湘灵》）等。

其他有关年、月、日、早、晚、晓、暮等时间词语：如李白《静夜思》、刘方平《月夜》、孟浩然《岁暮归南山》、刘长卿《新年作》、卢纶《晚次鄂州》、陶渊明《癸卯岁十二月中作与从弟敬远》、李白“朝辞白帝彩云间”、杜甫“三月三日天气新，长安水边多丽人”等。

“长、久、短、暂、忽、迟迟”等等：白居易“天长地久有时尽，此恨绵绵无绝期”、魏晋时诗人傅玄《秋胡行》“人言生日短，愁者苦夜长”、白居易“如听仙乐耳暂明”、岑参“忽如一夜春风来”、朱淑真《眼儿媚·迟迟春日弄轻柔》（迟迟春日弄轻柔，花径暗香流。清明过了，不堪回首，云锁朱楼。午窗睡起莺声巧，何处唤春愁？绿杨影里，海棠枝畔，红杏梢头。⑤）等。

二、古代诗歌里的空间表现

1. 物理空间（客观空间）

三维空间当然具有客观性，正如李白《春夜宴从弟桃花园序》里云“夫天地者，万物之逆旅也；光阴者，百代之过客也”，万物得有空间来承载，人也应有立足寄居之地。五代冯延巳《鹊踏枝·谁道闲情抛掷久》：“谁道闲情抛掷久？每到春来，惆怅还依旧。日日花前常病酒，敢辞镜里朱颜瘦。河畔青芜堤上柳，为问新愁，何事年年有？独立小桥风满袖，平林新月人归后。”⑥“河畔”“堤上”“小桥”“平林”就是事物（包括人）存在的处所，借助于其中的意象，诗人心中一种常存永在的惆怅、忧愁，独自一人承担的孤寂、凄冷之感便很好地表达了出来，不仅传达了一种感情的意境，而且表现出强烈而鲜明的个性，意蕴深远，感发幽微。上阕开门见山，首句用反问的句式把这种既欲抛弃却又不得忘记的“闲情”提了出来，整个上阕始终紧扣首句提出的复杂矛盾的心情回环反复，表现了作者内心感情的痛苦撕咬。下阕进一步抒发这种与时常新的闲情愁绪，诗人把这种迷惘与困惑又直接以疑问的形式再次鲜明突出地揭诸笔端，可谓真率之极，而在“河畔青芜堤上柳”的意象之中，隐含着绵远纤柔、无穷无尽的情意与思绪，又可谓幽微之至。

2. 心理空间（主观空间）

三维的空间在人的主观世界里，不仅可以变大缩小，发生各种改变，而且也会带上各种情感。孟浩然《宿桐庐江寄广陵旧游》：“山暝闻猿愁，沧江急夜流。风鸣两岸叶，月照一孤舟。建德非吾土，维扬忆旧游。还将两行泪，遥寄海西头。”⑦这首诗在意境上显得清寂或清峭，情绪上则带着比较重的孤独感，诗人之所以在宿桐庐江时会有这样的感受，是因为“建德非吾土，维扬忆旧游”。按照诗人的诉说，一方面是因为此地不是他自己的故乡，“虽信美而非吾土”，有独客异乡的惆怅；另一方面，是怀念扬州的老朋友。这种思乡怀友的情绪，在眼前这种特定的环境下，相当强烈，不由得潸然泪下。他幻想凭着沧江夜流，把他的两行热泪带向大海，带给在大海西头的扬州旧友。你看，客观的“山”“江”“两岸”“建德”“维扬”“海西头”，尤其“舟”，都带上了诗人强烈的情感，所以“舟”便成了“孤舟”。第一句着一个“愁”字，为下面作了张本。第二句写沧江夜流，着一个“急”字，就暗含“客心悲未央”的感情，并给传泪到扬州的想法提供了根据。同时，从环境写起，写到第四句，出现了“月照一孤舟”，这舟上作客的诗人所面临的环境是那样孤寂和清峭，从而生出“建德非吾土，维扬忆旧游”的想法也就非常自然了。我们再来看柳宗元的《江雪》，诗里的天地被无限放大，而人却被刻意缩小，让人产生一种强烈的对比，从而表现出身处其中的人的孤寂。诗人所要具体描写的本极简单，不过是一条小船，一个穿蓑衣戴笠帽的老渔翁，在大雪的江面上钓鱼，如此而已。可是，为了突出主要的描写对象，诗人不惜用一半篇幅去描写它的背景，而且使这个背景尽量广大寥廓，几乎到了浩瀚无边的程度。背景越广大，主要的描写对象就越显得突出。用具体而细致的手法来摹写背景，用远距离画面来描写主要形象；精雕细琢和极度的夸张概括，错综地统一在一首诗里，是这首山水小诗独有的艺术特色。

3. 古代诗歌里常用的空间词语

自然地理词语：包括天地宇宙、山山水水等一切大大小小的自然空间区域，如孟浩然《宿建德江》、张旭《桃花溪》、刘禹锡《西塞山怀古》、王之涣“黄河远上白云间”、陈子昂“念天地之悠悠”等。

人文地理词语：包括行政区划、交通要道、城市村落、宫苑、亭台楼阁等，如刘长卿《长沙过贾谊宅》、骆宾王《在狱咏蝉》、杜甫《登岳阳楼》、李商隐《隋宫》、杜甫“近得归京邑”、柳永“寒蝉凄切，对长亭晚”等。

方位词语：东南西北中、上下里外左右等，如“孔雀东南飞”、李商隐《桂林》“东南通绝域，西北有高楼”、李煜《渡中江望石城泣下》“江南江北旧家乡，三十年来梦一场”等。

三、古代诗歌里的时空融合

诗歌往往是时空融合在一起的，这样更便于情感的表达，所以就有所谓现实时空、历史时空、未来时空之说，如欧阳修《晚泊岳阳》：“卧闻岳阳城里钟，系舟岳阳城下树。正见空江明月来，云水苍茫失江路。夜深江月弄清辉，水上人歌月下归；一阕声长听不尽，轻舟短楫去如飞。”⑧这是现实时空，就以首联来说，先用倒装句，因“系舟岳阳城下树”，才有“卧闻岳阳城里钟”的意境。诗人先以“岳阳城下树”作为定点，然后才移动他的视点，从上下、左右把握舟系城外的佳景，写听觉的远闻、近闻，视觉的远观、近观，从左右远近俯仰的转向，描摹岳阳城外的月光水色，倾听城内的晚钟和水上的晚唱，这一切都显得洒脱、旷达，毫无贬谪途中的黯然神伤之情。诗人先从钟声写起，钟声唤起了诗人的遐想，他是在贬谪途中于城外闻城内的“钟声”，这“钟声”令诗人无法闲卧孤舟，那么诗笔就自然移到下一联中舟外江面上的天。全诗写旅中思归，深藏不露，只是句句写景，然景中自有缕缕情思。以“城里钟”起，以月下歌止，拓前展后，留下足以使人驰骋想象的空间，同时以有意之“听”照应无意之“闻”，表现了感情的变化。再看李商隐《夜雨寄北》：“君问归期未有期，巴山夜雨涨秋池。何当共剪西窗烛，却话巴山夜雨时。”这里却是几种时空交织在了一起，开首点题，是眼前苦境，“君问归期未有期”，一问一答，先停顿，后转折，跌宕有致，极富表现力，其羁旅之愁与不得归之苦，已跃然纸上。诗人自然也希望能早日回家团聚，但因各种原因，愿望一时还不能实现。首句流露出离别之苦，思念之切。次句“巴山夜雨涨秋池”是诗人告诉妻子自己身居的环境和心情。秋山夜雨，总是唤起离人的愁思，诗人用这个寄人离思的景物来表达他对妻子的无限思念。仿佛使人想象在一个秋天的某个秋雨缠绵的夜晚，池塘涨满了水，诗人独自在屋内倚床凝思。想着此时此刻妻子在家中的生活和心境，回忆他们从前在一起的共同生活，咀嚼着自己的孤独：这里含有历史时空。三、四句“何当共剪西窗烛，却话巴山夜雨时”，这是对未来团聚时的幸福想象，当然就是未来时空了。诗人心中满腹的寂寞思念，只有寄托在将来，那时他返回故乡，同妻子在西屋的窗下窃窃私语，情深意长，彻夜不眠，以致蜡烛结出了蕊花。他们剪去蕊花，仍有叙不完的离情，言不尽重逢后的喜悦。这首诗既描写了今日身处巴山倾听秋雨时的寂寥之苦，又想象了来日聚首之时的幸福欢乐。此时的痛苦与将来的喜悦交织一起，时空变换，构成了音调与章法的回环往复，恰切地表现了时间与空间回环往复的意境之美，达到了内容与形式的完美结合。

【译文】

① 弃我而去的昨天，早已不可挽留。乱我心绪的今天，使人无限烦忧。万里长风，送走行行秋雁。面对美景，正可酣饮高楼。先生的文章颇具建安风骨，又不时流露出小谢诗风的清秀。我们都满怀豪情逸兴，飞跃的神思像要腾空而上高高的青天，去摘取那皎洁的明月。拔刀断水水却更加汹涌奔流，举杯消愁愁情却更加浓烈。人生在世不能称心如意，不如披头散发，登上长江一叶扁舟。

② 一道残阳倒影在江面上，阳光照射下，波光粼粼，一半呈现出深深的碧色，一半呈现出红色。最可爱的是那九月初三之夜，露珠似颗颗珍珠，朗朗新月形如弯弓。

③ 在一片动听响亮的画鼓声中，人们不知已经过去了整日。不像那易逝的时间，只会让人渐渐地老去。能享受短暂的欢乐时光，及时发现风光的无限美好。一齐放声歌唱。就是一曲美妙动人的《渔歌子》。碧绿清澈的湖水悠远无

尽，澄澈的天空缥缈绵长。人生又怎会一直停留在少年时代。不要惋惜那醉后的开怀大笑。需要知道的是，人间的万事是永远不会结束的。

④ 纤薄的云彩在天空中变幻多端，天上的流星传递着相思的愁怨，遥远无垠的银河今夜我悄悄渡过。在秋风白露的七夕相会，就胜过尘世间那些长相厮守却貌合神离的夫妻。缱绻的柔情像流水般绵绵不断，重逢的约会如梦影般缥缈虚幻，分别之时不忍去看那鹊桥路。只要两情至死不渝，又何必贪求卿卿我我的朝欢暮乐呢。

⑤ 春日暖暖的阳光，像在抚弄着杨柳轻柔的枝条，在花园的小径上，涌动着浓浓的香气。过了清明节天却阴了起来，云雾笼罩着红楼，好似是把它锁住，那往事，真是不堪回首！

午睡醒来，听到莺儿美妙的鸣叫声，却又唤起了我的春愁。这莺儿却在哪里呢？是在绿杨影里，是在海棠亭畔，还是在红杏梢头？

⑥ 谁说愁绪被忘记了太久？每当初春降临，我的惆怅心绪一如故旧。每天都在花前饮酒，每次都是喝得昏沉烂醉，一点也不关心那镜里原本红润的面容，已经日益清瘦了。河岸边青草翠绿，河岸上柳树成荫。我忧伤地暗自思量，为何年年都会新添忧愁？我独立在小桥的桥头，清风吹拂着衣袖。人回去后，树林中升起一轮新月。

⑦ 山色昏暗听到猿声使人生愁，桐江苍茫夜以继日向东奔流。两岸风吹树动枝叶沙沙作响，月光如水映照江畔一叶孤舟。建德风光虽好却非我的故土，我仍然怀念扬州的故交老友。相忆相思我抑不住涕泪两行，遥望海西头把愁思寄去扬州。

⑧ 我躺在船上听到岳阳城里的钟声，航船就系在岳阳城边的树上。江面空阔，明月渐渐升起，天水相连，夜气漾漾，江路茫茫。夜深了，江上的月色特别皎洁，又传来舟子晚归时的歌声。一串长长的歌声还在耳边回响，可舟子荡起船桨，如飞似的驶过我停泊的地方。

第三节　素读古代诗歌要注意时空与情感的关系

一、时间变化与人生之叹

天地永恒，人生苦短，人类面对周而复始的时间，对于自己的生命，就会有各种期盼、各种遐想、各种烦忧、各种苦恼……

伤春、惜春与悲秋：先看宋代黄庭坚《清平乐·春归何处》："春归何处？寂寞无行路。若有人知春去处，唤取归来同住。春无踪迹谁知？除非问取黄鹂。百啭无人能解，因风飞过蔷薇。"[①]本词赋予抽象的春以具体的人的特征，是表现惜春、恋春情怀的佳作。词人因春天的消逝而感到寂寞，感到无处觅得安慰，像失去了亲人似的。这样通过词人的主观感受，反映出春天的可爱和春去的可惜，给读者以强烈的感染。作者用近乎口语的质朴语言，寄寓了深重的感情。全词的构思十分精妙，词人不知春归何处，一心要向别人请教，无人能知时，又向鸟儿请教。问人人无语，问鸟鸟百啭，似乎大有希望，然而词人自己又无法理解，这比有问无答更可叹。最后，鸟儿连"话"都不"说"，翻身飞走。在这番妙趣横生的抒写中，作者的惜春之情跃然纸上，呼之欲出。再来看宋代王安国《清平乐·留春不住》："留春不住。费尽莺儿语。满地残红宫锦污。昨夜南园风雨。小怜初上琵琶。晓来思绕天涯。不肯画堂朱户，春风自在杨花。"[②]这首词交叉地写听觉与视觉的感受，从声响与色彩两个方面勾勒出一幅残败的暮春图画，表达了词人伤春、惜春、慨叹美好年华逝去的情怀，寄寓了作者深沉的身世感慨。全词融情于景，写景中融进了自己的生活，写出了自己的性情与风骨，堪称一首出类拔萃的伤春词。悲秋的诗歌也不少，如李白《秋风词》："秋风清，秋月明，落叶聚还散，寒鸦栖复惊。相思相见知何日？此时此夜难为情！"[③]这首诗写在深秋的夜晚，诗人望见了高悬天空的明月，和栖息在已经落完叶子的树上的寒鸦，也许在此时诗人正在思念一个旧时的恋人，此情此景，不禁让诗人悲伤和无奈。这是典型的悲秋之作，秋风、秋月、落叶、寒鸦烘托出悲凉的氛围加上诗人的奇丽的想象，和对自己内心的完美刻画，让整首诗显得凄婉动人。又如，陆游《秋思·利欲驱人万火牛》：“利欲驱人万火牛，江湖浪迹一沙鸥。日长似岁闲方觉，事大如天醉亦休。砧杵敲残深巷月，井梧摇落故园秋。欲舒老眼无高处，安得元龙百尺楼。”[④]诗写秋日所感，表现了作者向往闲适而又不能闲居的心情。虽然诗人赞美沙鸥闲逸，但又说闲时度日如年；虽说事大如天，醉后亦休，但又闻砧杵声而生感，见梧桐叶落而念故园之秋。他要放眼远望，而又无楼可登。诗人之心何曾清闲得了？倒是种种矛盾想法在心中纠缠，使得他更加郁闷。

朝露与迟暮：正如李白在《将进酒·君不见》里所说的那样，“君不见，高堂明镜悲白发，朝如青丝暮成雪”，时光易逝、人生易老是人们永远的痛！曹操在《短歌行》里再明白不过地说：“对酒当歌，人生几何！譬如朝露，去日苦多。慨当以慷，忧思难忘。何以解忧，唯有杜康！”但是正如李白所言，“抽刀断水水更流，举杯销愁愁更愁”，我们在读这些诗歌时，要始终注意诗人笔下的时间与人生之叹，准确把握诗人的情感。例如，孟浩然《岁暮归南山》：“北阙休上书，南山归敝庐。不才明主弃，多病故人疏。白发催年老，青阳逼岁除。永怀愁不寐，松月夜窗虚。”[⑤]我们看中间几句，诗人求仕情切，宦途渺茫，鬓发已白，功名未就，诗人不可能不忧虑焦急。五、六句就是这种心境的写照。白发、青阳（春日），本是无情物，缀以“催”“逼”二字，恰切地表现诗人不愿以白衣终老此生而又无可奈何的复杂感情。也正是由于诗人陷入了不可排解的苦闷之中，才使他“永怀愁不寐”，写出了思绪萦绕，焦虑难堪之情态。“松月夜窗虚”，更是匠心独运，它把前面的意思放开，却正衬出了怨愤的难解。看似写景，实是抒情：一则补充了上句中的“不寐”，再则情景浑一，余味无穷，那迷蒙空寂的夜景与内心落寞惆怅的心绪是十分相似的。“虚”字更是语涉双关，把院落的空虚、静夜的空虚、仕途的空虚及心绪的空虚，包容无余。又如，金朝王寂《日暮倚杖水边》：“水国西风小摇落，撩人羁绪乱如丝。大夫泽畔行吟处，司马江头送别时。尔辈何伤吾道在，此心惟有彼苍知。苍颜华发今如许，便挂衣冠已是迟。”[⑥]此诗为王寂被贬官至河南蔡州时所作。从诗题来看，西下的夕阳映照着波光粼粼的水面，作者倚杖伫立水边，映入眼帘的景色当远远不止“水国西风小摇落”这一句所能概括。然而作者却无心观景，除了这一句外，全诗几乎没有接触到任何其实就在他眼前的具体景物，由此可知，充塞在他心底的“羁绪”该有多么复杂、多么深沉，以致稍微被外物触动，便同决堤的江河般一泻而出，滔滔不绝。自古官场皆为是非纷争之地，有人飞黄腾达，有人含冤受屈，若要解除这些烦恼，辞官归隐、寄情山水不失为一条出路。然而如今的作者宦海沉浮，几经折磨，“苍颜华发”，垂垂老矣。经历了这样身心俱悴的痛苦后，即使是辞官归隐，作者也嫌太晚太迟，何况获罪之人，羁绊在身，并无辞官之自由呢？作者更深一层地写出了自己贬官失意后的懊悔心情，同颔联、颈联相比，虽然显得压抑沉闷，令人有迟暮之感，但同时也能激起人们对身陷不幸且又如此衰老憔悴的作者更多的同情。

诗人笔下的时间与人生之叹内容丰富，以上只是举例性质，还有少壮年之志与暮年之悲之类，同学们举一反三即可。

二、空间距离与人生遭际

俗话说距离产生美。不过，这美可以是雄壮之美，也可以是悲壮之美、阴柔之美等，同学们在读诗歌的时候，要注意诗歌里的空间与情感的关系。

边关之志，如岑参《走马川行奉送封大夫出师西征》：“君不见走马川行雪海边，平沙莽莽黄入天。轮台九月风夜吼，一川碎石大如斗，随风满地石乱走。匈奴草黄马正肥，金山西见烟尘飞，汉家大将西出师。将军金甲夜不脱，半夜军行戈相拨，风头如刀面如割。马毛带雪汗气蒸，五花连钱旋作冰，幕中草檄砚水凝。虏骑闻之应胆慑，料知短兵不敢接，车师西门伫献捷。”[7]这首诗奇而壮，风沙的猛烈、人物的豪迈，都给人以雄浑壮美之感。诗人在任安西北庭节度判官时，封常清出兵去征播仙，他便写了这首诗为封送行。为了表现边防将士高昂的爱国精神，诗人用了反衬手法，抓住有边地特征的景物来状写环境的艰险，极力渲染、夸张环境的恶劣，来突出人物不畏艰险的精神。诗中运用了比喻、夸张等艺术手法，写得惊心动魄，绘声绘色，热情奔放，气势昂扬。

江南之情，如出自两汉的《江南》：“江南可采莲，莲叶何田田，鱼戏莲叶间。鱼戏莲叶东，鱼戏莲叶西，鱼戏莲叶南，鱼戏莲叶北。”[8]这是一首汉代乐府民歌中的采莲歌，全诗没有一字一句直接描写采莲人采莲时的愉快心情，而是通过对莲叶和鱼儿的描绘，将它们的欢乐之情充分透露了出来，仿佛亲耳听到和亲眼看见许多采莲男女的歌声和笑语声融成一片，许多小伙子和采莲姑娘还在调情求爱。这首歌辞只有七句，明白如话，而后四句又基本上是第三句的重复，它的妙处就主要在于运用民歌中常用的比兴、双关手法，把男女之间调情求爱的欢乐之情写得极其委婉、含蓄，耐人寻味，而无轻佻、庸俗之弊。全诗一气呵成，但在结构上又可分为两个部分：前三句揭示题旨，后四句进一步展示采莲时的欢乐情景和广阔场面。而诗中第三句又在全诗中起着承上启下的作用，使上下相连，不着痕迹。诗的意境清新、开朗，寓情于景，景中寓人，如闻其声，如见其人，如临其境，令人感到美景如画，心旷神怡，呈现出一派生意盎然的景象。

山水之恋：陶渊明、谢灵运、孟浩然等大量的诗人写过这类诗歌，如刘禹锡《望洞庭》："湖光秋月两相和，潭面无风镜未磨。遥望洞庭山水翠，白银盘里一青螺。"⑨诗中描写了秋夜月光下洞庭湖的优美景色。微波不兴，平静秀美，分外怡人。诗人飞驰想象，以清新的笔调，生动地描绘出洞庭湖水宁静、祥和的朦胧美，勾画出一幅美丽的洞庭山水图。表现了诗人对大自然的热爱，也表现了诗人壮阔不凡的气度和高卓清奇的情致。

去国怀乡，如李白《梁园吟》："我浮黄河去京阙，挂席欲进波连山。天长水阔厌远涉，访古始及平台间。平台为客忧思多，对酒遂作梁园歌。却忆蓬池阮公咏，因吟'渌水扬洪波'。洪波浩荡迷旧国，路远西归安可得！人生达命岂暇愁，且饮美酒登高楼。平头奴子摇大扇，五月不热疑清秋。玉盘杨梅为君设，吴盐如花皎白雪。持盐把酒但饮之，莫学夷齐事高洁。昔人豪贵信陵君，今人耕种信陵坟。荒城虚照碧山月，古木尽入苍梧云。梁王宫阙今安在？枚马先归不相待。舞影歌声散绿池，空馀汴水东流海。沉吟此事泪满衣，黄金买醉未能归。连呼五白行六博，分曹赌酒酣驰晖。歌且谣，意方远。东山高卧时起来，欲济苍生未应晚。"⑩李白入长安到出长安，由希望转成失望，这在一个感情强烈的浪漫主义诗人心中所引起的波涛，是可以想见的。这首诗的成功之处，就是把这一转折中产生的激越而复杂的感情，真切而又生动形象地抒发出来。读者好像被带入天宝年代，亲耳聆听诗人的倾诉。诗人利用各种表情手段，从客观景物到历史遗事以至一些生活场景，把它们如触如见地勾画出来，使人感到一股强烈的感情激流。读者好像亲眼看到一个正直灵魂的苦闷挣扎，冲击抗争，从而感受到社会对他的无情摧残和压抑。

以上只是举例性质，其他如楚囚之叹、归隐之乐等，同学们当举一反三才行。

最后要说明的一点是，前面早就说过，诗歌里的时空往往是融合在一起的，这里只是为了说解的方便，我们才分开来说，大家切不可胶柱鼓瑟，故步自封。

【译文】

① 春天回到了哪里？找不到它的脚印，四处一片沉寂，如果有人知道春天的消息，喊它回来同我们住在一起。谁也不知道春天的踪迹，要想知道，只有问一问黄鹂。那黄鹂千百遍地婉转啼叫，又有谁能懂得它的意思？看吧，黄鹂鸟趁着风势，飞过了盛开的蔷薇。

② 想留住春色却留不住，黄莺儿费尽唇舌也说不服。满地里落花凋残像彩锦染了污，原来是昨夜南园遭到风雨凌侮。小怜她初抱琵琶始弄，晓来情思绕游天涯。不肯委身画堂朱户，只愿像春风里绽放的自在杨花。

③ 秋风凄清，秋月明朗。风中的落叶时而聚集时而分散，寒鸦本已栖息也被这声响惊起。盼着你我能再相见，却不知在什么时候，此时此刻实在难耐心中的孤独悲伤，叫我情何以堪。

④ 利欲驱使人东奔西走，如同万头火牛奔突一样，倒不如做个江湖之人，像沙鸥鸟那样自由自在。无所事事的时候感觉一日长似一年，即使是天大的事，喝醉了也就无事了。在捣衣棒的敲击声中，深巷里的明月渐渐西沉，井边的梧桐树忽然摇动叶落，方知故乡也是秋天了。想极目远眺，苦于没有登高的地方，哪能像陈登站在百尺楼上，高论天下大事呢。

⑤ 不要再给北面朝廷上书，让我回到南山破旧茅屋。我本无才难怪明主见弃，年迈多病朋友也都生疏。白发频生催人日渐衰老，阳春来到逼得旧岁逝去。满怀忧愁辗转难以入睡，月照松林窗外一片空虚。

⑥ 水国秋风萧瑟被西风摇落片片黄叶，漂泊在外的我的心绪被撩拨得乱如发丝。像是屈原在江边深情吟诵的地方，又像是白居易江边送别的时候。你们怎么能诋毁中伤我的道义所在，我的这份心思只有那苍天才知道。苍白的容颜如今又增添了些许白发，现在想辞官归隐已经太迟了。

⑦ 您难道不曾看见吗？那辽阔的走马川紧靠着雪海边缘，茫茫无边的黄沙连接云天。轮台九月整夜里狂风怒号，到处的碎石块块大如斗，狂风吹得斗大

乱石满地走。这时匈奴牧草繁茂军马肥，侵入金山西面烟尘滚滚飞，汉家的大将率兵开始征西。将军身着铠甲夜里也不脱，半夜行军戈矛彼此相碰撞，凛冽寒风吹到脸上如刀割。马毛挂着雪花还汗气蒸腾，五花马的身上转眼结成冰，营幕中写檄文砚墨也冻凝。敌军听到大军出征应胆惊，料他不敢与我们短兵相接，我就在车师西门等待报捷。

⑧ 江南又到了适宜采莲的季节了，莲叶浮出水面，挨挨挤挤，重重叠叠，迎风招展。在茂密如盖的荷叶下面，欢快的鱼儿在不停地嬉戏玩耍。一会儿在这儿，一会儿又忽然游到了那儿，说不清究竟是在东边，还是在西边，是在南边，还是在北边。

⑨ 洞庭湖上月光和水色交相融合，湖面风平浪静，犹如未磨的铜镜。远远眺望洞庭湖山水苍翠如墨，恰似白银盘里托着青青的田螺。

⑩ 我离开了京城，从黄河乘船而下，船上扬起了风帆，大河中波涛汹涌，状如山脉起伏。航程长，水辽阔，饱尝远游之辛苦，才终于到达宋州的平台，这是古梁园的遗迹。在平台做客依然愁思不断，对酒高歌，即兴来一首《梁园歌》。又感阮籍《咏怀》“徘徊蓬池上”之诗，念及“渌水扬洪波”之句。深感长安与梁园隔着千山万水，道路迢迢，想再重返西京希望已经不大了。人各有命，天命难违，必须豁达，不必忧愁，且登高楼边赏风景边饮美酒，再让歌女唱我的小曲。身旁有平头奴子摇着扇子，炎热的五月就如同十月清秋一样凉爽。侍女为你端上盛满杨梅的玉盘，再为你端上花皎如雪的吴盐。沾白盐饮美酒，人生不得意也要尽欢，别学周朝的夷齐品行高洁，不食周粟，我拿着皇上的金子买酒喝。以前这附近有个潇洒豪勇的主人名叫信陵君，如今他的坟地却被人耕种，可见权力风流是空。你看现今这梁园，月光虚照，院墙颓败，青山暮暮，只有古木参天，飘挂流云。当时豪奢的梁园宫阙早已不复存在，当时风流倜傥的枚乘、司马相如哪去了？当时的舞影歌声哪去了？均付池中绿水，只剩下汴水日夜东流到海不复回。吟到这里，我不由得泪洒衣襟，未能归得长安，只好以黄金买醉。或呼白喊黑，一掷千金；戴分曹赌酒，以遣时日。我且歌且谣，暂以为隐士，但仍寄希望于将来。就像当年谢安东山高卧一样，一旦时机已到，再起来大济苍生，时犹未为晚也！

第四节　直接体现时空的古代诗歌类别

尽管任何诗歌都离不开时空，并且往往是时空糅合在一起的，但诗歌所体现出来的时空还是有显隐之别。同学们在读诗歌的时候，要有意识地从时空角度来加以分析，以求读懂诗歌。这一节我们只从显性的角度，对直接体现时空的古代诗歌做一点儿分类，让大家养成从时空角度理解诗歌的习惯。只是忍不住还是要温馨提示一下，时空往往是融合的，不会截然分开；同时，也别忘了隐性时空。

一、偏重于时间的诗歌类别

咏史类诗歌，如李商隐《咏史二首·其二》："历览前贤国与家，成由勤俭破由奢。何须琥珀方为枕，岂得真珠始是车。远去不逢青海马，力穷难拔蜀山蛇。几人曾预南薰曲，终古苍梧哭翠华。"①这首诗中，诗人根据历史兴亡的史实，概括为"历览前贤国与家，成由勤俭破由奢"。这些明确的以古鉴今的态度，包含着深刻的用意，比前人的认识更自觉、完整。在兴亡系于何人的问题上，尽管李商隐受时代的局限，还只能将理乱的命脉系于帝王，但在他的诗中，大都是指责他们败乱国家的。因此，这种揭露更有进步意义。又如，唐代戎昱《和蕃》："汉家青史上，计拙是和亲。社稷依明主，安危托妇人。岂能将玉貌，便拟静胡尘。地下千年骨，谁为辅佐臣。"②这是一首借古讽今的政治讽刺诗。唐代从安史乱后，朝政紊乱，国力削弱，藩镇割据，边患十分严重，而朝廷一味求和，使边境各族人民备罹祸害，所以诗人把朝廷执行屈辱的和亲政策视为国耻，痛心疾首。这首讽喻诗，写得激愤痛切，直截了当，一针见血。对于历史上和亲政策的是非得失要做具体分析，诗人极力反对的是以屈辱的和亲条件换取苟安于一时。由于"社稷依明主，安危托妇人"一联，击中了时政的要害，遂成为时人传诵的名句。

怀古类诗歌，如唐代陆龟蒙《吴宫怀古》："香径长洲尽棘丛，奢云艳雨只悲风。吴王事事堪亡国，未必西施胜六宫。”[3]这是一首七绝，前两句诗言穷奢极欲必然导致覆灭——吴国的馆娃宫和长洲苑，如今都是荆棘丛生；吴王宫中当日穷奢极欲、花天酒地的荒淫生活，现在只留下一股悲风在吹拂，意在说荒淫腐化生活是吴王亡国的根本原因。前车之覆，后车之鉴，怀古喻今，蕴含深远。又如，宋代袁去华《水调歌头·定王台》：“雄跨洞庭野，楚望古湘州。何王台殿，危基百尺自西刘。尚想霓旌千骑，依约入云歌吹，屈指几经秋。叹息繁华地，兴废两悠悠。登临处，乔木老，大江流。书生报国无地，空白九分头。一夜寒生关塞，万里云埋陵阙，耿耿恨难休。徙倚霜风里，落日伴人愁。”[4]词人在一个深秋时节登上定王台览胜，感慨顿生，并将不胜今昔之感升华为感时伤事的爱国之情，于是写下了这首词。“雄跨”一词，表现了定王台的雄奇地形，“危基百尺”则以夸张的手法写出了定王台的壮丽。接下来三句以想象的手法切入历史的画面，想当年西汉国力强盛，定王台阁周围遍布如云铁骑，祭祀的音乐响彻云霄。然而，这些都已经是历史陈迹。“书生报国无地，空白九分头”，岁月蹉跎，功业未就，空白了少年头。“一夜寒生关塞，万里云埋陵阙，耿耿恨难休”，这里的“关塞”是征战的偏远地段，“陵阙”是北宋宗庙祖坟所在，从前都是作者心底事，但现在离他越来越远了，“万里”一词，写出了虚无辽远的感觉。因为报国无门，作者永远不能在关塞为国尽忠，永远也无法收复北宋宗室的陵墓。这种无奈和遗憾，使他的“恨”意难休。“徙倚霜风里，落日伴人愁”，报国无门，年华苍老，词人无可奈何，只能以一幅独立寒秋、天涯孤影的悲凉画面结束。其中的“伴”字写尽词人的落寞和孤独，因为没有志同道合的人和他并肩作战，只得和无情的夕阳相伴，在苍茫暮色中自怨自艾。词结尾仍收回到定王台上，结构十分紧凑，并以景寓情，饶有余韵。最后点出一个“愁”字，并不表示消沉、绝望，而是英雄洒泪，慷慨生哀，与全词悲壮的格调完全统一。

时节类诗歌，如宋代范成大《夏日田园杂兴·其七》：“昼出耘田夜绩麻，村庄儿女各当家。童孙未解供耕织，也傍桑阴学种瓜。”这首诗是描写农村夏日生活中的一个场景，诗人用清新的笔调，对农村初夏时的紧张劳动气氛，做了较为细腻的描写，读来意趣横生。又如，元代白朴《天净沙·冬》：“一声画角谯门，半庭新月黄昏，雪里山前水滨。竹篱茅舍，淡烟衰草孤村。”[5]这首曲子写的是落日已经隐没山后，新月已经现于天际的景象。从

"秋"到"冬"，从"情"到"景"，都是从寥落、凄清进一步发展为悲凉和无望的孤寂。作者选择一个黄昏的城郊作为描绘冬景的具体环境，冷月黄昏，雪山水滨，已是清寒凛冽，而淡烟衰草，茅舍孤村，又显寂寥冷落，更有"一声谯门画角"，平添一分悲凉，空气中弥漫的是孤寂和无助的忧伤。最后来看看南北朝人薛道衡的《人日思归》："入春才七日，离家已二年。人归落雁后，思发在花前。"这首五言小诗写出了远在他乡的游子在新春佳节时刻渴望回家与亲人团聚的普遍心理，诗人即景生情，以平实自然、精巧委婉的语言，表达出他深刻细腻的情感体验，把思归盼归之情融入九曲柔肠之中，景中寓情，情中带景，情景交融，并运用了对比映衬手法，叙述中有对比，含蓄宛转地表达了作者急切的思归之情，而且作者将"归"与"思"分别放在两个相对照的句子中，与题目遥相呼应，别具特色。

惜时类诗歌，如唐代某人作的《金缕衣》："劝君莫惜金缕衣，劝君惜取少年时。花开堪折直须折，莫待无花空折枝。"此诗含意很单纯，可以用"莫负好时光"一言以蔽之。这原是一种人所共有的思想感情，可是它使读者感到其情感虽单纯却强烈，能长久在人心中缭绕，有一种不可思议的魅力。这首诗的每个诗句似乎都在重复那单一的意思"莫负好时光"！而每句又都寓有微妙变化，重复而不单调，回环而有缓急，形成优美的旋律，反复咏叹强调爱惜时光，莫要错过青春年华。又如，大家熟知的明代钱福《明日歌》："明日复明日，明日何其多。我生待明日，万事成蹉跎。世人若被明日累，春去秋来老将至。朝看水东流，暮看日西坠。百年明日能几何？请君听我明日歌。"诗中七次提到"明日"，劝告迷失的世人珍惜每一天活在当下，不要永远等待明日而浪费时间，蹉跎光阴。诗歌的意思浅显，语言明白如话，说理通俗易懂，很有教育意义。

二、偏重于空间的诗歌类别

边塞类诗歌，如清代纳兰性德《蝶恋花·出塞》："今古河山无定据。画角声中，牧马频来去。满目荒凉谁可语？西风吹老丹枫树。从前幽怨应无数。铁马金戈，青冢黄昏路。一往情深深几许？深山夕照深秋雨。"⑥上片写眼前之景，景象广袤空阔，荒凉凄冷，情感凄婉哀怨，下片抒发自己报国志向无法实现的幽怨，景象气势磅礴，纵横驰骋，情感婉约深沉。这首词从整体上来说，景象博大磅礴，情感凄婉幽怨，自然流畅。面对塞外景象，作者以景写情，又以情带景，使情与景、形与意融为一体。而上片写眼前之景，下片写从前之志，虚实形成对比。就整首词来看，手法娴熟而精到。

田园类诗歌，如宋代王禹偁《畬田词五首·其四》：“北山种了种南山，相助力耕岂有偏？愿得人间皆似我，也应四海少荒田。”这首诗有浓郁的民歌风味，语言朴素浅近，清新流畅，借农夫之口，表达了在劳动中产生的自豪感，也歌颂了宋初农民之间的互助精神和开发山地的热情。

闺怨类诗歌，如唐代温庭筠《望江南·梳洗罢》：“梳洗罢，独倚望江楼。过尽千帆皆不是，斜晖脉脉水悠悠。肠断白蘋洲。”⑦此词写一女子登楼远眺、盼望归人的情景，表现了她从希望到失望以致最后“肠断”的感情。词中出现的楼头、船帆、斜晖、江水、小洲，这些互不相干的客观存在物，思妇由盼郎归来的喜悦到“肠断白蘋洲”的痛苦失望，这些人物感情神态的复杂变化，经过作家精巧的艺术构思，成为浑然一体的艺术形象。作家的思想感情像一座桥梁，把这些景物、人物联系了起来，而且渗透到了景物描绘和人物活动之中，成了有机的艺术整体，使冰冷的楼、帆、水、洲好像有了温度，有了血肉生命，变得含情脉脉；使分散孤立的风景点，融合成了具有内在逻辑联系的艺术画面；使人物的外在表现和内在的心理活动完美统一地显示出来。这正是现实生活中思妇的怨和恨、血和泪，深深地感动了作家；在这些似乎平静的字句中，跳动着作家真挚热烈的心。

羁旅类诗歌，如大家熟知的元代马致远《天净沙·秋思》：“枯藤老树昏鸦，小桥流水人家，古道西风瘦马。夕阳西下，断肠人在天涯。”作者连用“枯、老、昏、古、瘦”几个冷词，如此萧瑟的景色让人满目凄凉，又加上安详、温馨的小桥、流水、人家做反衬，使愁情更为深切，悲伤更为凄厉，写景之妙尽妙于此也！

思乡类诗歌，如大家耳熟能详的李白《春夜洛城闻笛》：“谁家玉笛暗飞声，散入春风满洛城。此夜曲中闻折柳，何人不起故园情。”全诗扣紧一个“闻”字，抒写自己闻笛的感受。诗的第一句是猜测性的问句，那未曾露面的吹笛人只管自吹自听，却不期然打动了许许多多听众，这就是句中“暗”字所包含的意味。第二句说笛声由春风吹散，传遍了洛阳城。这是诗人的想象，也是艺术的夸张。第三句说明春风传来的笛声，吹奏的是表现离情别绪的《折杨柳》，于是紧接一句说，哪个能不被引发思念故乡家园的情感呢！水到渠成，戛然而止，因而余韵袅袅，久久萦绕于读者心间，令人回味无穷。李白的老家在四川，二十多岁就离家东游，后长期居住湖北、山东，春夜闻笛《折杨柳》曲，触发深长的乡思当是再自然不过的了。这首诗情真意切，扣人心弦，千百年来在旅人游子心中引发强烈的共鸣。

【译文】

① 纵览历史，凡是贤明的国家，成功源于勤俭，衰败起于奢华。为什么非要琥珀才能做枕头，为什么镶有珍珠才是好坐车？想要远行，却没遇见千里马，力单势孤，难以拔动蜀山的猛蛇。有几人曾经亲耳听过舜帝的《南风歌》？天长地久，只有在苍梧对着翠绿的华盖哭泣的份儿。

② 汉朝的史书上，记载着和亲的拙劣计策。国家的安定要靠贤明的君主，怎能够依靠妇人。不要希望用美好的容颜，去止息胡人的干戈。地下埋着千年的忠骨，其中有谁真正堪称辅佐之臣呢。

③ 通往长洲的香径已经长满了荆棘，当年吴王射猎的地方到处是荒丘蔓草。当年奢云艳雨，纸醉金迷的吴宫如今已不再繁华，只有阵阵悲风在这废墟故址徘徊。吴王夫差在位期间所采取的一切倒行逆施的举措都足以使国家灭亡，这和西施并无关系，后宫佳丽如云，一个西施又怎么能取代所有的后宫佳丽呢？

④ 定王台建在洞庭湖之滨，位于古湘州地界上。定王台虽然在历经千年之后已经堙没，但是遗迹尚存，那残存的台基依然高耸百尺，令我想到定王台的修建者西汉的刘发。想当年定王到此游玩时，一定是华盖如云，旌旗招展，如虹霓当空；千乘万骑前呼后拥，声势浩大；急管高歌之声似乎直抵云霄。然而，屈指已几度春秋，昔日的繁华盛地变成了一派衰败苍凉，盛衰无常，兴废两茫茫。登台远望，只见高大的树木枝叶枯落，长江无止息地向东奔流。对此情景，想到国家的支离破碎，满目疮痍，而自己空怀一腔报国热情却无路请缨、壮志难酬，不由得发出了悲愤苍凉的感慨：书生报国无门，空自白头，而金兵猝然南下，侵占中原，犹如一夜北风生寒，导致万里河山支离破碎、残破不堪。京都沦陷，皇家陵阙黯然被埋没在厚厚的云雾之中，令人愁恨不已。念及此，我耿耿于怀，悲愤难休，却又无可奈何，只能徘徊在秋风寒霜中，夕阳

将落，更增人恨愁。

⑤ 在一个冬天的黄昏，城门一声轻响，一轮新月挂在半空，带着雪的山前水流缓慢。竹子做的篱笆和篱笆内的茅舍，在孤村之中一片安详、和谐。

⑥ 从古至今江山兴亡都无定数，眼前仿佛战角吹响烽烟滚滚战马驰骋来来去去，黄沙遮日满目荒凉又能与谁说？只有萧瑟的秋风吹拂着枯老鲜红的枫树。从前愁苦凄滚的往事无穷无尽，金戈铁马之地，却是当年昭君舍身求和的路。曾经的一往情深有多深呢？犹如夕阳余晖照射下，深山之中的绵绵秋雨。

⑦ 梳洗打扮后，在望江楼上独自依靠栏杆远望。成百上千艘船过去了，所盼望的人都没有出现。太阳的余晖脉脉地洒在江面上，江水缓缓地流着，思念的柔肠萦绕在那片白蘋洲上。

（本章撰稿人：张怡春）

第六章

注意虚实

虚实也是同学们素读古代诗歌时需要特别注意的问题。文学是对生活、思想情感的高度概括，就像绘画一样，不可能事无巨细，一股脑地全部写进作品当中，总是会有所取舍、有所构思的，而虚实就是其中首先会考虑的内容之一。作为篇幅短小、高度浓缩的诗歌来说，则更是这样，哪里实写，哪里虚写，是很有讲究的。因此，要想读懂诗歌，就得学会与诗人、作品对话，才得能看出诗人或作品中所运用的虚实写法来。

第一节　虚实的概念及其在古典诗词中的具体表现形式

古典诗词中的“虚”与“实”是诗歌鉴赏的重点，也是历年高考试题常考的考点。因为中国古代哲学和美学的重要理论认为，宇宙间一切审美活动都是虚和实的统一，因而把虚实结合定为艺术创作和审美观照的基本原则之一。在中国传统的艺术创作中，古典诗词和书画一样，讲究虚和实的结合，很多优秀的古典诗词都是虚实结合的典范。因此，我们鉴赏这些古典诗词时，也必须抓住虚与实的关系展开联想和想象，从而领会诗中意境，把握作者的思想感情。

那么，什么是古典诗词的虚与实呢？

北宋欧阳修在《六一诗话》中强调：“状难写之景如在目前，含不尽之意见于言外。”这就是指诗歌作品中的虚实结合手法。虚实结合就是指现实的景、事与想象的景、事互相映衬，交织在一起表达同样的情感。具体来说，所谓“实”，就是指诗歌作品直接呈现出的部分，是客观世界中存在的实事、实物、实像、实景、实情、实境；所谓“虚”，就是指诗歌作品没有直接呈现但适当暗示出的部分，是直觉中看不见摸不着，却又能从字里行间体味出的那些虚像和空灵的境界。在文学作品的表现手法中，虚与实是相对的，有者为实，无者为虚；有据为实，假托为虚；客观为实，主观为虚；具体为实，抽象为虚；显者为实，隐者为虚；有形为实，徒言为虚；当前为实，未来为虚；已知为实，未知为虚。虚实是古人论述文章时常用的概念，实写是对事物进行正面的叙述和描写，虚写是指侧面交代和烘托性的叙述与描写，在诗歌赏析中要正确把握，准确分析。细细品读古典诗歌作品会发现，在古典诗歌中，虚实结合的例子是很多的。古诗中虚实结合主要体现在以下几个方面。

一、有限为实，无限为虚

无限之境是在有限之景的基础上通过想象创造出来的。宋代画家郭熙说："山欲高，尽出之则不高，烟霞锁其腰则高矣。水欲远，尽出之则不远，掩映断其脉则远矣。"这就是绘画艺术中的空白艺术，它是艺术家再现现实对象整体时有意造成的艺术形象结构上的虚空。例如，宋朝马远的《寒江独钓图》只画了漂浮于水面的一叶扁舟和一个在船上独坐垂钓的渔翁，四周除了寥寥几笔的微波之外，几乎全为空白。然而，就是这样的空白表现出了烟波浩渺的江水和极强的空间感，衬托出江上寒意萧瑟的气氛，从而更加集中地刻画了渔翁专心于垂钓的神气，也给欣赏者提供了一种渺远的意境和广阔的想象余地。作者正是运用空白艺术给欣赏者以自由想象的空间，以少许胜繁复，手段高明。

这种手法在我国古典诗歌中也有许多的例子，如贾岛的《寻隐者不遇》："松下问童子，言师采药去。只在此山中，云深不知处。"作者实写了与童子的对话，而把"问"的内容省去，更没有介绍隐者的行踪，但透过画面，我们能感受到那山中缥缈的云雾、隐者的闲适高雅，以及作者本人悠然恬淡的心境。这种以实写虚的手法也可以称为诗歌中的空白艺术，它是通过有限的问话表现无限的闲适之情。

二、写景为实，抒情为虚

人们常用"虚由实生，实仗虚行，以实为本，以虚为用"来分析诗歌中的虚和实的关系，其实，这里的虚是指情、志、理，而实是指情、志、理所依托的景物。

例如，杜甫《春望》中的"国破山河在，城春草木深"，表面上是写国都沦陷，城池残破，乱草遍地，林木苍苍的实景，但这景中蕴含着诗人对于国破家亡的无限悲痛忧怨之情，忧国思家之意。作者寄情于物，托感于景，写景是实，抒情是虚，这也就是诗歌鉴赏中常用的借景抒情或寓情于景的写法。

又如，朱熹的《水口行舟》："昨夜扁舟雨一蓑，满江风浪夜如何？今朝试卷孤篷看，依旧青山绿水多。"写舟行江上，是见闻，是实景；诗中景让人感悟到风雨总是暂时的，风浪总归会平息的，青山绿树总是永恒的，一切美好事物的生命力终究不可遏抑。从诗人对风雨的坦然及对青山绿树经历风雨而依旧的赞叹，我们还可以寻绎出诗人所发挥的哲理：禁得起风吹雨打的人处变不惊，禁得起考验的人精神不磨，勇气常存，就如眼前的青山绿树一样。诗人在绘景叙事中蕴含了人生的哲理，这是虚。这实际上就是我们所说的借景抒情、叙事言理的写法。

再如，李忱的诗《瀑布》：“千岩万壑不辞劳，远看方知出处高。溪涧岂能留得住，终归大海作波涛。”诗中描写了雄伟壮观而最终历尽坎坷奔向大海的瀑布形象，这是客观的景物，是实。而诗人在这首诗中寄托了自己绝不可满足于现状，不惧艰难，不达目的誓不罢休的思想，这是言志，是虚。这里的虚实结合实际上是我们平时所说的托物言志的表现手法。

三、正面为实，侧面为虚

诗人描写景物时，正面描绘景物的特征即可，但当有时景物的特征难以正面表达，或诗人着意追求一种委婉含蓄的美时，他们会采取侧面描写的方法，进行烘托或暗示，从而达到表现景物的目的。这种侧面描写其实也是一种虚实结合的写法。

例如，《陌上桑》：“行者见罗敷，下担捋髭须。少年见罗敷，脱帽着帩头。耕者忘其犁，锄者忘其锄。来归相怨怒，但坐观罗敷。”诗人通过对行者、少年、耕者、锄者失常反应的描写来烘托罗敷的美貌。在这里，诸人的反应为实写，罗敷的美貌为虚写。

又如，白居易在《琵琶行》中三次写到江中的月亮，其目的都是为了烘托人的情感。“别时茫茫江浸月”烘托出主客相对无言、黯然神伤的心情，反映了当时诗人与友人凄凉的心境；“东船西舫悄无言，唯见江心秋月白”是对琵琶声的侧面描写，渲染了当时的环境气氛，衬托了乐曲强烈的艺术魅力，给读者留下了涵泳回味的广阔的空间；“绕船月明江水寒”渲染了琵琶女被商人抛弃后孤独悲伤的心境。这里正面写景为实，侧面烘托出的情则为虚。

再如，王昌龄的《从军行·大漠风尘日色昏》：“大漠风尘日色昏，红旗半卷出辕门。前军夜战洮河北，已报生擒吐谷浑。”诗人所选取的对象是未和敌军直接交手的后续部队，对战果辉煌的“前军夜战”只从侧面带出，避开了对战争过程的正面描写，从侧面烘托，让读者从“大漠风尘日色昏”和“夜战洮河北”去想象前锋的仗打得多么艰苦、多么出色。从“已报生擒吐谷浑”中体味这次出征多么富有戏剧性。

四、形象为实，抽象为虚

情感是一种抽象的事物，诗人常用比喻、比拟的手法，通过对具体景物生动形象的描写来表达自己抽象的感情。这是虚实结合的又一种情况。

例如，李煜的《虞美人》："春花秋月何时了，往事知多少！小楼昨夜又东风，故国不堪回首月明中。雕栏玉砌应犹在，只是朱颜改。问君能有几多愁？恰似一江春水向东流。"李煜国亡家破，妻离子散，一国之君，沦为囚徒，终身受辱，千古蒙羞，胸中怨恨，难以尽言。词人用比喻，极言愁苦之多"问君能有几多愁？恰似一江春水像东流"。词人化虚为实，以实写虚，把"愁"物化为一江东流的春水，多而不绝的愁绪被形象地表达出来。

又如，贺铸的《青玉案》："试问闲愁都几许，一川烟柳，满城风絮，梅子黄时雨。"词人用带有夸张色彩的比喻，变无形为有形，写出了自己心中无限的感伤和愁苦。"一川烟柳""满城风絮"及"梅子黄时雨"，极言闲愁之多，无法排遣。这种用比喻来抒情的写法，以实写虚，化无形为有形，比直抒胸臆更形象，所以更富感染力。

再如，李清照的《武陵春》："风住尘香花已尽，日晚倦梳头。物是人非事事休，欲语泪先流。闻说双溪春尚好，也拟泛轻舟，只恐双溪舴艋舟，载不动，许多愁。"这首词写于作者晚年在金华避难之时。词中充满飘零之苦和物是人非的家国之悲。"只恐双溪舴艋舟，载不动，许多愁"三句以恐怕船小载不动满腔忧愁，衬托出愁情的深。立意新颖，别出心裁，将抽象的愁情写得具体、形象，成为人们千古传诵的佳句。

五、当前为实，过去为虚

古典诗歌中，诗人在描写当前景况时，常插入作者经历过的，或是历史上发生过的景象，通过今昔对比来表达诗人内心的情怀。这也是一种虚实结合，当前景象为实，已逝景象为虚。

例如，李白《越中览古》："越王勾践破吴归，战士还家尽锦衣。宫女如花满春殿，只今惟有鹧鸪飞。"前三句写越王勾践卧薪尝胆，一举破吴，衣锦而归的往事。诗人极力渲染昔日的繁华，和今日的王城故址上只剩下鹧鸪乱飞的情景形成鲜明的对比，从而表达了诗人对历史的深刻思考。

又如，李煜的《虞美人》中的“雕栏玉砌应犹在，只是朱颜改”二句，《望江南》中“还似旧时游上苑，车如流水马如龙，花月正春风”三句，写词人对故国和往昔的追思，都不是眼前的实景，而是过去的景况，它与词人当时无限凄凉的处境形成了强烈的对比，以虚衬实，以虚写实，虚实结合，凸显出梦醒后浓重的悲哀。

再如，苏轼的《念奴娇·赤壁怀古》：“遥想公瑾当年，小乔初嫁了，雄姿英发。羽扇纶巾，谈笑间，樯橹灰飞烟灭。”作者塑造了三国时周瑜风流儒雅、才华出众、英俊伟岸的形象，再现了具有历史意义的赤壁之战的场景，这是虚写。对历史人物的景仰和歌颂，正包含了诗人对自己现状的不满，虚实结合相辅相成，在古今对比中抒发作者的思想感情。

六、现时为实，将来为虚

古典诗词中有不少诗句是设想未来之境，诗人以它来和当前之景、当前之情进行对比或烘托，来抒发心中的情怀，这也是一种虚实结合。

例如，柳永的《雨霖铃·寒蝉凄切》：“寒蝉凄切，对长亭晚，骤雨初歇。都门帐饮无绪，留恋处，兰舟催发。执手相看泪眼，竟无语凝噎。念去去，千里烟波，暮霭沉沉楚天阔。多情自古伤离别，更那堪，冷落清秋节！今宵酒醒何处？杨柳岸，晓风残月。此去经年，应是良辰好景虚设。便纵有千种风情，更与何人说？”

起三句“寒蝉妻切，对长亭晚，骤雨初歇”点明实地景物，意为：秋后的蝉叫得是那样凄凉而急促，面对着长亭，正是傍晚时分，一阵急雨刚停住。显然，这是写未别之情景。对或将是永诀的恋人，心情本已悲痛到极点，又值凄凉的清秋，雨初停，天欲暮，即使望一眼十里长亭，也会松了金钏，减了玉肌，何况面对送别的长亭；此际，即使不闻蝉鸣，已然心碎，况蝉鸣凄切，真是凄然欲绝。“这次第，怎一个愁字了得！”“都门帐饮无绪，留恋处，兰舟催发”写饯别时之心情。设宴帐中，无奈食无味，饮无绪。正难分难舍之际，舟子催发，欲留不得。“执手相看泪眼，竟无语凝噎。”写临别时之情事，将惜别之情推向高潮。面对将别的恋人，手拉着手，泪眼对着泪眼，此时，纵有千言万语，也因悲痛气塞而一句也说不出来。真是“相顾无言，唯有泪千行”

啊！以上属实写。

“念去去，千里烟波，暮沉沉楚天阔。”推想别后所历之境，转入虚写。浩瀚长江，一泻千里。千里烟波，楚天空阔，设想道别后的道路遥远而漫长。就此一别，人各东西，对情人的思念有如楚地沉沉烟波，伴随情人左右。“今宵酒醒何处？杨柳岸，晓风残月”也是虚写。词人设想旅途中的情景：待今宵酒醒之后，我将身在何方呢？我的身边还能有我的知心人陪伴吗？不会有了，陪伴我的将只有岸边的杨柳，耳畔的清风，天边的残月！词人把杨柳、晓风、残月这三件最能触动离愁的事物集中成一幅鲜明的画面；烘托出那种说不完诉不尽的离愁别绪。“此去经年，应是良辰好景虚设。便纵有千种风情，更与何人说？”同样是虚写。词人由今夕推及经年，想象别后相思的苦况，更深一层。

又如，王昌龄的《送魏二》：“醉别江楼橘柚香，江风引雨入舟凉。忆君遥在潇湘月，愁听清猿梦里长。”前两句写实景，交代送别的地点和季节及天气。按通常做法，后二句似应归结到惜别之情。诗人却将眼前情景推开，以“亿”字勾勒，从对面生情，为行人虚构了一个境界：在不久的将来，朋友夜泊在潇湘（潇水在零陵县与湘水汇合，称潇湘）之上，那时风散雨收，一轮孤月高照，环境如此凄清，行人恐难成眠吧。即使他暂时入梦，两岸猿啼也会一声一声闯入梦境，令他睡不安恬，因而在梦中也摆不脱愁绪。诗人从视（月光）、听（猿声）两个方面刻画出一个典型的旅夜孤寂的环境。月夜泊舟已是幻景，梦中听猿，更是幻中有幻。所以诗境颇具几分朦胧之美，有助于表现惆怅别情。

七、己方为实，对方为虚

这种写法与前一种有些相似，都是在借设想写当前，但不同之处在于前一种设想着眼于时间，后一种设想着眼于对方，故有人称之为“对写法”。

例如，杜甫的《月夜》的前四句：“今夜鄜州月，闺中只独看。遥怜小儿女，未解忆长安。”（鄜州即今陕西省富县。当时杜甫的家属在鄜州的羌村，杜甫在长安。这两句设想妻子在鄜州独自对月怀人的情景）此诗是诗人在安史之乱身陷长安时思念妻子儿女之作，原本是诗人思念妻子儿女，而诗人却采用了“对写法”，从对方落墨，想象妻子在月夜里如何对月思念自己，而孩子还不懂得母亲为何要思念长安。有评论家说："公本思家，偏想家人思己。"这种写法比说自己如何想念妻子儿女来得委婉，但感情达到了双向交流的效果，所以感情更加深沉，因而更加动人，艺术感染力更强。

又如，高适的《除夜》："旅馆寒灯独不眠，客心何事转凄然。故乡今夜思千里，愁鬓明朝又一年。"本是自己思念千里之外的故乡，却说故乡的亲人思念千里之外的自己。王维《九月九日忆山东兄弟》："独在异乡为异客，每逢佳节倍思亲。遥知兄弟登高处，遍插茱萸少一人。"本是自己到了佳节便加倍地思念家乡的亲人，可作者不说自己想念家乡的兄弟，却说家乡的兄弟想念自己，诗人想象他们的重阳登高，遍插茱萸时，因少了出门在外的诗人不能欢聚而十分遗憾。

再如，白居易的《邯郸冬至夜思家》："邯郸驿里逢冬至，抱膝灯前影伴身。想得家中夜深坐，还应说着远行人。"前两句写冬至之夜，诗人羁留他乡的孤独冷清的生活画面，思乡之情，不言而喻。可诗人不说自己思念家人，却想象家人于冬至节之深夜还坐在一起念叨着自己。欧阳修《踏莎行》："寸寸柔肠，盈盈泪。楼高莫近危阑倚。"作者想象楼上的思妇，柔肠寸断，以泪洗面，凭高眺远，思念旅途中的自己（行人）。"平芜尽处是春山，行人更在春山外"，行者不但想象到对方登高怀远，而且想象到对方的心一直追踪自己。这种遥想，极写了行人的离愁。

这种写法，设想的对方不能是景，只能是人。它所产生的艺术效果与前一种不一样，如贺铸《青玉案》"月桥花院，琐窗朱户，只有春知处"，表达出来的，只是单方面的思念、伤感和断肠之痛。而用对写法，则沟通了双方的感情，思念是双方的，这种思念有愁苦和感伤，也有温馨和慰藉。

八、客观为实，主观为虚

严格地说，写过去、写未来、写对方都是主观之景，这里为了阐释方便，我们用"主观之景"来特指诗词中所描绘的梦境、仙境、誓愿等。通过写梦境、仙境来抒发感情、表达理想的诗词，最有名的当数李白的《梦游天姥吟留别》："青冥浩荡不见底，日月照耀金银台。霓为衣兮风为马，云之君兮纷纷而来下。虎鼓瑟兮鸾回车，仙之人兮列如麻。"这些诗句写出了神仙世界的吉祥与美丽，反衬了现实世界的凶险和丑恶，表达了诗人对现实世界的憎恶。

例如，李清照的《渔家傲》：“仿佛梦魂归帝所，闻天语，殷勤问我归何处。”词人塑造了一位关心民瘼的温和的天帝形象，反衬了畏惧强敌，一路逃窜，置百姓于水火之中的宋高宗及昏庸无能的朝廷。“九万里风鹏正举。风休住，蓬舟吹取三山去！”词人虽才华出众，却无力挽大厦于既倒，她希望到仙境去过幸福美好的生活，从而反衬了现实世界的苦难和无望。

又如，苏轼的《江城子》：“夜来幽梦忽还乡，小轩窗，正梳妆。相顾无言，唯有泪千行。”作者与妻子伉俪情深，虽生死殊途而旧情难忘，积思成梦，悲喜交加，这是虚写，接着写梦醒后的悲伤，这是实写，虚实结合，写出了诗人对亡妻思念之深之切之苦。

再如，汉乐府诗《上邪》：“上邪！我欲与君相知，长命无绝衰。山无陵，江水为竭，冬雷震震，夏雨雪，天地合，乃敢与君绝！”这首乐府诗中，设想了“山无陵，江水为竭，冬雷震震，夏雨雪，天地合”五种景象，而这些景象都是不可能发生的，是虚写，女主人公把这些作为“与君绝”的条件，更突出了誓死不“与君绝”的坚定信念，这种誓愿有力地表现了主人公对爱情的忠贞不渝，海枯石烂不变心。

第二节　虚实结合在古诗词中有何重要作用

诗的形象思维方式要求写诗讲一点儿模糊性、朦胧性。诗不能太实，太实很难给人留下想象的余地。诗也不能太虚，太虚如水中之月、镜中之花，让人摸不着边际，见不着真意。写诗应实中有虚，虚中有实，虚实结合。清朝唐彪在《读书作文谱》中说得很精辟：“文章非实不足以阐发义理，非虚不足以摇曳神情，故虚实常宜相济也。”鉴于诗词篇幅十分短小，容量有限，诗人谋求虚实结合，虚实相生，趣味、诗韵俱存，使其内涵丰富，外延无边。

我们来看杜甫的《闻官军收河南河北》。唐肃宗宝应元年（762）冬十月，唐王朝官军破贼于洛阳。次年春，杜甫正寓居在梓州（今四川省三台县），忽听官兵捷报，诗人欣喜若狂，写下生平唯一的一首欢快的诗。

前两联写实。诗人初闻蜀中大地“收蓟北”，意味着盘踞八年的“安史之乱”老巢被摧毁，杜甫禁不住“涕泪满衣裳”！这是悲极而喜又喜极而悲！他回头看看与自己一同饱受战乱苦难的妻子儿女，他们哪里还有愁云？遂卷起诗书，与家人同喜同乐！“收蓟北、涕泪满衣裳、却看、漫卷诗书”都是突然之间“喜欲狂”的生活真实！

后两联写虚。我们“放歌”“纵酒”欢庆胜利，共庆失土的收复；我们焕发青春，返老还童，与年少的儿女做伴还乡，告别流离失所的生活。诗人虽然此时身在异域，思绪早已鼓翼而飞，沿着涪江入嘉陵江，穿巴峡入长江，再出巫峡至襄阳，转向洛阳还故乡。诗人回家畅想曲的节奏轻快、和谐，地点转换让人目不暇接！此时杜甫的感情，如洪峰迭起，向前奔涌，一泻千里！

假如没有这两句虚笔，一路实写到底，就难以表现诗人乍闻胜利消息时的喜极心情和急欲赶路返乡的愿望！此诗之所以被誉为“杜甫生平快诗”，关键之一在于虚实妙合！虚写尤不可缺，恰如王世贞《艺苑卮言》所云：“前疏者后必密，半阔者半必细，一实者一必虚。”

总的来说，诗歌中运用虚实结合手法，可以使作品的结构更加紧凑，形象更加鲜明，可极大丰富诗中的意象，开拓诗中的意境，为读者提供广阔的想象空间，充实人们的审美趣味，有时能形成强烈的对比，有时能形成渲染烘托，从而突出诗歌的主题。

第三节　古典诗词中“虚”与“实”的两类关系

一、虚景和实景的关系，有时是相反相成形成强烈的对比，从而突出中心的

例如，姜夔《扬州慢》：“淮左名都，竹西佳处，解鞍少驻初程。过春风十里。尽荠麦青青。自胡马窥江去后，废池乔木，犹厌言兵。渐黄昏，清角吹寒。都在空城。杜郎俊赏，算而今、重到须惊。纵豆蔻词工，青楼梦好，难赋

深情。二十四桥仍在，波心荡、冷月无声。念桥边红药，年年知为谁生。”

全词上、下两阕都用了昔日扬州城的繁荣兴盛景象对比现时扬州城的凋残破败惨状，写出战争带给扬州城万劫不复的灾难。

词的上阕，写出了扬州城在“胡马窥江去后”令人痛心不已的凋残和败坏景象。词人先从自己的行踪写起，写自己初次经过扬州城，在著名的竹西亭解鞍下马，稍作停留。走在漫长的扬州道上，词人所见到的全部是长得旺盛而齐整的荠麦。自金人入侵后，烧杀掳掠，扬州城所剩下的也只是“废池乔木”了。日落黄昏，凄厉的号角声又四处响起，回荡在扬州城孤寂的上空，也回荡在词人惨淡的心灵间。而昔日杜牧笔下扬州城十里长街“春风十里”的繁荣景象一去不复返。用昔日的“名都”来反衬今日的“空城”，以昔日的“春风十里扬州路”来反衬今日的一片荒凉景象——“尽荠麦青青”。往日繁盛与今日残破，一虚一实形成鲜明对比，寄寓了词人昔盛今衰的感慨。

词的下阕，运用典故，进一步深化了“黍离之悲”的主题。昔日扬州城繁华，诗人杜牧留下了许多关于扬州城不朽的诗作。可是，假如这位多情的诗人今日再重游故地，他也必定会为今日的扬州城感到吃惊和痛心。杜牧算是个俊才情种，他有写“豆蔻”词的微妙精当，他有赋“青楼”诗的神乎其神。可是，当他面对眼前的凋残破败景象，他必不能写出昔日的款款深情来。写杜牧情事，主要目的不在于评论和怀念杜牧，而是通过“化实为虚”的手法，点明这样一种“情思”：即使杜牧的风流俊赏，“豆蔻词工”，可是如果他而今重到扬州的话，也定然会惊讶河山之异了。借“杜郎”史实，引出和反衬“难赋”之苦。扬州的名胜二十四桥仍然存在，明月夜也仍有，但“玉人吹箫”的风月繁华已不复存在了。唉，试想下，尽管那桥边的芍药花年年如期盛放，也很难有人有情思去欣赏它们的艳丽。词人用带悬念的疑问作为词篇的结尾，很自然地移情入景，今昔对比，催人泪下。

又如，黄庭坚的《望江东》：“江水西头隔烟树。望不见、江东路。思量只有梦来去。更不怕、江阑住。灯前写了书无数。算没个、人传与。直饶寻得雁分付。又还是、秋将暮。”

这首词寄托了深刻的离愁和相思，表现了梦幻与现实的矛盾。词的上片，写相思者想见对方而又不得见，望不见，只好梦中相会的情景。首句开门见山，交代出“江水”“烟树”等重重阻隔，主人公极目瞭望，茫无所见，

"隔"字把遥望一片浩渺江水、迷蒙远树时的失望惆怅的心境呈现出来。"望不见江东路"是这种惆怅情思的继续。接着，作者把特定的强烈感情深化，把满腔的幽怨化为深沉的情思："思量只有梦来去，更不怕、江阑住。"梦是遂愿的手段，现实生活中无从获得的东西，就企望在梦中得到。渴望离别重逢，只有梦中才能自由地来去。现实"江水西头隔烟树"与梦境"不怕江阑住"形成强烈的对比，想象中的相见反衬了现实中的孤独。

下片通过灯前写信的细节，进一步细腻精微地表达主人公感情的发展。梦中相会终是空虚的，她要谋求实的交流与联系。"灯前写了书无数"，以倾诉对远方亲人的怀念深情，但"算没个、人传与"一念中，又使她陷入失望的深渊。"直饶寻得雁分付"，词中的主人公想到所写的信无人传递，转念间，鸿雁传书又燃烧起她的希望；然而又一想，纵然"寻得"传书的飞雁，"又还是秋将暮"，雁要南飞了，因此连托雁传书的愿望也难达到。理想中的鸿雁传书与现实中人、雁具无形成强烈的反差，突出现实中的情感阻隔。

二、虚景和实景的关系，有时则是相辅相成形成渲染烘托，从而突出的中心的

例如，欧阳修《踏莎行》："候馆梅残，溪桥柳细，草薰风暖摇征辔。离愁渐远渐无穷，迢迢不断如春水。寸寸柔肠，盈盈粉泪，楼高莫近危阑倚。平芜尽处是春山，行人更在春山外。"

上阙写实，通过初春景象反衬"行人"的离愁别绪。下阙写虚。通过设想妻子凭栏远望，思念"行人"的愁苦之象，来写愁思。妻思夫，夫想妻。虚实相生，从而将离愁别绪抒发得淋漓尽致。

又如辛弃疾的《鹧鸪天·送廓之秋试》："白苎新袍入嫩凉。春蚕食叶响回廊，禹门已准桃花浪，月殿先收桂子香。鹏北海，凤朝阳。又携书剑路茫茫。明年此日青云去，却笑人间举子忙。"

此词突出的表现手法是虚实相生。上阕点明时令和环境。"白苎新袍入嫩凉"是实写送别的季节——初秋，天气环境——微凉，被送者的衣着——白苎新袍；"春蚕食叶响回廊。禹门已准桃花浪，月殿先收桂子香"是虚写，想象仲秋时节范廓之参加秋试的情景、此次秋试的结果，以及下一年参加春闱的结果，虚实结合。下阕"鹏北海，凤朝阳。又携书剑路茫茫"用比喻的手法实写

廓之携书剑登程的情景，实中有虚，以虚喻实，喻体“鹏北海，凤朝阳”意境豪迈雄壮，充满对廓之的鼓励；“明年此日青云去，却笑人间举子忙”完全是虚写，想象廓之连中两试后轻松愉快的心情，表达了对廓之的美好祝福。

（本章撰稿人：魏惠）

第七章

注意动静

动静也是事物存在的基本方式与状态，照辩证唯物主义的观点，动是绝对的，静是相对的，把握了动静，也就能较好地把握住事物的状态了。诗人描摹事物，有时很难避开动静，所以，大家在素读古代诗歌的时候，需要注意其中的动静描写。

第一节 诗歌鉴赏中的动与静

在中国古代诗歌里，诗人们为了创设道家的缥缈意境，特别注意动态描写，动静结合是常用的一种写景手法。在这种手法的运用中，独出心裁，“每着一字”，而使“境界全出”。作为动静结合的写景方式，往往是在一种意境里描写动态与静态，并且往往是以静为主，以动衬静的方式（这里的“动”含动与声，如“竹喧归浣女，莲动下渔舟”），形成意境和形象的和谐统一。因此，动静结合的写景手法，与衬托又不可截然分开。

在写景状物的文章中，孤立地写动态或静态，往往不能给人以深刻的印象。若能将动态描写与静态描写结合起来，以静写动，以动衬静，则会塑造出栩栩如生的文学场景。

在古典诗歌的阅读与鉴赏中，常常会遇到以动衬静、动静结合，实中有虚、虚实相映的表现手法，了解它们的特点，有助于准确理解诗歌的内容。本节我们主要讨论的是动静关系，一句话概括，就是“动静结合，愈见其美”。

大自然中，无论山水草木，还是阴晴雨雪，总是有动也有静。诗歌表达的是诗人对现实生活的审美感受，自然也就有了以动衬静、动静结合的表现手法。

贾岛诗句“僧敲月下门”是“以响衬静”，这里的“响”就是“动”，敲门有声，反衬出幽居的冷清、幽静，既显出了动态，又给人恍若有声的感觉，仿佛看到了举手敲门的动作，听到了“咚咚”的声音；王籍的名句“蝉噪林愈静，鸟鸣山更幽”是说，山林里两三声单调的蝉叫和鸟鸣，使环境反倒显得更加寂静幽深了。这也是以动衬静法，所以这两句有异曲同工之妙。

我们再来欣赏杜甫的《漫成一首》诗：“江月去人只数尺，风灯照夜欲三更。沙头宿鹭联拳静，船尾跳鱼拨剌鸣。”前三句说月亮倒映水中，微微浮动，仿佛伸手就可以在水中捞到；船舱里一盏孤灯静悄悄地照着灰茫茫的夜色；大约到了三更时候，全家都在船里睡觉了，深夜做伴的只有沙滩上屈曲着身子静卧的白鹭——这里的一切是多么的寂静。最后一句说，忽然间，在船的那一头“拨刺”一声，鱼儿跳出了水面，江面上泛起了微微的浪花。这一句就是动景，前三句就是静景，用的是以动衬静法。夜深人静时的这一声，使周围显得更加沉寂。如果把第二句看作动景，即把“风灯”错解为“江风吹打桅灯”，就没有了一、三两句静影沉璧、白鹭安睡时的静景了，也就破坏了全诗安谧和平的意境。

可见，一首诗中静与动结合得和谐完美，就会产生感染强烈、印象深刻的艺术效果。“红杏枝头春意闹”“云破月来花弄影”，之所以历来为人们所称道，就在于一个“闹”字，使人觉得这春意仿佛有了知觉，有了生气，人们从这里不仅看见了花开，仿佛也听见了花开的声音，又仿佛传出了春天欣欣向荣的喧闹声；一个“弄”字，使人想到在朦胧的月光下，不仅花枝在风中摆动，地上的花影也在婆娑起舞。两句都在诗情画意之外，有了动态美；又与各自对应的上句“绿杨烟外晓寒轻”“沙上并禽池上暝”动静结合，相辅相成，给人留下了深刻的印象。

第二节　动静结合手法的分类

在中国古代诗歌里，动静手法指的就是在一首诗中既写动态又写静态，两者互相映衬，形成一种情趣。在运用时，或以动衬静，或以静衬动，或化静为动，或化动为静，或一动一静，相辅相成，

从考查角度看，动静手法常见如下几种。

一、化动为静，以静写动

就是把运动的事物当作静止的事物来写，想象并描写出动态事物在静止时的形态和神态。例如，李白的《望庐山瀑布》“遥看瀑布挂前川”写出了遥看瀑布的第一眼形象，将富有动态的瀑布化为静态来写，将流动的水当作静止的布，瀑布像一条巨大的白练挂在山间，一个“挂”字化动为静，生动形象，活灵活现，惟妙惟肖地表现出倾泻的瀑布在遥看中的形象，包含着诗人对大自然

神奇伟大的赞颂。

二、化静为动，以动写静

就是把静止的事物当作运动的事物来写，想象并描写出静态事物在运动时的形态和神态。例如，王安石《书湖阴先生壁》中的“两山排闼送青来”，一个“送”字，把静止的山给写活了。

三、动静结合，相映成趣

动静结合指在诗中人、事、景的动静有机地结合起来描写的一种手法，就是同时描写静态的事物和动态的事物，让静景动景相辅相成，相得益彰，相映成趣。例如，杜甫《漫成一首》中，“沙头宿鹭联拳静，船尾跳鱼拨剌鸣”两句，就是视觉之静与听觉之动的巧妙结合；又如，杜甫的《绝句二首·其一》：“迟日江山丽，春风花草香。泥融飞燕子，沙暖睡鸳鸯。”诗的尾句与第三句动态的飞燕对照，动静相间，相映成趣。

四、以动衬静

即通过描写、渲染动态，反衬静态，突出静态，是反衬手法的一种。例如，贾岛《题李凝幽居》全诗所绘景致十分幽静，其中的名句“僧敲月下门”，一个“敲”字动感十足，有动作有声音，以动衬静，以响衬静，在月夜寂静之境中，一阵“敲”来，反而更显得环境寂静，更精确地描绘出了诗意；又如，王籍《入若耶溪》中的“蝉噪林欲静，鸟鸣山更幽”，则是以响衬静的典范；再如，王维《山居秋暝》，对景物的刻画细致入微，既有自然风景，又有田园生活。诗人在描绘的景物中，静中有动，以动衬静，动静结合，构成动人的意境。

五、以静衬动

即通过描写、渲染静态，反衬动态，突出动态，是反衬手法的一种。

例如，唐代李颀《琴歌》一诗中“一声已动物皆静，四座无言星欲稀”，这是写听弹琴时对音乐美的感受，从听觉来写，以静衬动，而下句说繁星在听琴声时都悄悄隐去，足见听琴者早已陶醉在音乐之美中，时间的推移之感被忘却得无影无踪。

六、以动衬动

就是用运动的事物来衬运动的事物（包括把静止的事物当作运动的事物）。

例如，苏轼《江上看山》“船上看山走如马”，按理来说，人立舟中，舟是动的，山是静的，而作者却反转过来，赋予山以运动，让群山在眼前飞驰，看众岭在身后惊奔，全诗呈现出一种轻快而壮美的律动。

七、动静互衬

就是既描写运动的事物又描写静止的事物，二者相互衬托。

例如，辛弃疾《西江月·明月别枝惊鹊》：“明月别枝惊鹊，清风半夜鸣蝉。稻花香里说丰年，听取蛙声一片。七八个星天外，两三点雨山前，旧时茅店社林边，路转溪桥忽见。”上阕着重于“面”的渲染，一、二两句静中有动，而偏重于静境的描绘，鹊惊、蝉鸣，则愈益显出环境的幽静；三、四两句动静交混，而着重于动境的点染，蛙声一片，稻香一片，又闹又静，烘托出一片浓郁的“丰年”喜庆气氛。下阕一、三两句写静，二、四两句写动。全词挑选了明月、惊鹊、清风、鸣蝉、稻花、蛙声、星斗、夜雨、茅店、溪桥等典型的农村景物，以动衬静，以静衬动，动静相映，构成了一幅夜色清幽、气氛恬静，富有野趣、丰收在望，欢快活泼、优美动人的江南乡村月夜图。

第三节　动静结合手法在诗词鉴赏中的运用

近几年高考试题中，诗歌鉴赏题的分数由6分加到8分，比重越来越大，除了对作品的形象、语言、思想情感等考点进行考查外，对艺术手法的判断与赏析更是一个不可或缺的方面。其中，对表达技巧中的动态描写与静态描写的考查，也成为诗歌鉴赏中的重要内容。所谓“动与静”，是对事物特征做动态或静态的描写，两者互相映衬，形成一种情趣。在运用时或以动衬静，或以静衬动，或化静为动，或化动为静，或一动一静相辅相成，下面我们可结合具体诗歌略做分析。

一、动静结合

动静结合是指在诗歌中既有对动态的描绘，又有对静态的刻画，这两者结合，往往使作者笔下的景物显得丰富多彩，而且对比辉映，相得益彰。例如，2005年高考全国卷Ⅲ考查了《雨后池上》一诗：“一雨池塘水面平，淡磨明镜照檐楹。东风忽起垂杨舞，更作荷心万点声。”诗中要求考生从动与静的角度对这首诗进行赏析。诗歌前两句以“水面平”“明镜”“照檐楹”等写出了荷花池塘雨后幽静迷人的静态；后两句用“忽起”“垂杨舞”，以及垂杨叶上的雨滴被风吹到荷叶上发出的“万点”声响等，表现了雨后池上的一种动态美。诗既写出了静态，又写出了动态，以静显动，又以动衬静，动静结合，组成了一幅雨后池塘春景图。又如，王维的名篇《山居秋暝》中的颔联：“明月松间照，清泉石上流。”前一句写山上一尘不染的松树、皎洁的月光，以及月光穿过树叶的缝隙在林间留下的斑驳的影子，都给人以明净清幽的感受——这是通过静态描写来突出山中的静谧。第三句写山泉因雨后水量充足，流势增大，从石上流过，淙淙有声——这是动态描写，以动衬静，更反衬出山中宁静。

二、以动衬静

以动衬静，属反衬手法的一种，即通过对动态的描写，渲染反衬出静态，也就是在动态描写里显出静态。例如，王维的《鸟鸣涧》一诗：“人闲桂花落，夜静春山空。月出惊山鸟，时鸣春涧中。”这首诗以动衬静，以有声写无声，使人联想到春山的空旷、桂花的清新、月光的明朗、鸟鸣的悦耳，从而体会大自然的静美。又如，2005年高考全国卷Ⅰ考查的唐诗《春行即兴》：“宜阳城下草萋萋，涧水东流复向西。芳树无人花自落，春山一路鸟空啼。”这是唐代诗人李华的一首景物小诗。作者春天经过宜阳时，因对眼前景物有所感触，即兴抒发了国破山河在，花落鸟空啼的愁绪。诗前两句直接写景，为下文铺垫，后两句更进一层，“花自落”“鸟空啼”表面上刻画了“花落”“鸟啼”的热闹景象，但是“自”和“空”透出了无人欣赏之意，从而显出了山中的宁静、荒芜，以动衬静，更透出一丝伤春、凄凉之情。

三、化动为静

化动为静，是将动态之景化为静止之状，从而收到出人意料的新奇效果。例如，2005年普招统一考试上海卷考查了李白的《望庐山瀑布二首·其二》一诗："日照香炉生紫烟，遥看瀑布挂前川。飞流直下三千尺，疑是银河落九天。"考题要求以李白诗中的"挂"字为例，加以赏析。此题实际考查炼字。一个"挂"字，化动为静，描绘出遥看瀑布飞泻时的景象。在李白的另一首诗歌《访戴天山道士不遇》中，也有类似的意境。诗歌的第三联"野竹分青霭，飞泉挂碧峰"前一句化静为动，使人联想到随山冈徐徐移动的云雾，不断从野竹梢头飘过的情景。后一句化动为静，使人联想到山峰的陡峭和山泉垂直落下的景象。

四、化静为动

化静为动，将本来是静止的景物加以刻画，使之具有动态感，将静物写活，从而使作品富有生气，充满活力，情趣盎然。例如，王安石的名句"春风又绿江南岸，明月何时照我还"，一个"绿"字，将静态的视觉形象动态化，写出了春风的气势、力量和作用，境界开阔，色彩鲜明，给人以春意盎然、生机勃勃的美感。又如，2005年高考福建卷考查的《与夏十二登岳阳楼》一诗："楼观岳阳尽，川迥洞庭开。雁引愁心去，山衔好月来。云间连下榻，天上接行杯。醉后凉风起，吹人舞袖回。"李白这首诗写于乾元二年7591，当时流放途中遇赦，回舟江陵。诗中第二联"山衔好月来"一句，十分巧妙。它运用拟人手法，写出了李白流放遇赦的高兴心情。这句诗写君山有情为诗人衔来好月，化静为动，与上句大雁有意为诗人带走愁心，愁去喜来，互相映衬，使诗人的喜悦心情表现得更加突出，且富有新意，耐人寻味。

总之，动态描写与静态描写在诗歌中往往不是孤立存在，而是灵活地结合在一起，从而生动地表现事物的特征，突出诗人的情感。

课例一：诗歌鉴赏之虚实结合、动静结合

一、学习目标

1. 认识虚实结合、动静结合手法。

2. 读懂诗歌中运用虚实结合、动静结合手法在表情达意方面的作用。

3. 通过高考题见识虚实结合、动静结合等手法在诗歌鉴赏中考查的题型。

二、高考例题

1. ［全国卷3］阅读下面一首宋诗，然后回答问题。

雨后池上

刘 攽

一雨池塘水面平，淡磨明镜照檐楹。

东风忽起垂杨舞，更作荷心万点声。

［诗文注释］

平：指水涨与地面平。

淡磨：轻磨拂拭。古代用铜做镜子，铜磨光以后能清楚地照见人影。淡，轻。磨，拭。

檐楹：指塘边房屋的瓦檐、楹柱。荷心：荷叶。

试从"静"与"动"的角度对这首诗进行赏析。

参考答案：

一、二两句以"水面平""明镜""照檐楹"等写出了荷花池塘雨后幽美迷人的静态。三、四两句用"忽起""垂杨舞"及垂杨叶上的雨滴被风吹到荷叶上发出的"万点"声响等，表现了雨后池上的一种动态之美。诗既写出了静态，又写出了动态，以静显动，又以动衬静，动静结合，组成了一幅雨后池塘春景图。

动与静，艺术创作中离不开动态描写和静态描写，或以动衬静，或以静衬动，或一动一静，相辅相成。如王维的《鸟鸣涧》："人闲桂花落，夜静春山空。月出惊山鸟，时鸣深涧中。"用花落、月出、鸟鸣突出了春涧的幽静，王籍的《入若耶溪》"蝉噪林愈静，鸟鸣山更幽"也是以声写静，以动衬静。"山舞银蛇，原驰蜡像"是以动写静。

2. 阅读下面一首词，然后回答问题。

望江南·多少恨

李 煜

多少恨，昨夜梦魂中。还似旧时游上苑，车如流水马如龙。花月正春风。

这是南唐李后主亡国入宋后写的词。有人说这是一首极尽繁华之作，有人说这是一段凄凉无限之吟唱。

请从艺术手法运用的角度谈谈你对这首词的看法。（要回答运用了什么艺术手法，反衬或以虚写实，以及该艺术手法的表达效果）

参考答案：

从表面看（特别是后三句），这首词写的是对往昔繁华的眷恋，实际上是表达梦醒后其处境无限凄凉。作者通篇不对当前处境（实）作正面描写，而是通过这场繁华生活的梦境（虚）进行有力的反衬。梦境越是繁华热闹，梦醒后的悲哀便越是浓重；对旧日繁华的眷恋越深，今日处境越凄凉。

虚与实是相对的：有者为实，无者为虚；有据为实，假托为虚；客观为实，主观为虚；具体为实，抽象为虚；显者为实，隐者为虚；当前为实，未来为虚。

虚实结合：是指现实的景、事与想象的景、事互相映衬，交织一起表达同样的情感。具体说来，诗歌中的“虚”包括以下三类：神仙鬼怪世界和梦境，已逝之景之境，设想的未来之境。

（1）神仙鬼怪世界和梦境。诗人往往借助这类虚无的境界来反衬现实。这就叫以虚象显实境，如《梦游天姥吟留别》中的仙境就是一个虚象。诗云：“日月照耀金银台”“霓为衣兮风为马”“虎鼓瑟兮鸾回车”“仙之人兮列如麻”。李白描绘了一幅美好的图景，图景的美好反衬出现实的黑暗。

（2）已逝之景之境。这类虚景是作者曾经经历过或历史上曾经发生过的景象，但是现时不在眼前。例如，苏轼的《念奴娇·赤壁怀古》中云：“谈笑间，樯橹灰飞烟灭。”再现了火烧赤壁这一史实。显然不是发生在眼前，故也是虚境。

（3）设想的未来之境。这类虚境是还没有发生的，它表现的情将一直延伸到未来而不断绝。故写愁，将倍增其愁；写乐，将倍增其乐。例如，在《西厢记·长亭送别》中崔莺莺送别张生唱词很多是设想的未来之境。

三、课后练习

1. 从虚与实的角度分析下面一首诗。

塞上听吹笛

高 适

雪净胡天牧马还，月明羌笛戍楼间。

借问梅花何处落？风吹一夜满关山。

参考答案：

一、二句写实景，描写的内容是胡天北地，冰雪消融，牧马的季节到了。傍晚，战士赶着马群归来，天空洒下明月的清辉。在如此苍茫而又清澄的夜景里，不知哪座戍楼里吹起了羌笛，那是熟悉的《梅花落》曲调啊！三、四句写虚景，将“梅花落”拆用，仿佛风吹的不是笛声而是落梅的花片，它们四处飘散，一夜之间色和香洒满天山。此诗抒写战士们由听曲而想到故乡的梅花（胡地没有梅花），想到梅花之落，写出了他们浓浓的思乡情。

2. 虚实结合作品赏析。

邯郸冬至夜思家

白居易

邯郸驿里逢冬至，抱膝灯前影伴身。

想得家中夜深坐，还应说着远行人。

作者是怎样写“思家”的？（2005年高考全国卷）

本诗运用了虚实结合的手法。前两句写诗人此时的孤寂，是实。后两句写家人围坐灯前，谈论着自己这个远行人，是虚。

参考答案：

作者主要通过一幅想象的画面，即冬至夜深时分，家人还围坐在灯前，谈论着自己这个远行之人，以此来表现“思家”之情。

3. 阅读下面一首元小令，然后回答问题。

小桃红·秋江

倪 瓒

一江秋水澹寒烟，水影如练，眼底离愁数行雁。雪晴天，绿蘋红蓼参差见。吴歌荡桨，一声哀怨，惊起白鸥眠。

这首小令描绘了意境幽远的秋水景色，读来如同欣赏一幅引人入胜的画卷。请从动静和色彩两方面对这首小令进行赏析。

参考答案：这首小令头两句写出江面水影浩白如绢，属静景描写，最后几句“吴歌……惊起白鸥眠”，则显出动景，首尾动静呼应，和谐统一。（如写出“第三句写视线之内只见几行大雁在天空飞行为动景，与前两句的静景描写和谐统一”，亦可。）“雪晴天”两句描写了在晴朗的天空之下，绿色的浮萍、粉红色的蓼花高低不齐地长在水边。作者将白、绿、红几种色彩巧妙地调和在一起，把秋天点缀得异常绮丽。

4. 阅读下面一首诗，然后回答问题。

夜雨寄北

李商隐

君问归期未有期，巴山夜雨涨秋池。

何当共剪西窗烛，却话巴山夜雨时。

问：这首诗用什么艺术手法表达出怎样的思想内容？

参考答案：

本诗采用了虚实相生（衬托）的手法，一、二句是实写，用巴山夜雨衬托自己不能回家与亲人相见的愁情。三、四句是虚写，想象与亲人相聚时两人共剪窗花、深夜长谈的欢乐场面，以想象的乐景反衬现实的悲情。

5. 本诗运用了动静结合，远景近景结合，很有层次感，试做分析。

淮中晚泊犊头

苏舜钦

春阴垂野草青青，时有幽花一树明。

晚泊孤舟古祠下，满川风雨看潮生。

参考答案：

诗中一、二句写远景，写苍茫开阔的原野景色，三、四句写近景，交代时间已近傍晚，本来迷茫阴沉的天色更是朦胧。一、二句写静景，草色青青，春阴迷离；三四句写动景，夜泊孤舟，看满川风雨凄迷，春潮乍起。整首诗视角忽远忽近，有面有点，变换交叉，富有立体感。

课例二：诗词鉴赏中的动静关系

一、考点解析

高考中常见的提问方式：

1. 试从“静”与“动”的角度对这首诗进行赏析。

2. 这首词的上阕着重写景，请结合词句分析作者是如何描写景物的。

3. 词下阕的写景文字，从整体看运用了什么手法？请具体分析。

二、阅读下列诗歌，试着总结动静结合类的答题模式

1. 阅读下面一首诗，然后回答问题。

山居秋暝

王 维

空山新雨后，天气晚来秋。明月松间照，清泉石上流。

竹喧归浣女，莲动下渔舟。随意春芳歇，王孙自可留。

请从“动”和“静”的角度来赏析颔联和颈联。

问题探究：略。

动与静关系类诗歌的答题模式：略。

检测小结：略。

2. 阅读下面一首诗，然后回答问题。

漫成一首

杜 甫

江月去人只数尺，风灯照夜欲三更。

沙头宿鹭联拳静，船尾跳鱼拨剌鸣。

试从“静”与“动”的角度对这首诗进行赏析。

学习反思：略。

课例三：古代诗歌鉴赏之动与静

上课，同学们好，前几节课我们共同复习了诗歌鉴赏的形象问题，一起来回顾一下。诗歌鉴赏的形象即人物形象、景物形象和事物形象。例如，陶渊明是一个寄情山水、隐居田园的隐者形象。“采菊东篱下，悠然见南山”展现的是悠然自在的隐居生活，表现出诗人对官场的厌恶，对田园的喜爱。大家回顾一下人物形象类题目的答题步骤。（学生回答：概括形象特点——结合诗句分析——指出形象的意义包括作者的情感、理想、追求、品性等）又如，这幅送别场景，缠绵悱恻又悲凉寂寥，“断送扁舟过林杪，愁云清未了，布帆遥比沙鸥小”，将离别时的难舍难分表现得韵味十足。大家回顾一下景物形象类题目的答题步骤。（学生回答：概括景物所营造的氛围特点——抓住诗中各个意象特征，借助联想和想象具体描绘诗中展现的图景画面——点出意境中蕴含的思想情感）同学们注意描绘诗中图景、形象，不能翻译诗句，要用自己的语言再现，既要忠于原文，又要适当创新。再看这幅野菊的形象。“政缘在野有幽色，肯为无人减妙香？”一个不因无人欣赏而减其香，不为外部环境而改变内心高洁的超凡脱俗的野菊形象跃然眼前。大家回顾一下事物形象类题目的答题步骤。（学生回答：概括出诗中描绘歌咏的主要对象——结合诗句分析所咏物象的特点——结合诗人自身经历、思想感情剖析所托之情）诗歌鉴赏是语文高考的重难点，我们欣赏诗歌的美，领会诗歌的意境，除了把握诗歌的形象，还离不开对表现手法的掌握。下面我们一起来学习诗歌鉴赏表现手法中的动静结合。（复习回顾，导入新课）（5分钟）（板书课题）一起来读这节课的学习目标：第一，微课引导，了解动景静景。第二，学习探讨，规范答题步骤。

先看一个微课，了解动与静的概念。（学生观看微课）（微课引导，了解动景静景）（2分钟）

动与静的问题具体如何分析呢？下面我们通过题目一起来探讨这个问题。第一题，我们一起来读一下这首诗。（生齐读诗歌）

兰溪棹歌

戴叔伦

凉月如眉挂柳湾，越中山色镜中看。
兰溪三日桃花雨，半夜鲤鱼来上滩。

老师解释重点字词：①兰溪：兰溪江，也称兰江，浙江富春江上游一支流。在今浙江省兰溪市西南。棹歌：渔民的歌，船家摇橹时唱的歌。②柳湾：种着柳树的河湾。③越中：古代东南沿海一带称为越。④桃花雨：江南春天桃花开时下的雨。

学生翻译：一弯娥眉月挂在柳湾的上空，月光清朗，凉爽宜人。越中山色倒映在水平如镜的溪面上，煞是好看。淅淅沥沥的春雨，下了三天，溪水猛涨，鱼群争抢新水，夜半人静之时纷纷涌上溪头浅滩。

师：我们来看一下同学们的答题情况：

A.上阕写凉月倒影，山光水色映射，湖面如同镜子般平静，而下阕写桃花雨把鲤鱼惊动，“跳”更表现出鱼儿的活泼好动。运用动静结合的手法把景物写得活灵活现。（2分）（学生分析：不是倒影，也不是桃花雨把鲤鱼惊动）

B.静态的景观：凉月如眉，山色水光清丽明净，与动态的景观：鲤鱼争相上滩相互映衬。以动衬静，更突出兰溪半夜的静谧。（2分）（学生分析：不是映衬，也不是以动衬静）（学生争论：这种答法太死板，加上冒号——不死

板，这是答题步骤）

C.诗中的上联通过描绘“如眉的凉月挂在柳梢上，山色全倒映在清澈的溪水中”，从而为我们描绘了一幅空明澄澈的静景；诗的下联通过写兰溪鲤鱼争相游上岸来描绘了一幅美妙的动景，上下联动静结合，为我们展现了一种空明寂静、美妙清幽的氛围。（3分）（学生分析：太啰唆，为我们展现的氛围不对，突出了静，回答成了以动衬静）

师：我们总结一下出现的问题：A.没有具体标明动景和静景；无中生有；B.术语不正确；C.太啰唆，说的效果与分析相矛盾。大家在做题的时候尽量避免这些。

师：前两句着重整体描画，写静景；后两句着重个体（雨、鱼），写动态。诗人将山水的明丽动人、月色的清爽皎洁、渔民的欣快欢畅，淋漓尽致地展现在明澈秀丽的画卷中，读后给人以如临其境的美感。前二句是静景，后二句是动景，结句尤为生动传神，一笔勾勒，把整个画面画活了，使人感到美好的兰溪山水充满蓬勃生机，所以给出的参考答案是：前两句山水的明丽动人和月色的清爽皎洁，是静景；后两句写了鱼抢新水、涌上溪头浅滩的调皮，是动景。（步骤1）全诗动静结合，（步骤2）写出了兰溪山水的美好和蓬勃生机。（步骤3）通过这个题我们总结动与静类题目答题步骤：分动静—点关系—说效果（板书）。通过这个题的分析，我们对这类题目有了进一步的认识。下面给大家3分钟时间，小组前后6人讨论2、3题，完善自己的答案。3分钟后小组选派代表展示自己的答案。切换展台（生到展台展示答案）（字好的坏的2个对比）（提前复印学生的答案，做成小纸条）大家都交流好了吗？哪个小组想试试？（学生展示）。

师：敢于第一个吃螃蟹的人都是一位勇士！（鼓励一下）有没有人想给他点评一下（学生点评）这位同学简直是个小字典，为他的表现鼓掌！哪个小组还想展示？（学生展示，前后对比）这位同学平时给我的感觉是不爱说话，小心翼翼。你今天表现得大胆、大方，真是让我刮目相看啊！

师：通过这几位同学的阐释，我们对这首诗歌已经了然于心，我们齐读这首诗，重新体会它的动与静。再看第三首诗歌。哪个小组想尝试？（学生展示，学生分析）

师：看到大家这么积极，我也想加入进来了，听了你们的分析，我觉得我做的不如你们，要扣一分。练习题大家掌握得很好了，下面我们挑战一下高考题。

（切换展台）挑战高考：试从动与静的角度，赏析“数峰清瘦出云来”。

初见嵩山

张 耒

年来鞍马困尘埃，赖有青山豁我怀。

日暮北风吹雨去，数峰清瘦出云来。

参考答案：一个“出”字，运用以动写静（化静为动）的手法，赋予山峰动感，使山峰与云层形成尖耸与广阔，跃动与静态相结合的画面。（学习探讨，规范答题步骤）（20分钟）

课堂小结：在前面的交流中，我还是看到一些迷茫的眼神，下面我们课堂小结一下，再强调一下这类题型的答题步骤：①分动静，分别概括诗中所描绘的静景、动景。②点关系，相关的术语有：以动衬静，以声衬静，动静结合，化静为动，以动写静，等等。③说效果，即在营造意境、突出主旨、表情达意方面的作用。

当堂检测：同学们都掌握好了吗？下面请同学们完成课堂小纸条，检测大家的学习成果（下发小纸条）。

秋蕊香·帘幕疏疏风透

张 耒

帘幕疏疏风透，一线香飘金兽。

朱栏倚遍黄昏后，廊上月华如昼。

别离滋味浓如酒，著人瘦。

此情不及墙东柳，春色年年依旧。

上阕寓情于景，请从“动”与“静”的角度分析景中包含了怎样的感情。（学生展示）

参考答案：上阕起首两句写微风使金兽炉中的一线香烟袅袅飘动，是动态描写；后两句写倚栏望远，皓月流辉，是静态描写。上阕动静结合，以动衬静，表现出主人公内心的孤寂、苦闷之情。（当堂检测）（10分钟）

师：好了同学们，这节课我们探讨了动静结合，下一节课我们学习虚实结合，剩下的时间交给你们。（下发虚实结合学案）这节课到此结束，谢谢大家！下课！（第三节借鉴了王霞老师的文章，特此致谢）

（本章撰稿人：杜建波）

第八章

注意人、事、物、景

每首诗的背后，都有一个伟大的人，这个伟大的人就是诗歌的作者——诗人。诗人借助一系列艺术手法将他遇到的人、事、物、景写入诗中，并表达内心的情感。我们要读懂一首诗，牢牢抓住诗歌中的人、事、物、景这些要素，则是一个好的切入点。

第一节 注意诗歌中的人

诗歌中的人，包括两类：第一类是作者本人，即诗人自己的形象；第二类是作品刻画的人物，也就是诗歌着力塑造的人物形象。

诗歌中塑造的就是诗人自己的形象，如杜甫的《登高》，全诗通过写登高所见秋江景色，倾诉了诗人长年漂泊、老病孤愁的复杂感情，慷慨激越，动人心弦。“烽火照西京，心中自不平。牙璋辞凤阙，铁骑绕龙城。雪暗凋旗画，风多杂鼓声。宁为百夫长，胜作一书生。”（杨炯《从军行》）这首诗中的书生形象就是作者自己。诗的最后两句“宁为百夫长，胜作一书生”直接抒发了诗人自己从戎书生保边卫国的壮志豪情。艰苦激烈的战斗，增添了诗人对不平凡的战斗生活的热爱，他宁愿驰骋沙场，为保卫边疆而战，也不愿做置身书斋的书生。一个立功边陲的知识分子形象就展现在了读者面前。

诗歌中塑造的是诗人要着力刻画的人物形象，如崔颢《长干曲四首（其一）》：“君家何处住？妾住在横塘。停舟暂借问，或恐是同乡。”诗歌以自问自答的形式刻画了一个热情大方、聪明伶俐的少女形象。又如，《琵琶行》中，诗人刻画的歌妓——琵琶女的形象。

这两类形象有时刻画在同一作品中，如苏轼的《念奴娇·赤壁怀古》中就出现了诗人刻画的周瑜形象和“多情应笑我”的诗人自己的形象。

这两类人物形象有时是同一个，诗中刻画的人物形象也就是诗人自己，是诗人情感的寄托，如柳宗元的《江雪》里在寒江上独自垂钓的蓑笠翁的形象即是诗人的自我形象。

一、诗歌中常见的人物形象分类

1. 不慕权贵、豪放洒脱、傲岸不羁的形象，如李白

“安能摧眉折腰事权贵，使我不得开心颜”（李白的《梦游天姥吟留别》）表现了李白淡于富贵、傲视权贵的思想，也反映了他傲岸不羁、豪放自

负的性格。

2. 心忧天下、忧国忧民的形象，如杜甫

“安得广厦千万间，大庇天下寒士俱欢颜。呜呼，何时眼前突兀见此屋，吾庐独破受冻死亦足。”（杜甫的《茅屋为秋风所破歌》）诗人并不仅仅停留在个人的哀怨中，还能推己及人，表现了他忧国忧民的性格。

3. 寄情山水、归隐田园的隐者形象，如陶渊明

“采菊东篱下，悠然见南山”展现的是悠游自在的隐居生活，表现出诗人对官场的厌恶，对田园的喜爱。王维的《山居秋暝》通过对晚秋时节空山新雨景象的描写，表达了诗人对山水风光的喜爱。

4. 怀才不遇、壮志难酬的形象，如陈子昂

《登幽州台歌》写前不见圣贤之君，后不见贤明之主，想起天地茫茫悠悠无限，不觉悲伤地流下眼泪，塑造了一个空怀报国为民之心却不得施展的怀才不遇的知识分子形象。

5. 矢志报国、慷慨愤世的形象，如陆游和辛弃疾

他们的许多诗歌都反映出忠心报国，却不被重用的情感，形象鲜明，如陆游的《示儿》“死去元知万事空，但悲不见九州同。王师北定中原日，家祭无忘告乃翁。”此诗传达出诗人临终时复杂的思想情绪和忧国忧民的爱国情怀，表现了诗人一生的心愿，倾注了诗人满腔的悲慨，既有对抗金大业未就的无穷遗恨，也有对神圣事业必成的坚定信念。又如，辛弃疾的《破阵子》：“醉里挑灯看剑，梦回吹角连营。八百里分麾下炙，五十弦翻塞外声。沙场秋点兵。马作的卢飞快，弓如霹雳弦惊。了却君王天下事，赢得生前身后名。可怜白发生！”这首诗抒写了他梦寐以求、终生不变的抗敌救国的理想，以及壮志难酬的悲愤心情。

6. 友人送别、思念故乡的形象

例如，李白的《赠汪伦》：“李白乘舟将欲行，忽闻岸上踏歌声。桃花潭水深千尺，不及汪伦送我情。”此诗前两句描绘李白乘舟欲行时，汪伦踏歌赶来送行的情景，朴素自然地表达出汪伦对李白那种朴实、真诚的情感；后两句先用“深千尺”赞美桃花潭水的深湛，紧接“不及”两个字笔锋一转，用衬托的手法，把无形的情谊化为有形的千尺潭水，生动形象地表达了汪伦对李白那份真挚深厚的友情。又如，王维的《九月九日忆山东兄弟》：“独在异乡为异客，每逢佳节倍思亲。遥知兄弟登高处，遍插茱萸少一人。”此诗写出了游子的思乡怀亲之情；诗一开头便紧切题目，写异乡异土生活的孤独凄然，因而时时怀乡思人，遇到佳节良辰，思念倍加。接着诗一跃而写远在家乡的兄弟，按照重阳节的风俗而登高时，也在怀念自己。诗意反复跳跃，含蓄深沉，既朴素自然，又曲折有致。

7. 献身边塞、反对征伐的形象

例如，王翰的《凉州词》“葡萄美酒夜光杯，欲饮琵琶马上催。醉卧沙场君莫笑，古来征战几人回？”王昌龄的《出塞》，又如，“秦时明月汉时关，万里长征人未还。但使龙城飞将在，不教胡马度阴山。”表现了他们忠心报国，献身边塞之情。而杜甫的《兵车行》：“车辚辚，马萧萧，行人弓箭各在腰。爷娘妻子走相送，尘埃不见咸阳桥。牵衣顿足拦道哭，哭声直上云霄。道旁过者问行人，行人但云点行频。”则体察人民痛苦，反对战争。

8. 爱恨情愁的形象

例如，柳永的《雨霖铃》写出与所爱女子离别时的无限忧伤和别后相思的绵绵情意，塑造了一个爱恨情愁的艺术形象。

二、鉴赏诗歌人物形象的方法

1. 知人论世，抓住背景

我们鉴赏的诗词一般都注明了诗人，这些诗人绝大多数在课本中出现过，是大家比较熟悉的。虽然考试时考的不是他们的代表作品，但一般是接近其主创风格的。这就为我们理解诗歌，把握人物形象提供了条件。另外，了解背景对把握人物形象也有重要作用。通过背景材料，我们能更深入地了解诗歌中的人物，从而把握人物形象。

2. 抓住关键词，分析人物特点

人物形象的塑造离不开人物的语言神态、动作心理等方面的刻画，诗歌也不例外。古典诗词中的人物形象一般不如小说中的形象丰满、完整，它可以是人物的一个神态、一个动作、一个微妙的心理变化，或一组人物的语言、声音，或是一个典型的细节等。通过精当的描写，以简练的笔法刻画人物的形象，表现人物的性格，反映人物的思想感情。学会抓住描绘人物言行情态的关键词，揣摩诗人心理，是概括鉴赏人物形象的一条捷径。

三、人物形象鉴赏举例

1. 清高孤傲的“蓑笠翁”形象

江　雪

柳宗元

千山鸟飞绝，万径人踪灭。
孤舟蓑笠翁，独钓寒江雪。

群山中的鸟儿飞得不见踪影，所有的道路都不见人的踪迹。江面孤舟上一位披戴着蓑笠的老翁，独自在寒冷的江面上钓鱼。

初看是写雪景，大雪之中，一叶扁舟，一个老渔翁，独钓寒江之上。描写了在寒冷的环境中，那个老渔翁竟然不怕天寒地冻。大雪飘飞，忘掉一切，专心地钓鱼，形体孤独，性格却显得孤傲，甚至有点儿凛然不可侵犯似的。这个被幻化了的、美化了的渔翁形象，正是诗人那种摆脱世俗、超然物外的清高孤傲的形象。

2. 闲适高傲的孤独者形象

独坐敬亭山

李　白

众鸟高飞尽，孤云独去闲。
相看两不厌，只有敬亭山。

群鸟高飞无影无踪，孤云独去自在悠闲。你看我，我看你，彼此之间两不相厌，只有我和眼前的敬亭山了。

全诗展现了一个孤僻高傲的诗人形象。众鸟距己甚高且已飞去，唯留诗人独坐敬亭山，体现他的孤僻。那孤云不正是诗人自己？虽然孤独但乐得清闲，又体现了他的高傲。最后只留他与敬亭山，但依旧相看不厌，又一次全面展示了他闲适孤傲的形象。

众鸟飞尽，孤云独闲，山静而空，表现出诗人的与世无争，自由而闲适的孤身一人的生活；相看两不厌，表现出诗人从自然中寻求快乐，忘怀得失的思想感情。全诗塑造了一个与世无争的，自由、闲适又有点孤傲的诗人形象。

3. 年轻有为的周瑜和功业无成的苏轼

苏轼《念奴娇·赤壁怀古》这首词塑造了词人立足万里长江岸上，面对古代战场，倾慕周瑜伟业，慨叹自己功业无成的形象，创造出开阔深沉、壮丽奇险的意境，抒发了渴望建功立业而不可得的抑郁感情。词中的周瑜年轻有为，风流倜傥，温文尔雅却又有雄才大略，运筹帷幄，决胜千里。正是因为如此，已超过周瑜年龄的苏轼最渴望的就是像周瑜那样建功立业，一展宏图。

第二节　注意诗歌中的事和物

一、诗歌中常出现的事

诗歌中常出现的事，可以从诗歌题材上来看。古代多战争，交通和通信又不便利，出现了诸如边塞征战诗、送别怀人诗和羁旅思乡诗等。而受儒家思想的影响，古代知识分子心中总饱含一种家国情怀。“修身、齐家、治国、平天下”，他们面对的事情从大的方面看就是两种，一种是家事，一种是国事。家事多写儿女情长、离愁别绪，如送别怀人诗、羁旅思乡诗；国事多写心忧天下、建功立业的抱负，以及对国家前途命运的担忧，如边塞征战诗、咏史怀古诗。接下来重点说说这两类诗。

1. 送别怀人、羁旅思乡

古代诗人出行原因大体可分为谋生、赴考、出使、迁谪（宦游）、征戎、乡旅、归隐等。诗人被迫背井离乡，思乡、思亲情结郁积不解，便发而为诗，以此寄托乡思或羁旅行役之情。送别诗往往写得格调悠扬、音韵婉美、含义隽永。或慷慨悲壮，如“壮士一去兮不复返”的诀别。或情随景迁的“孤帆远影碧空尽，唯见长江天际流”的一往情深。或者是表达别后对家乡亲人的思念，如王维《九月九日忆山东兄弟》。表达诗人的离情别绪、依依难舍之情，如李白的《赠汪伦》。坦陈心志的告白，如王昌龄《芙蓉楼送辛渐》：“寒雨连江夜入吴，平明送客楚山孤。洛阳亲友如相问，一片冰心在玉壶。”或者是情深意长的勉励，如王勃《送杜少府之任蜀州》：“城阙辅三秦，风烟望五津。与君离别意，同是宦游人。海内存知己，天涯若比邻。无为在歧路，儿女共沾巾。”或者是反映漂泊的羁旅行愁，如孟浩然《宿建德江》：“移舟泊烟渚，日暮客愁新。野旷天低树，江清月近人。”

（1）送别怀人诗

标题中往往有“送”“别”“赠”“酬”等。常见四大意象——柳、酒、月、水，长亭、短亭、阳关、舟、灞桥等意象也常在送别怀人诗中出现。送别怀人诗一般抒发依依惜别的不舍与伤感；离别后的思念与牵挂；对友人的安慰与勉励；借送别友人表明自己的心志，抒发对人生的感慨。当然，每首诗表达的情感往往不是单一的，而是多种感情交杂在一起的集合体，丰富复杂却不杂乱无章。送别怀人诗常用的表现手法有：寓情于景，以景衬情，情景交融；烘托；想象；以乐景衬哀情等。例如，孟浩然《送杜十四之江南》：“荆吴相接水为乡，君去春江正渺茫。日暮征帆何处泊？天涯一望断人肠。”此诗从写景入笔，通过渺茫春江与孤舟一叶的强烈对照，发出深情一问，对朋友的关切和依恋在这一问中表达得淋漓尽致。诗人遥望渐行渐远的行舟，送行者放眼天涯，极视无见，不禁情如春江，汹涌澎湃。“断人肠”将别情推向高潮，在高潮中结束全诗，离愁别恨，悠然不尽。整首诗自然流畅地表现了诗人对友人的深切怀念，也体现出诗人与友人之间的真挚友谊。

（2）羁旅思乡诗

标题中多含有“客舍、登高、望月、忆、寄、行、思”等词语及元宵、中秋、重阳、除夕等节日名。常见的意象有：月亮、秋风、杜鹃、猿啼、沙鸥、孤雁、梧桐落叶、西楼、高楼等。羁旅思乡诗一般表达天涯漂泊羁旅感，叙写客居他乡的艰难，抒发漂泊无定的孤苦；感念亲情之深，表达对亲人的思念；或表达人生感叹，流露年华易逝的苦闷，抒发独居他乡、怀才不遇、报国无门的孤独寂寞、幽怨悲愤之情。这种诗中常用的表现手法有：借景抒情，乐景衬哀情，因梦寄情，虚实结合，侧面落笔（作者在表现怀远、思归之情时，不是直接抒发思念之情，而是从对方着笔，想象对方思念自己之深，借以烘托诗人的苦恨离情）。例如，杜甫的《月夜忆舍弟》：“戍鼓断人行，边秋一雁声。露从今夜白，月是故乡明。有弟皆分散，无家问死生。寄书长不达，况乃未休兵。”此诗首联和颔联写景，烘托出战争的氛围。颈联和尾联在此基础上写兄弟因战乱而离散，居无定处，杳无音讯，于是思念之情油然而生，特别是在入秋以后的白露时节，在戍楼上的鼓声和失群孤雁的哀鸣声的映衬之下，这种思念之情越发显得深沉和浓烈。全诗托物咏怀，层次井然，首尾照应，承转圆熟，结构严谨，语言精工，格调沉郁哀伤，真挚感人。

2. 边塞征战、咏史怀古

（1）边塞征战诗

是以边疆地区军民生活和自然风光为题材的诗，多表现从军出塞，保家卫国，民族交往，塞上风情；或抒报国壮志，或发反战呼声，或记现实战事。这类诗标题中往往有“行、军、征人、塞、戍”等与军旅有关的字。诗中常见的意象有：黄沙、秋月、大漠、孤烟等自然景物；塞外、雁门关、玉门、黄河等地理区域；旌旗、金鼓、烽火等战事器具；梅花落、折杨柳、渭城曲等乐曲。这类诗表达的情感一般为：保家卫国、建立功名的壮志豪情；奋勇杀敌、英勇无畏的英雄气概；雄奇瑰丽、奇异独特的边塞风光；征人思乡、闺妇盼归的两地情感；凄苦哀怨的怨战情绪，凄厉沉痛的反战思考；对和平安宁的边疆生活、和睦友好的民族往来的向往。

例如，王翰的《凉州词·其一》：“葡萄美酒夜光杯，欲饮琵琶马上催。醉卧沙场君莫笑，古来征战几人回？”诗是咏边塞情景之名曲。全诗写艰苦荒凉的边塞的一次盛宴，描摹了征人们开怀痛饮、尽情酣醉的场面。首句用语绚丽优美，音调清越悦耳，显出盛宴的豪华气派；一句用“欲饮”两字，进一层极写热烈场面，酒宴外加音乐，着意渲染气氛。三、四句极写征人互相斟酌劝饮，尽情尽致，乐而忘忧，豪放旷达。

又如，王昌龄的《从军行·其四》：“青海长云暗雪山，孤城遥望玉门关。黄沙百战穿金甲，不破楼兰终不还。”一、二两句，不妨设想成次第展现的广阔地域的画面：青海湖上空，长云弥漫；湖的北面，横亘着绵延千里的隐隐的雪山；越过雪山，是矗立在河西走廊荒漠中的一座孤城；再往西，就是和孤城遥遥相对的军事要塞——玉门关。这幅集中了东西数千里广阔地域的长卷，就是当时西北戍边将士生活、战斗的典型环境。三、四两句由情景交融的环境描写转为直接抒情。“黄沙百战穿金甲”，是概括力极强的诗句。戍边时间之漫长，战事之频繁，战斗之艰苦，敌军之强悍，边地之荒凉，都于此七字中概括无遗。“百战”是比较抽象的，冠以“黄沙”二字，就突出了西北战场的特征，令人宛见“日暮云沙古战场”的景象；“百战”而至“穿金甲”，更可想见战斗之艰苦激烈，也可想见这漫长的时间中有一系列“白骨掩蓬蒿”式的壮烈牺牲。但是，金甲尽管磨穿，将士的报国壮志并没有消磨，而是在大漠风沙的磨炼中变得更加坚定。“不破楼兰终不还”，就是身经百战的将士豪壮的誓言。上一句把战斗之艰苦、战事之频繁越写得突出，这一句便越显得铿锵有力，掷地有声。一、二两句，境界阔大，感情悲壮，含蕴丰富；三、四两句之间，显然有转折，两句形成鲜明对照。

（2）咏史怀古诗

以历史事件、历史人物、历史陈迹为题材。借咏叹史实、描写古迹来抒发诗人的兴衰之感，以寄托哀思，借古讽今。这类诗的标题中含有咏史、怀古、登某古迹有怀、古迹、古人名等字眼。其表达的情感主要有：针对历史人物或事件，发表自己的观点和看法；缅怀前贤，表达敬仰或惋惜之情；类比古人，寄托伤感和哀思；借论古之得失，托古讽今，忧国忧民。常用的手法有：借景抒情；对比手法，描写眼前衰败、荒凉的景象，与历史上的繁华兴盛形成鲜明的对比；化用典故，借典故寄托自己的感伤或对国事的讽喻；衬托，以悲景衬悲情。

例如，杜牧的《赤壁》：“折戟沉沙铁未销，自将磨洗认前朝。东风不与周郎便，铜雀春深锁二乔。”“折戟沉沙铁未销，自将磨洗认前朝”两句意为折断的战戟沉在泥沙中并未被销蚀，自己将它磨洗后认出是前朝遗物。在这里，这两句描写看似平淡实为不平。沙里沉埋着断戟，点出了此地曾有过历史风云。战戟折断沉沙却未被销蚀，暗含着岁月流逝而物是人非之感。正是由于发现了这一件沉埋江底六百多年，锈迹斑斑的“折戟”，使得诗人思绪万千，因此他要磨洗干净出来辨认一番，发现原来是赤壁之战遗留下来的兵器。这样，前朝的遗物又进一步引发作者浮想联翩的思绪，为后文抒怀做了很好的铺垫。“东风不与周郎便，铜雀春深锁二乔。”这后两句久为人们所传诵的佳句，意为倘若当年东风不帮助周瑜的话，那么铜雀台就会深深地锁住东吴二乔了。在赤壁战役中，周瑜主要是用火攻战胜了数量上远远超过己方的敌人，而其能用火攻则是因为在决战的时刻，恰好刮起了强劲的东风，所以诗人评论这次战争成败的原因，只选择当时的胜利者——周郎和他倚以致胜的因素——东风来写，而且因为这次胜利的关键，最后不能不归到东风，所以又将东风放在更主要的地位上。他并没有从正面来描摹东风如何帮助周郎取得了胜利，而是从反面落笔：假使这次东风不给周郎以方便，那么胜败双方就要易位，历史形势将完全改观。因此，接着写出假想中曹军胜利，孙、刘失败之后的局面。但又不直接铺叙政治军事情势的变迁，只间接地描绘两个东吴著名美女将要承受的命运。如果曹操成了胜利者，那么大乔和小乔就必然要被抢去，关在铜雀台上，供他享受了。这里的铜雀台，既表现了曹操风流的一面，又言“春深”更加深了风流韵味，最后再用一个“锁”字，进一步突显其金屋藏娇之意，把硝烟弥漫的战争胜负写得很是蕴藉。

二、诗歌中物的形象分类及表达的情感

诗歌中物的形象也叫物象，即被作者人格化了的描写对象。诗人通过这种象征性的物象描写曲折地表现他的品格节操、思想感情。作者塑造物象是为了言志、言情、言心声。物象可以分为静态物象和动态物象。

1. 静态物象

舟、湖、长亭、灞陵（桥）、镜、灯（烛、蜡、炬）等多传达离情别绪、思乡怀远、孤寂落魄和愁苦之情。例如，李白《忆秦娥》：“年年柳色，灞陵伤别。”韩琮《杨柳枝词》：“灞陵桥上多离别，少有长条拂地垂。”柳永《雨霖铃》：“寒蝉凄切，对长亭晚，骤雨初歇。”马致远《天净沙》：“枯藤老树昏鸦，小桥流水人家。”白居易《照镜》：“皎皎青铜镜，斑斑白丝鬓。”欧阳修《圣俞在南省监印进士试卷有兀然独坐之叹因思去岁同在礼闱慨然有感》：“古屋醉吟灯艳艳，画廊愁听雨萧萧。”杜牧《赠别》：“蜡烛有心还惜别，替人垂泪到天明。”

南浦，送别的水岸渡口，多见于南方送别诗中。例如，白居易《南浦别》：“南浦凄凄别，西风袅袅秋。”

琴瑟，①比喻夫妇感情和谐，亦作“瑟琴”，如《小雅·棠棣》：“妻子好合，如鼓琴瑟。”②比喻兄弟朋友情谊，如陈子昂《春夜别友人诗》：“离堂思琴瑟，别路绕山川。”

秋水喻指眼睛，形容盼望迫切。例如，《西厢记》第三本第二折：“望穿他盈盈秋水，蹙损他淡淡春山。”

蛾眉代指美女，或象征高尚的德行。例如，白居易《长恨歌》：“六军不发无奈何，宛转蛾眉马前死。”李白《玉壶吟》：“君王虽爱蛾眉好，怎奈宫中妒杀人。”

吴钩泛指宝刀、利剑。“男儿何不带吴钩，收取关山五十州？”“看吴钩”表现建功立业的抱负。例如，辛弃疾《水龙吟》：“把吴钩看了，栏杆拍遍，无人会登临意。”

醉酒在排解愁绪外，还饱含着深深的祝福。例如，白居易《琵琶行》：“醉不成欢惨将别，别时茫茫江浸月。”王维《渭城曲》：“劝君更尽一杯酒，西出阳关无故人。”

羌笛，边塞诗中常见意象，羌笛发出的凄切之音，常让征夫怆然泪下。例如，范仲淹《渔家傲》：“浊酒一杯家万里，燕然未勒归无计，羌管悠悠霜满地。人不寐，将军白发征夫泪。”

楼兰代指边境之敌，“破（斩）楼兰”指建功立业。例如，王昌龄《从军行》：“黄沙百战穿金甲，不破楼兰终不还。”

2. 动态物象

登楼、凭栏多传达相思之情、报国之志和壮志难酬的悲伤与激情。例如，杜甫《登高》：“万里悲秋常作客，百年多病独登台。”岳飞《满江红》：“怒发冲冠，凭栏处，潇潇雨歇。”

吹笛、吹箫、吹笙多传达离别之苦、相思之情和内心的孤寂。例如，王之涣的《凉州词》：“羌笛何须怨杨柳，春风不度玉门关。”李白《忆秦娥》：“箫声咽，秦娥梦断秦楼月。”冯延巳《抛球乐》：“且莫思归去，须尽笙歌此夕欢。”

饮酒多传达豪情、悲愁、苦闷和郁郁不得志。例如，李白《宣州谢朓楼饯别校书叔云》：“抽刀断水水更流，举杯消愁愁更愁。”李清照《醉花阴》：“东篱把酒黄昏后，有暗香盈袖。”

折柳多传达惜别怀远、思乡之情。例如，杜牧《独柳》：“含烟一株柳，拂地摇风久。佳人不忍折，怅望回纤手。”

采薇借指隐居生活。例如，王藉《野望》：“相顾无相识，长歌怀采薇。”

捣衣、捣练，“捣衣”是在衣服做成之后进行捶捣。古诗中称为“寒砧”“清砧”或“暮砧”，用以表现征人离妇、远别故乡的惆怅情绪。例如，晏几道《少年游》“飞鸿影里，捣衣砧外，总是玉关情。”

投笔来自班超投笔从戎的典故，后来“投笔”就指弃文从武。例如，辛弃疾《水调歌头》：“莫学班超投笔，纵得封侯万里，憔悴老边州。”

三、诗歌中物象鉴赏举例

早　梅

张　渭

一树寒梅白玉条，迥临村路傍溪桥。

不知近水花先发，疑是经冬雪未销。

本诗展现了早梅耐寒而立、迎风而发的形象。“寒”字点明早梅生存条件的恶劣；“迥”字表现出早梅的孤单；“白玉条”之喻，疑梅为雪之错觉，鲜明地表现出早梅冰清玉洁之质。作者以梅自喻，展示了一个孤寂傲世、坚韧刚强、超凡脱俗的自我形象。

马诗二十三首·其五

李　贺

大漠沙如雪，燕山月似钩。

何当金络脑，快走踏清秋。

这首诗塑造了一匹威武雄健，渴望驰骋疆场、大显身手的骏马的形象。抒写了诗人渴望建功立业的抱负和怀才不遇的激愤之情。

白鹭图

刘　羽

芳草垂杨荫碧流，雪衣公子立芳洲。

一生清意无人识，独向斜阳叹白头。

这是一首题画咏物诗，诗人笔下的白鹭是一个孤独、寂寞、追求清高而无人理解的悲剧形象。

墨　梅

王　冕

我家洗砚池头树，朵朵花开淡墨痕。

不要人夸好颜色，只留清气满乾坤。

这首诗表现了画中梅花高洁、淡雅、朴素的特点。写出了作者王冕不向世俗献媚的坚贞、纯洁的操守。

白　梅

王　冕

冰雪林中著此身，不同桃李混芳尘。

忽然一夜清香发，散作乾坤万里春。

在这首诗中，作者塑造的主要形象是梅花，突出了它耐寒、清高、报春的特点。作者运用了衬托、对比，表达了坚持理想操守，不与世俗同流合污的思想感情。

第三节　注意诗歌中的景

诗歌中的“景物”一般是指与描写主体相对的自然景物或社会景物。概括说来，包括景物描写（季节、时令、地域等）、场面描写（农事、战争、狩猎、离别等）和色彩描写。一组景物形成一个画面，一个画面营造一种意境，一种意境表达一种诗人短时间内的喜怒哀乐等情感。而诗歌中的景物，因包含了诗人的情感，所以我们也将这种景称为意象。因此，意象就是（物）象与（情）意的统一体。

例如，杜甫的《绝句二首（其一）》“迟日江山丽，春风花草香。泥融飞燕子，沙暖睡鸳鸯”，描绘了美丽的初春景象：阳光普照，江水映日，春风送来花草香，泥融土湿，燕子衔泥筑巢，日丽沙暖，鸳鸯在沙洲上静睡不动。这是一幅明净绚丽的春景图，表现了诗人结束奔波流离，生活安定后愉悦闲适的心境。

一、不同诗歌题材中常见的景物意象

1. 山水田园诗

溪水、山石、松林、野老、柴门、桑麻、南亩、五柳、明月、渔歌。

2. 咏物言志诗

蝉、梅花、菊花、冰雪、石灰、病牛、蜜蜂、凤凰、琴。

3. 羁旅思乡诗

月亮、秋风、秋霜、杜鹃、猿啼、沙鸥、孤雁、浮云、梧桐叶落、西楼、高楼、危楼、危栏。

4. 送别怀人诗

杨柳、酒、月亮、流水、长亭、短亭、阳关、舟、灞桥、鸿雁、霜。

5. 边塞征战诗

黄沙、秋月、大漠、孤城、边关、雨雪、风沙、塞外、雁门、玉门关、黄河、阴山、楼兰。

蓟北、金鼓、旌旗、烽火、羌笛、琵琶、战马、《梅花落》《折杨柳》《关山月》《阳关三叠》《渭城曲》。

戍卒、将帅、胡人、单于。

6. 咏史怀古诗

故园、宫阙、旧城、坟茔、荒草、碧草、青山。

7. 爱情闺怨诗

眉锁、翠楼、碧纱、白发、秋风、夜雨、寒月、寒衣、残梦、泪雨、春风、杨柳、雁声、月明。

红妆对镜、喜鹊报枝、雨燕双飞、临笺泪长。

8. 谈禅说理诗

沉舟、病树、方塘、风浪、青山、绿树、浮云、巨舰。

9. 政治讽喻诗

风雨、草林、太阳、汗水、野菜、桑条、新谷、朱门。

10. 伤春悲秋诗

雨、露、霜、流水、落花、梧桐、秋风、西风、暮春、飞絮。

二、诗歌中描写景物的方法及作用

（一）诗歌中描写景物的方法

1. 正与侧的结合

景物描写可以从正面入手，直接描写景物的特点，使人一目了然；也可以不从正面景物入手，而是从与其有关的侧面景物写起，来揭示该事物的特点，同时还能提供给读者丰富的想象空间。两种方法结合运用，可以使景物的特点，更加鲜明更加突出。

例如，唐代韦庄的《白牡丹》：“闺中莫妒新妆妇，陌上须惭傅粉郎。昨夜月明浑似水，入门唯觉一庭香。”诗人用“新妆妇”“傅粉郎”等词语，比喻白牡丹的洁白，第三句明写明月，暗衬白牡丹，让月光与牡丹的颜色融为一体，难以辨别，所以入院后只闻其香。诗不正面描写白牡丹，用侧面描写的手法，写出了白牡丹的声、色、香等特点，让人印象深刻。

2. 动与静的结合

在中国古代诗歌里，诗人们为了创设意境，特别注意动态描写，动静结合是常用的一种写景手法。例如，王维的名篇《山居秋暝》“明月松间照，清泉石上流”，前一句写山上一尘不染的松树、皎洁的月光，以及月光穿过树叶的缝隙在林间留下斑驳的影子，都给人以明净清幽的感受——这是通过静态描写来突出山中的静谧。第二句写山泉因雨后水量充足，流势增大，从石上流过，淙淙有声——这是动态描写，以动衬静，更反衬出山中的宁静。又如，王维《鸟鸣涧》：“人闲桂花落，夜静春山空。月出惊山鸟，时鸣春涧中。”这首诗主要写春山夜景。花落，月出，鸟鸣，都是动的，作者用的是以动衬静的手法，收到“鸟鸣山更幽”的艺术效果。

3. 声与色的结合

古诗写景常涉及声音与颜色，这是诗人利用感官多角度写景，让读者如临其境，收到了很高的艺术效果。例如，杜甫《绝句四首·其三》：“两个黄鹂鸣翠柳，一行白鹭上青天。窗含西岭千秋雪，门泊东吴万里船。”上联是一组对仗句，草堂周围多柳，新绿的柳枝上有成对黄鹂在欢唱，一派愉悦景象，有声有色，构成了新鲜而优美的意境。“翠”是新绿，“翠柳”是初春物候，柳枝刚抽嫩芽。次句写蓝天上的白鹭在自由飞翔。这种长腿鸟飞起来姿态优美，自然成行。晴空万里，一碧如洗，白鹭在“青天”的映衬下，色彩极其鲜明。两句中一连用了“黄”“翠”“白”“青”四种鲜明的颜色，织成一幅绚丽的图景；首句还有声音的描写，传达出无比欢快的感情。

4. 虚与实的结合

“虚”与“实”是两个极大的概念，具体点说就是无形与有形、抽象与具体、想象回忆与现实。例如，“愁”是虚的，因为它是无形的、抽象的，而“一江春水”“舴艋舟”“春草萋萋”“杨柳岸晓风残月”是实的，古诗词常借助具体、可感的事物来抒发某种感情寄托某种情怀，或借助想象或回忆来写现实的境遇和况味。我们在鉴赏时要注意诗中哪是实、哪是虚，以及诗人着意要表现的是实还是虚。实景是诗人描写的现实客观景物，虚景是诗人通过联想或想象而虚拟的景物，虚实结合更能表达出一种真切的情思。

5. 点与面的结合

万事万物都是彼此相互联系的，不是孤立存在的，描写的景物也一样，它们总是和周围的景物有着千丝万缕的联系。因此，诗人在写景状物时，不是孤立地静止地写主体物，还写主体物周围的联系物，点面结合，烘云托月，使主体形象更丰满，更有特色。

例如，柳宗元的《江雪》“千山鸟飞绝，万径人踪灭。孤舟蓑笠翁，独钓寒江雪”中就运用了点面结合的方式。诗句从“鸟飞绝”到“人踪灭”写尽了人物处境的苦寒与孤寂，并在“山”“径”前冠之以数量“千”“万”，突出人物坚忍不拔、卓然而立的品格。

6. 远与近的结合

看同一景物，观察者所处的方位不同、角度不同，俯视、仰视、远眺，近看，视觉形象会呈现千姿百态，变化万千。从不同角度描写，会使读者对所描写的景物产生更加全面的认识，获得更完美的感受。

例如，杜牧的《山行》，头两句描绘了秋山远景，后两句描绘了秋山近景。“霜叶红于二月花”一句，生机勃勃、鲜艳夺目、清新刚劲、形象鲜明，给人一种秋光胜似春光的美感。

7. 白描手法

白描，原是中国绘画的传统技法之一，大致接近西洋画法中的速写或素描，其特点是用简练的墨色线条来勾勒画面，赋形写意，不事烘托，不施色彩。这种画法引入诗歌的创作中，那就是不用形容词和修饰语，也不用精雕细刻和层层渲染，更不用曲笔或陪衬，而是抓住描写对象，用准确有力的笔触，明快简洁的语言，朴素平易的文字，干净利素地勾画出事物的形状、光暗（声响）等，以表现作者对事物的感受。例如，马致远的《天净沙·秋思》：“枯藤老树昏鸦，小桥流水人家，古道西风瘦马。”诗人连用九个名词，分别描绘了“枯藤”“老树”“昏鸦”“小桥”“流水”“人家”“古道”“西风”“瘦马”九个意象，但诗人只是简单罗列这九个意象，并没有详细描写，就收到了千古绝唱的效果。

鉴赏诗歌的写景就要从诗人写景的方式入手，这样才能准确把握景物中所寓含的诗人的情感。

（二）诗歌中景的作用

简单来说，诗歌中的写景有实和虚两个方面的作用。从实的方面来看，诗歌中的景有交代时间、地点、季节、环境特点等作用。从虚的方面来看，诗歌中的景主要是营造意境，为抒情或衬托人物形象服务。

（三）诗歌中景物鉴赏举例

1. 借助意象，品味意境

漫成一首

杜 甫

江月人去只数尺，风灯照夜欲三更。
沙头宿鹭联拳静，船尾跳鱼拨刺鸣。

水中的月影离我只有数尺之远，船桅上的风灯照耀着夜空，时间马上就要进入三更天。栖息在沙滩上的白鹭静静地蜷身而睡，突然船尾方向传来“拨刺”一声，原来有一条鱼儿跃出水面。

这首诗选取了明月、风灯、宿鹭静、跳鱼鸣（以动写静）四个意象，这四个意象有机地组合成清幽、静谧的意境。

2. 把握画面，描摹图景

渭川田家

王 维

斜光照墟落，穷巷牛羊归。野老念牧童，倚杖候荆扉。
雉雊麦苗秀，蚕眠桑叶稀。田夫荷锄至，相见语依依。
即此羡闲逸，怅然吟《式微》。

村庄处处披满夕阳余晖，牛羊沿着深巷纷纷回归。老叟惦念着放牧的孙儿，拄杖等候在自家的柴扉。雉鸡鸣叫麦儿即将抽穗，蚕儿成眠桑叶已经薄稀。农夫们荷锄回到了村里，相见欢声笑语恋恋依依。如此安逸怎不叫我羡慕？我不禁怅然地吟起《式微》。

此诗的核心字是“归”字（也可说是“羡”）。诗人围绕“归”字写了五个画面：穷巷牛羊归、野老念牧童、野鸡唤伴侣、蚕儿造窝、农夫絮语。

绝句二首·其一

杜 甫

迟日江山丽，春风花草香。
泥融飞燕子，沙暖睡鸳鸯。

江山沐浴着春光，多么秀丽，春风送来花草的芳香。燕子衔着湿泥忙着筑巢，暖和的沙子上睡着成双成对的鸳鸯。

这首诗写了江山、花草、燕子、鸳鸯，四种景物构成一幅画面，显出蓬勃盎然的春意。四种景物并列组合，构成上下对偶两联。上联写远景，下联写近景；上联景物较阔大、较概括，下联景物较特出、较具体。远与近相生，概括与具体结合，构成一幅完整的春景图。浓艳的画面色彩，谐调的画面组合，相宜的动静描绘，渲染出浓浓春意，观之令人赏心悦目，也表现作者陶醉在春光中的怡然之情。

3. 分析景物，概括作用

海 棠

苏 轼

东风袅袅泛崇光，香雾空蒙月转廊。
只恐夜深花睡去，故烧高烛照红妆。

袅袅的东风吹动了淡淡的云彩，露出了月亮，月光也是淡淡的。花朵的香气融在朦胧的雾里，而月亮已经移过了院中的回廊。只是害怕在这深夜时分花儿就会睡去，因此燃着高高的蜡烛，不肯错过欣赏这海棠盛开的时机。

这首诗写的是苏轼在花开时节与友人赏花时的所见。首句写白天的海棠，“泛崇光”指海棠的高洁美丽。第二句写夜间的海棠，作者创造了一个散发着香味、空空蒙蒙的、带着几分迷幻的境界。略显幽寂，与海棠自甘寂寞的性格相合。开头两句的景物描写，作者用正面和侧面结合的方法烘托渲染了一种空蒙迷离的境界和气氛。“袅袅”写海棠微风吹拂的动态，崇光是高洁美丽的；同时，暗示出作者幽寂孤独的心理。

（本章撰稿人：韩桑）

第九章

古代诗歌常用技巧

古代诗歌写作技巧多种多样，它们能够帮助诗人很好地写景、状物、叙事、抒情甚至议论，是诗歌的有机组成部分，同学们要读懂诗歌，就不能不注意它们。

第一节　表达方式

一、抒情方式

（一）直接抒情（直抒胸臆）

直接抒情也叫直抒胸臆。就是诗人在其诗作中袒露襟怀，不假掩饰地抒发激情、快意或愁绪，即以第一人称“我”为抒情主体，直接表现作者的思想感情的一种文章笔法。

例：“安能摧眉折腰事权贵，使我不得开心颜！”（李白《梦游天姥吟留别》的中心句）

【解析】作者在叙事描写的基础上，以火山喷发般的激情，大声疾呼，抒发了自己不愿与统治者同流合污的思想感情。

（二）间接抒情

1. 借景抒情

（1）总论——情与景的关系。

在我国古代诗歌中，松竹梅兰、山石溪流、沙漠古道、边关落日、夜月清风、细雨微草、芭蕉残荷、梧桐细雨、飞蓬浮萍、鸿雁闲鹤、长亭短亭等等，常常是诗人借以抒情的对象，这些景物也就不再是纯粹的自然之物了，而是承载传递了人们极为丰富复杂的思想情感。

例1：“野火烧不尽，春风吹又生。”（白居易《赋得古原草送别》）

【解析】借“原上草”的顽强抗争，尽情抒发对自然规律的不可抗拒。

例2：“江雨霏霏江草齐，六朝如梦鸟空啼。无情最是台城柳，依旧烟笼十里堤。”（唐代韦庄《台城》）

注：金陵就是南京。六朝是吴、东晋、宋、齐、梁、陈（317—589）。

【解析】这六个朝代都建都南京且时间短暂。六朝以奢侈豪华著名。到唐朝时，六朝已经过去，其豪华已衰败，因此唐朝诗人到南京吊古，总是为六朝哀伤感慨。诗人看到江雨霏霏，江草丛生，眼前一片荒凉衰败的景象，想到六代豪华已似梦幻一样过去，十分伤感。但是当他来到台城，看见春光明媚，柳絮飞舞，烟笼十里，想到自然界的景色依旧这样美好，而人事全非，往日的荣华一去不复返，另有一番哀伤。因此，这首简短的诗，兼用情景陪衬与情景反衬这两种手法来写。这样二者并用，加强了诗的感染力和效果。

（2）借景抒情的基本形式

在表现手法上，借景抒情的五种形式，即一是触景生情，二是以景结情，三是缘情布景，四是寓情于景，五是景略情在，六是情景交融。

① 触景生情（景→情）

作者心中虽有某种情感，却是隐含的、不显露的，由于受到当前情景的触动而使之得以激发，引发作者将其表达出来。此类诗一般先写景后抒情。

例如，杜甫的《登高》前四句写登高见闻，常年漂泊、老病孤愁的诗人仰望茫无边际、萧萧而下的木叶，俯视奔流不息、滚滚而来的江水，触景生情，抒写了韶光易逝、壮志难酬的感怆。颈联诗人目睹苍凉恢廓的秋景，不由想到自己沦落他乡、年老多病的处境，生出无限悲愁之绪；诗人的羁旅愁与孤独感，就像落叶和江水一样，推排不尽，驱赶不绝，情与景交融相洽。在这里，客观景物引发了创作主体一系列相关的感情，这诸种感情交织融会为一种复杂但合情合理的心境，最终与景物融为“登山则情满于山，观海则意溢于海”的意境。

② 以景结情（情→景）

在诗词的收尾处以饱含深情的写景句子收束全诗。这类诗词的情先脱颖而出，尔后再以景衬情。此情是由景所触，只是为了突出激情，在表述上打破了常规顺序，先情后景，含蓄、委婉、蕴藉。

例：“漠漠轻寒上小楼，晓阴无赖似穷秋。淡烟流水画屏幽。自在飞花轻似梦，无边丝雨细如愁。宝帘闲挂小银钩。”（秦观《浣溪沙》）

【解析】这是一首写早春晨景的词，“漠漠轻寒”是作者的感受，渲染了楼上孤寂的气氛。接着句句写景，最后一句，写飞花似梦，细雨如愁，作者巧用反比，以情喻景，借景写情，此时诗境之中，情景浑然玉成，臻至一个情景高度统一的意境整体。

③ 缘情布景

乃是因情选景，以情染景，景由情出，情傍景生，情景交融，水乳难分。

景物一旦着上了诗人不同的感情色彩，也就意象化了，情中出景，景中寓情。

例：“江南好，风景旧曾谙。日出江花红胜火，春来江水绿如蓝，能不忆江南？”（白居易《忆江南》）

【解析】写江南春色，首句“江南好”，以一个既浅显又圆活的“好”字，摄尽江南春色的种种佳处，其中也尽寓作者的赞颂之意与向往之情。次句点明江南风景之“好”，并非得之传闻，而是作者做杭州牧时的亲身体验与亲身感受。然后便缘情布景，以三、四两句对江南之“好”进行形象化的演绎，江南水乡，春日融融，水绿如蓝，江花胜火。

④ 寓情于景（有景无情）

只写景不抒情，凭借景物、人、事传情达意。寓情于景是意境创造的一种重要手段，其中的景往往是情的触媒和载体，情则是景的命脉和灵魂；情傍景生，景依情活，至于触到的什么景，寄的什么情，则因人、因时、因境而异。此类诗看似句句写景，却是句句抒情，情蕴含于景，情景融为一体。

例：“千里莺啼绿映红，水村山郭酒旗风。南朝四百八十寺，多少楼台烟雨中。”（杜牧《江南春绝句》）

【解析】诗歌以明快的笔调描绘出了一幅美丽的江南水乡春景图。四句全是写景，也全是写情。一、二两句，辽阔的千里江南，黄莺在欢乐地歌唱，丛丛绿树映着簇簇红花，傍水的村庄、依山的城郭、迎风招展的酒旗，一一在望，经诗人生花妙笔的点染，更加令人心旌摇荡了。三、四两句，金碧辉煌、屋宇重重的佛寺，本来就给人深邃的感觉，现在诗人又特意让它掩映于迷蒙的烟雨之中，更增添了一种朦胧迷离的色彩。全诗洋溢着诗人对江南景物的赞美和神往。

⑤ 景略情在

有些诗词，表面看来全是抒情，本是触景生情，情与景一致，但写成诗时，却把景略去，而直抒胸怀。

例如，陈子昂《登幽州台歌》是诗人登幽州台时所发出的慨叹，从不满现状的呼声中，不仅可以领会幽州台的氛围，而且也可觉察出当时的社会环境，因而，景虽略了，但意境是完整的。

⑥ 情景交融

诗中既有景物描写的成分，也有抒情的成分，两者相互融合，难分彼此。

例：“国破山河在，城春草木深。感时花溅泪，恨别鸟惊心。”（杜甫

《春望》）

【解析】通过对花鸟草木的描写来抒发亡国的忧愤、离散的感伤，达到了情景交融的效果。

（3）情景与哀乐的四种关系

①以乐景写乐情

例："孤山寺北贾亭西，水面初平云脚低。几处早莺争暖树，谁家新燕啄春泥。乱花渐欲迷人眼，浅草才能没马蹄。最爱湖东行不足，绿杨荫里白沙堤。"（白居易《钱塘湖春行》）

【解析】即使诗中没有"最爱"二字，那刚刚披上春天外衣的西湖，生意盎然的西湖，在作者的字里行间已充满了爱意。"莺争""燕啄""绿杨""白沙"，从动态到色彩，无处不体现诗人对西湖的情有独钟。

②以哀景写哀情

杜甫《登高》前四句描绘了一幅苍凉的秋景——哀景：急风震撼高天发出怒号的声音，猿猴哀鸣，渚清沙白，飞鸟之影映入寒渚，木叶纷纷凋落，江水奔腾涌流，一片深秋的凄清之色。为下文四句渲染了浓浓的愁意，水到渠成地为抒情做了很好的铺垫。下文四句叙事抒情——哀情：交织着对国运艰难的关注，对沦落他乡不胜的感伤。

例："月落乌啼霜满天，江枫渔火对愁眠。姑苏城外寒山寺，夜半钟声到客船。"（张继《枫桥夜泊》）

【解析】此写景诗描写作者夜泊枫桥时的情景，描写的景物带有凄清萧疏孤寂的特点，这正与作者的羁旅之愁相融。

③以乐景衬哀情

例1："劳歌一曲解行舟，红叶青山水急流。日暮酒醒人已远，满天风雨下西楼。"（许浑《谢亭送别》）

【解析】上联以"红叶青山"这样亮丽诗意的景色，反衬诗人的离愁别恨。《姜斋诗话》说："以乐景写哀，以哀景写乐，一倍增其哀乐。"

例2："江碧鸟逾白，山青花欲燃。今春看又过，何日是归年？"（杜甫《绝句二首》）

【解析】本诗作于广德二年（764），当时诗人客寓成都，亟思东归，因战乱道阻，未能成行，所以有后两句的叹息。但诗的前两句勾画出一幅幅浓丽的春日画面，极言春光融洽。如此美景，何以思归？原来这是以乐景写哀情。如此谋诗，才能写出诗人归心殷切：以客观景物与主观感受的鲜明对照，反衬诗人思乡之情更加浓厚。

④ 以哀景写乐情

例1："昔我往矣，杨柳依依。今我来思，雨雪霏霏。"（《诗经·采薇》）

【解析】依依杨柳，美好春色留人沉醉，却是黯然离别之际；霏霏雨雪，冰天坼地的寒冷，竟是征夫回乡之时！以乐景写哀情或以哀景写乐情，可以起到"一倍增其哀乐"的效果。

例2："五月天山雪，无花只有寒。笛中闻折柳，春色未曾看。晓战随金鼓，宵眠抱玉鞍。愿将腰下剑，直为斩楼兰。"（李白《塞下曲六首·其一》）前三联写塞下艰苦的环境条件和紧张的战斗生活，尾联却转到写将士奋勇杀敌的豪情，这种豪情也正是全诗的中心。这样，我们感受到的，是不畏艰苦、有着钢铁般意志的将士形象。这里，所谓的"哀"景，既然是用来反衬豪情，就全然不是悲哀的了。

2. 借物抒情（托物言志）

（1）定义及举例

托物言志是诗歌散文中经常运用的表现手法，即作者借助对某种事物的刻画来含蓄地表达自己的思想感情或某种品格志向，诗中的物带有了人格化的色彩。

例1："垂緌饮清露，流响出疏桐。居高声自远，非是藉秋风。"（虞世南《蝉》）

【解析】诗中三、四句借蝉声远传的独特感受，道出了蕴含的真理，也就是立身品格高洁的人，不需要某种外在的凭借，自能声名远播，从而表达出对人的内在品格的热情赞颂和高度自信。

例2："一陂春水绕花身，花影妖娆各占春。纵被春风吹作雪，绝胜南陌碾成尘。"（王安石《北陂杏花》）

【解析】杏花，绚丽而脱俗，傍水杏花，更是风姿绰约，神韵独绝。本诗写临水开放的杏花，是一首咏物诗，更是作者淡然心境、高洁人格、宁为玉碎、不为瓦全的倔强个性的体现。

（2）托物言志和借景抒情的区别

① 借景抒情是通过对景物的描写，抒发的是情感，表现的是情绪，诗人

在诗中表达的是含蓄的感受，所以它有乐、哀、愁，但我们绝不会把这种情绪看成是一种思想。

② 托物言志，更重要的是诗人要通过描写的物来表明心迹，以及人生的态度和对人生的感悟。

（3）托物言志与象征、比兴、比喻的关系

托物言志与象征、比兴、比喻有密切联系。象征要有象征体，那便是物，象征要表达的思想就在作者对物的描写和评价之中。比兴呢？最早的解释是“先言他物以引起所咏之辞”，这里的“他物”与作者所要抒发的情感必然是有着紧密联系的。很多诗，既是托物，又兼比兴，还是象征。

例1：“孔雀东南飞，五里一徘徊。”既是比兴，又是托物，同时也是象征，因为它奠定了全诗的感情基调，也表现了刘焦之情的难舍难分、留恋相许，更是刘焦爱情悲剧的象征。

例2：“绊惹春风别有情，世间谁敢斗轻盈。楚王江畔无端种，饿损纤腰学不成。”（唐彦谦《垂柳》）

【解析】这是一首韵味很浓的咏柳诗，它不仅写活了客观外物之柳，又含蓄地寄托了诗人愤世嫉俗之情。开篇即写垂柳婀娜多姿与纤柔飘逸，然后笔锋一转，另辟蹊径，联想到楚灵王“爱细腰，宫女多饿死”的典故，抒发诗人托物寄兴的情怀。于柔情中见犀利，于含蓄中露锋芒，表面上“咏柳而贬美人”，实质上把矛头指向以皇帝为首的官僚集团，针砭时弊，畅快淋漓。这里面有托物言志，有比兴，有用典，有直白。

例3：“独怜幽草涧边生，上有黄鹂深树鸣。春潮带雨晚来急，野渡无人舟自横。”（韦应物《滁州西涧》）

【解析】这首诗运用了托物言志的手法，也有人认为运用了比兴的手法。诗的前两句写自己独爱自甘寂寞的涧边幽草，却无意于黄莺，表现出诗人恬淡的胸襟；而野渡无人，水急舟横的景象里，蕴含着一种不得其位、不得其用的无奈而忧伤的情怀。

3. 借事抒情（用现实之事或历史典故）

（1）因事缘情（用现实之事）

① 叙事性作品，如《兵车行》《石壕吏》。

② 抒情性作品，用行为举止（多为细节）来抒情。

例1："洛阳城里见秋风，欲作家书意万重。复恐匆匆说不尽，行人临发又开封。"（张籍《秋思》）

【解析】这首秋思寓情于事，借助日常生活中一个富于包孕的片段——寄家书时的思想活动和行动细节，非常真切细腻地表达了作客他乡的人对家乡亲人的深切思念。

例2："蓝桥春雪君归日，秦岭秋风我去时。每到驿亭先下马，循墙绕柱觅君诗。"（白居易《蓝桥驿见元九诗》）

【解析】这首绝句，乍读只是平淡的征途纪事，顶多不过表现白与元交谊甚笃，爱其人而及其诗而已。其实，这貌似平淡的二十八字，却暗含着诗人心底的万顷波涛。可贵的友情，可泣的共同遭际，诗中一句不说，只是让读者自己去寻觅包含在春雪秋风中的人事深沉变化，去体会诗人那种沉痛凄怆的感情。正所谓"言浅而深，意微而显"。

（2）咏史抒怀（借历史或典故）

借古讽今或借古抒怀。借古人抒发自己的抱负，表面回忆历史，叙述古人，实则抒发自己对人、事、物的认识。

例1："丞相祠堂何处寻？锦官城外柏森森。映阶碧草自春色，隔叶黄鹂空好音。三顾频烦天下计，两朝开济老臣心。出师未捷身先死，长使英雄泪满襟。"（杜甫《蜀相》）

【解析】本诗借诸葛亮的故事，抒发了作者怀才不遇、壮志难酬的悲愤心情。

例2："朱雀桥边野草花，乌衣巷口夕阳斜。旧时王谢堂前燕，飞入寻常百姓家。"（刘禹锡《乌衣巷》）

【解析】昔日车水马龙的朱雀桥，衣冠往来的乌衣巷，而今已经荒凉冷落，笼罩在寂寥惨淡的氛围之中。从中我们可以清晰地听到作者对这一变化发出的沧海桑田的无限感慨。

（三）直接抒情与间接抒情的相关范畴

1. 点染

（1）概念

点染，本是国画的术语。绘画时，有的地方点，有的地方染，从而绘出一幅和谐统一的画面。

借用到古典诗歌中来，指的是作者在有些地方正面点明旨意，有些地方侧面渲染。

这在写景抒情诗中比较常见，一般用景物来染；用一句话、一个词来点出要抒发的感情。渲染是为了突出旨意，旨意引导渲染，相互依存，和谐统一。

（2）举例

例1：“枯藤老树昏鸦，小桥流水人家，古道西风瘦马，夕阳西下，断肠人在天涯。”（马致远《天净沙·秋思》）

【解析】其中的“断肠人在天涯”是点；其余各句均是“染”，渲染相思之情的伤悲。

例2：“多情自古伤离别，更那堪，冷落清秋节！今宵酒醒何处？杨柳岸，晓风残月。”（柳永《雨霖铃》）

【解析】其中第一句是“点”，点出“伤离别”；其余各句是“染”，渲染伤别之情。

例3：“碧云天，黄花地，西风紧，北雁南飞。晓来谁染霜林醉？总是离人泪。”（王实甫《长亭送别·［正宫］［端正好］》）

【解析】前面“碧云天，黄花地，西风紧，北雁南飞。晓来谁染霜林醉”是染，后面“总是离人泪”是点。

2. 曲直

曲与直是诗人表达感情的两种方式。“曲”是婉曲含蓄，“直”是直率明了。

一般来说，诗人心情平静时，喜欢含蓄委婉；感情激动时，便直吐为快。在现实生活中，作者的思想感情常常是复杂变化的，因而在作品中总是兼用曲与直两种手法来表情达意，力求做到曲直互补，妙合其心。

例1：李白《梦游天姥吟留别》：描写令人神往的仙境世界，明写了对仙境的向往，暗写了对现实的强烈不满，属于“曲”的手法；到诗的结尾处却大呼“安能摧眉折腰事权贵，使我不得开心颜！”这就是“直”，一曲一直间将诗人率真可爱的个性表现得淋漓尽致。

例2：白居易《琵琶行》：虽然也曲直兼用，但没有了李白的率真，而是以曲为主；他写琵琶女的身世遭遇，直接表明的是对下层歌妓和劳苦百姓的同情，曲折表达的却是受挫后，对现实的深刻认识和对世态炎凉的强烈不满。说自己的遭际属于“直”吧，可他还是表达得那么“曲”，不讲原委，只诉同感。曲折与直率的运用，与诗人的心境有关，确实耐人寻味。

3. 隐显

“隐”与“显”，也是诗人表达感情的两种方式。“隐显”与“曲直”非常相似，常常将两者联系在一起说，因为曲就是隐，直就是显。

诗人在表达深藏内心而不便明言的思想感情时，往往隐约其辞，采用隐讳曲折的方式；其他的一般都表达得较直接明白。

例：“洞房昨夜停红烛，待晓堂前拜舅姑。妆罢低声问夫婿，画眉深浅入时无？”（朱庆馀《近试上张水部》）

【解析】明明是想说自己考前心里没底，又充满成功的期待，盼望张籍的帮助，却又隐讳曲折地虚拟新妇的口气问新郎：“画眉深浅入时无？”可谓隐讳而妙极。

4. 移情

移情就是将人的情感转移到事物身上，使外物与人同喜同悲。“以我观物，使物皆着我之色彩。”

例：“多情却似总无情，唯觉樽前笑不成。蜡烛有心还惜别，替人垂泪到天明。”（杜牧《赠别二首·其二》）

【解析】诗人没有说怎样惜别，却把这种感情转移到蜡烛身上，蜡烛无情，尚且替人垂泪，何况人乎？

二、描写方式（正面描写与侧面描写）

在诗歌鉴赏时考描写，主要是从正面描写与侧面描写的角度来命题。

（一）基本概念

1. 对描写对象进行正面的、直接的描写是正面描写

例：“一树春风千万枝，嫩于金色软于丝。永丰西角荒园里，尽日无人属阿谁？”（白居易《杨柳枝词》）

【解析】此诗第一、二句运用正面描写的手法，描写了春天柳树的娇美形态。

2. 描写对象周围的事物，使对象更鲜明、突出的描写是侧面描写

例：“大漠风尘日色昏，红旗半卷出辕门。前军夜战洮河北，已报生擒吐谷浑。”（王昌龄《从军行七首·其五》）

【解析】此诗第二句侧面描写战况，一方面是风势很大，卷起红旗便于急行军；另一方面是高度戒备，不事张扬，把战事的紧张状态实现出来。

（二）正面描写命题角度

1. 虚实结合

（1）定义（虚实的内涵）

所谓“虚”，是指诗词中表现的存在于人的思想意识之中的部分。所谓“实”，是诗词中可以通过视觉、听觉等感觉捉摸到的部分；是指客观世界中存在的实象、实事、实境。

（2）“虚”的三类内容

①神仙鬼怪世界和梦境

诗人往往借助这类虚无的境界来反衬现实。这就叫以虚象显实境。

例：李白《蜀道难》：以虚写实，从蚕丛开国说到五丁开山，由六龙回日写到子规夜啼，天马行空般地驰骋想象，创造出了让人惊叹不已的蜀道形象。

②已逝之景之境

这类虚景是作者曾经经历过或历史上曾经发生过的景象，现时却不在眼前。

例：“谈笑间·樯橹灰飞烟灭。”（苏轼《念奴娇·赤壁怀古》）

【解析】再现了火烧赤壁这一史实，显然不是发生在眼前，故也是虚景。

③设想的未来之境

这类虚境是还没有发生的，它表现的情将一直延伸到未来而不断绝。故写愁，将倍增其愁；写乐，将倍增其乐。

例：“今宵酒醒何处？杨柳岸，晓风残月。”（柳永《雨霖铃》）

【解析】这是设想的别后的景物：一舟离岸，词人酒醒梦回，只见习习晓风吹拂萧萧疏柳，一弯残月高挂柳梢。

（3）虚实结合的作用——“虚实相生”

“虚实相生”是指虚与实二者之间互相联系、互相渗透与互相转化，以达到虚中有实、实中有虚的境界，从而大大丰富诗中的意象，开拓诗中的意境，为读者提供广阔的审美空间，充实人们的审美趣味。

①相反相成

虚景和实景的关系，有时是相反相成形成强烈的对比，从而突出中心的。

例：姜夔《扬州慢》：“过春风十里，尽荠麦青青”虚景是指“春风十里”，写往日扬州城十里长街的繁荣景象；实景是“尽荠麦青青”，写词人今日所见的凄凉情形。由这一虚一实两幅对比鲜明的图景，寄寓着词人昔盛今衰的感慨。

② 相辅相成

虚景和实景的关系，有时则是相辅相成形成渲染烘托，从而突出中心的。

例如，欧阳修《踏莎行》：上阕写实，通过初春景象反衬“行人”的离愁别绪。下阕写虚，通过设“行人”想妻子凭栏远望，思念“行人”的愁苦之象，来写愁思。妻思夫，夫想妻。虚实相生，从而将离愁别绪抒发得淋漓尽致。

（4）“虚”与联想、想象

“虚”的方法，其实也就是作者想象联想的方式，从我们读过的作品来看，主要有两种：一是遥想，二是梦境。以眼前之景之事为实，对中学生的考试，不会太难，因此，能注意这几点区分就行了。

例：“西风吹老洞庭波，一夜湘君白发多。醉后不知天在水，满船清梦压星河。”（唐温如《题龙阳县青草湖》）

【解析】程千帆说“西风吹老洞庭波”有三奇：秋风的到来，不从草木变衰而从湖水兴波见出，一奇也；湖波能老，二奇也；湖波之老，是由于西风之吹，三奇也。其实这首诗还有一奇，那就是只此一句写实，其余三句均为虚。“一夜”句是想象中有夸张，“醉后”句哪来实景？“满船”更在梦中。

2. 动静结合

（1）基本概念

动静结合——客观事物的动静之态，给了诗人们许多创作的灵感，在中国古代诗歌里，诗人们为了创设意境，特别注意动态描写，动静结合就成为常用的一种写景手法。

例1：“月黑见渔灯，孤光一点萤。微微风簇浪，散作满河星。”（查慎行《舟夜书所见》）

【解析】前两句写静，后两句写动，给人美妙的遐想。

例2：“人闲桂花落，夜静春山空。月出惊山鸟，时鸣春涧中。”（王维《鸟鸣涧》）

【解析】以动写静，花落、月出、鸟鸣的动，突出了春涧的幽静。

（2）常用方式——以动衬静

动静结合的写景方式，往往是在一种意境里描写动态与静态，并且往往是以静为主，以动衬静的方式（这里的“动”含动与声，如“竹喧归浣女，莲动下渔舟”“喧”为声，“动”为动），形成意境和形象的和谐统一。因此，动静结合的写景手法，与衬托又不可截然分开。

3. 点面结合

万事万物都是彼此相互联系的，不是孤立存在的，被描写的景物也一样，它们总是和周围的景物有着千丝万缕的联系。因此，我们在写景状物时，不能孤立地、静止地写主体物，还必须写主体物周围的联系物，点面结合，烘云托月，使主体形象更丰满，更有特色。

例如，柳宗元《江雪》：“蓑笠翁”在画面上显得比较小，但处在非常显眼的位置，是诗的中心，“孤舟蓑笠翁”属于点的描绘；前两句“千山鸟飞绝，万径人踪灭”属于面的铺陈，诗句从“鸟飞绝”“人踪灭”写尽了人物处境的苦寒与孤寂，并在“山”“径”前冠之以数量词“千”“万”，突出了人物坚忍不拔、卓然而立的品格。

4. 细节描写

中国古典诗词一般篇幅短小精悍，这样就不像叙事性作品那样有过多的细节描写。但即使是短小的篇章哪怕是抒情小品，也同样不能忽视其中的细节描写。这一点特别需要加以注意。文学作品中真实生动的细节描写，也能获得“见微而知著”“尝鼎一脔”“一叶落而知天下秋”的效果。

例1：“长安回望绣成堆，山顶千门次第开。一骑红尘妃子笑，无人知是荔枝来。”（杜牧《过华清宫绝句三首》）

【解析】诗人仅摄取杨贵妃看到跑马飞送荔枝的人发出会心一笑的细节入诗，一切尽在不言中了。诗人的隐讽态度在于“妃子笑”与“无人知”，由此可见，千里迢迢飞送荔枝，完全是为了博得一人的欢心，外人是不知内情的，看到快马飞驰的紧急情况，或许以为是为了军国大事呢？“妃子笑”的细节，起到了画龙点睛的作用。

例2：“寥落古行宫，宫花寂寞红。白头宫女在，闲坐说玄宗。”（元稹《行宫》）

【解析】此诗寓引古鉴今之意，抒凭吊今昔之情，向来极负盛名。《唐诗别裁》说它："只四语已抵一篇长恨歌矣。"《养一斋诗话》称它："一十个字，足赅《连昌宫词》六百字，尤为妙境。"究竟妙在何处？在于"小处寄慨，倍觉嗟叹有情"（纪昀）。诗人只是选取了白头宫女"闲坐说玄宗"的细节组成全篇。按说这些宫女从红颜到白发，在冷宫痛苦熬煎了一生，其罪，非玄宗而谁？她们应该怨玄宗、怒玄宗、恨玄宗，然而，诗人抛开了许多激烈的事情不用，只是让这些宫女闲坐无聊，数说玄宗昔时的繁华，以消磨时光。如今，她们既不愤激，也没有感叹，只是麻木地说说而已，甚至谈起自己的过去，像谈论别人的故事一样，心如死水，无怨无恨。"闲坐说玄宗"看似轻笔带过，然而厚积薄发，蕴含了诗人多少不胜今昔之感慨！所以，沈德潜赞曰："只说玄宗，不说玄宗长短，佳绝！"

5. 色彩的渲染

渲染本是一种国画技法，一般是在需要强调的地方浓墨重彩，使画面形象的某一方面更为突出。用于艺术创作，就是指正面着意描写。

例："鹅，鹅，鹅，曲项向天歌。白毛浮绿水，红掌拨清波。"（骆宾王《咏鹅》）

【解析】鹅洁白的羽毛浮于绿水之上，红掌拨动，绿水泛波，红、白、绿三色对比有寒有暖，鲜明而协调，在蓝天、白云之下，在绿草如茵的碧水、清澈见底的池塘边，"白毛"与"绿水"比美，"红掌"与"清波"争胜，多么绚丽的画面，多么富于童趣和生活气息，真可谓状物如在目前。

色彩的渲染可以传达出愉快的情感，也可以反衬思归的感伤。

6. 描写（观察）角度的变化

高考考查诗歌的描写手法时，还经常就描写（观察）角度的变化命题，因为许多描写都是有层次性的，要由远而近或由下而上，出题者的提问方式一般是"诗人是如何写景的"等。

例："凉月如眉挂柳湾，越中山色镜中看。兰溪三日桃花雨，半夜鲤鱼来上滩。"（戴叔伦《兰溪棹歌》）

【解析】诗的第一句从仰视角度写，第二句从俯视角度写，勾勒出月色秀朗、溪水清澈的兰溪山色，朦胧缥缈，使人如同坠入仙境。

7. 白描

白描作为文学创作上的一种表现手法，即指使用简练的笔墨，不加烘托，刻画出鲜明生动的形象。

白描引入诗歌的创作中，干净利索地勾画出事物的形状、光色、明暗、声响等，以表现作者对事物的感受。

例1：“晨起动征铎，客行悲故乡。鸡声茅店月，人迹板桥霜。槲叶落山路，枳花明驿墙。因思杜陵梦，凫雁满回塘。”（温庭筠《商山早行》）

【解析】“鸡声茅店月，人迹板桥霜”由六个名词（即六种景物）组合，纯用名词组合，没有动词、形容词修饰点缀，即所谓白描手法。它集中地表现了早行的辛苦。在鸡鸣声起，残月未落之时，冒着寒霜上路，可见早行辛苦。

例2：“日暮苍山远，天寒白屋贫。柴门闻犬吠，风雪夜归人。”（刘长卿《逢雪宿芙蓉山主人》）

【解析】此诗初看是一幅“风雪夜归人”的画图。前两句是一组静的景物，日薄西山，苍山隐隐，半山腰闪出茅草的房屋，一片萧疏凄凉的景色。画面中心是诗人拖着疲惫的身子正向茅草屋慢慢移动，透出断肠人在天涯的况味。而后两句是一组动的画面，天色漆黑，风雪交加，犬吠声打破了山村的寂静，诗人被主人迎入柴门。“归”字用得很妙，有宾至如归之感，日暮途穷，继之以风雪，极尽旅途之苦，风雪中得入柴门，“是在凄凉中得安乐境”，带来了一股温暖的气息。苍山，风雪，白屋，柴门，犬吠，归人，层次分明，有远有近，有声有色，形成了“风雪夜归人”的画境。这画境是一个“象”，而诗人的“兴”就是画面中寓含不尽的韵味。题为“宿芙蓉山主人”，但主人并未在画面上出现，而是从“风雪夜归人”的画面上透出主人的好客之情。诗人就是通过“夜归人”刹那间的感触，来写主人的美好心灵。旅途的艰难，仕途的坎坷，风雪严寒，世态炎凉，而在萧条的山村，白屋人家却保留着这美好的情谊，这才是诗人的“兴”之所在，整篇饱含着含蓄蕴藉的不尽韵味。

8. 调用多种感官

描摹事物离不开视、听、味、嗅、触等感官的感受——形色、声音、味道、气味、触感。古诗词在描写中，经常运用多种感官，多角度描摹事物的特征，使景、物具体可感，从而达到有声有色，形神兼备。

例：“不知香积寺，数里入云峰。古木无人径，深山何处钟。泉声咽危石，日色冷青松。薄暮空潭曲，安禅制毒龙。”（王维《过香积寺》）

【解析】颔联：“古木无人径，深山何处钟”视听结合。先从视觉方面写古树参天的丛林中，杳无人迹；再从听觉方面写忽然飘来的隐隐钟声，在深山空谷中回响。颈联“泉声咽危石，日色冷青松”采用视觉、听觉、感觉结合的手法。只是这一联先写听觉后写视觉、感觉，或者说先写声后写色、感。此两联调用多种感官，写出了荒僻、幽静的环境。

三、议论

对人和事物的好坏、是非、价值、特点、作用等所表示的意见。

例：“胜败兵家事不期，包羞忍辱是男儿。江东子弟多才俊，卷土重来未可知。”（杜牧《乌江亭》）

【解析】“胜败兵家事不期，包羞忍辱是男儿”直接议论，后以“江东子弟多才俊，卷土东来未可知”之句作结，另出新意，使议论不抽象、不枯涩。

四、记叙

记叙人物的经历或事情的发生、发展、变化过程。

例：“早岁那知世事艰，中原北望气如山。楼船夜雪瓜洲渡，铁马秋风大散关。塞上长城空自许，镜中衰鬓已先斑。出师一表真名世，千载谁堪伯仲间。”（陆游《书愤五首·其一》）

【解析】“楼船夜雪瓜洲渡，铁马秋风大散关”用叙述的方式写自己亲临抗金前线的值得纪念的往事。

第二节　修辞手法

一、比喻

1. 定义、分类及作用

用一种事物或情景比作另一种事物或情景。

比喻可分为明喻、暗喻、借喻。

比喻有突出事物（意象）的情态特征，把抽象的事物形象化的作用。

2. 举例

“船上看山走如马，倏思过去数百群。前山槎牙忽变态，后岭杂沓如惊奔。仰看微径斜缭绕，上有行人高缥缈。舟中举手欲与言，孤帆南去如飞鸟。”（苏轼《江上看山》）

【解析】此诗将江两岸的群山喻为马群，且以行船为参照物，把群山那一静态的景物给形化动化，写得形象生动。“飞鸟”喻“孤帆”，写出了舟行之快。

二、比拟

把物当作人来描写叫拟人，或把人当作物来描写叫拟物。比拟有促使读者产生联想，使描写的人、物、事表现得更形象、生动的作用。古诗诗赏，主要是拟人。

例1：“碧玉妆成一树高，万条垂下绿丝绦。不知细叶谁裁出，二月春风似剪刀。”（贺知章《咏柳》）

【解析】这首诗一反前人写法，不以杨柳的细柔形象来形容美人身材苗条，而是用拟人的手法，让杨柳化身为美人“碧玉”出现，栩栩如生地刻画出杨柳的婀娜多姿。

例2：“好雨知时节，当春乃发生。随风潜入夜，润物细无声。野径云俱黑，江船火独明。晓看红湿处，花重锦官城。”（杜甫《春夜喜雨》）

【解析】诗歌细腻生动地描绘了春夜雨景，并以拟人化的手法，写出了夜雨的神奇，喜悦之情跃然纸上。

例3：“胭脂洗出秋阶影，冰雪招来露砌魂。”（曹雪芹《薛宝钗咏白海棠》）

【解析】以晶莹剔透的冰雪，喻其冰消玉洁之魂。倒装句式的运用，显得新颖别致：“洗”“招’二字，运用拟人手法，生动地传达出白海棠的情韵神态；而“秋阶”“露砌”的映衬，更是意味深长。诗人含蓄地表现了白海棠朴素淡雅、清洁自励的品性。

三、隐语（谐音）、双关

在有些诗歌尤其是民歌中，作者为了表达一种委婉含蓄的情感，往往采用隐语、双关的修辞手法。

例1：“燕草如碧丝，秦桑低绿枝。当君怀归日，是妾断肠时。春风不相识，何事入罗帏？”（李白《春思》）

【解析】这是一首较为著名的描写男女情长的诗，写出了秦地的思妇内心的独白。诗人语义双关，用抒自然之春天，隐喻男女之间的爱慕之情；又以“丝”（思）、“枝”（知）谐音，连接异地男女之间的思念情怀。

例2：“杨柳青青江水平，闻郎江上唱歌声。东边日出西边雨，道是无晴却有晴。”（刘禹锡《竹枝词二首·其一》）

【解析】“晴”与“情”同音，是双关隐语。这是作者用民歌体写的恋歌，双关、隐语是民歌中常用的手法。从前两句诗意看，大概女方在杨柳飘拂、波平浪静的江边行船，听到岸上爱恋她的青年在对她唱歌言情，但情传得含蓄，“道是无情胜有情”。

四、借代

1. 定义

借用相关的事物来代替所要表达的事物。

2. 类别

借代可用部分代表全体，具体代替抽象，用特征代替本体。

3. 作用

借代的运用使语言简练、含蓄。

例1：“知否，知否？应是绿肥红瘦！”（李清照《如梦令》）

【解析】词中用“绿”和“红”两种颜色分别代替叶和花，写叶的茂盛和花的凋零。

例2：“终岁不闻丝竹声。”（白居易《琵琶行》）

【解析】诗中以“丝竹”代音乐。

例3：“门前冷落鞍马稀。”（白居易《琵琶行》）

【解析】诗中的“鞍马”代客人。

例4：“何以解忧？唯有杜康。”（曹操《短歌行二首·其一》）

【解析】诗中以“杜康”代酒。

例5：“朱门酒肉臭，路有冻死骨。”（杜甫《自京赴奉县咏怀五百字》）

【解析】“朱门”指代居住在骊山宫的显贵之家，反衬宫门之外的凄惨景况。

例6：“孤帆远影碧空尽，唯见长江天际流。”（李白《送孟浩然之广陵》）

【解析】“帆”原指挂在船桅上利用风力使船前进的布篷，这里诗人以“帆”代指整个船。

五、夸张

1. 定义

对事物的形象、特征、作用、程度等作扩大或缩小的描述。

2. 作用

有更突出、更鲜明地表达事物的作用。

例：“白发三千丈，缘愁似个长。”（李白《秋浦歌十七首·其十五》）

【解析】愁生白发，诗人用夸张的手法写白发竟有“三千丈”那么长，可见愁思的深重。

六、对偶

1. 概念

用结构相同、字数相同的一对句子或短语来表达两个相对或相近的意思。

2. 作用

从形式看，语言简练，整齐对称；从内容看，意义集中含蓄。

3. 举例

例1：“无边落木萧萧下，不尽长江滚滚来。”（杜甫《登高》）

【解析】从篇法结构来讲，这首诗四联八句，句句皆对仗，对得圆浑自然，不见斧凿之痕。“无边落木”对“不尽长江”使诗的意境显得广阔深远，“萧萧”的落叶声对“滚滚”的水势更使人觉得气象万千。更重要的是，从这里可以感受到诗人韶华易逝、壮志难酬的苦痛。

例2：“宜阳城下草萋萋，涧水东流复向西。芳树无人花自落，春山一路鸟空啼。”（李华《春行寄兴》）

【解析】这首诗的第三、四句用了对偶的修辞方法，“芳树”对“春山”，“花”对“鸟”，“自落”对“空啼”。

七、设问

1. 概念

先提出问题，接着自己把看法说出来。

2. 作用

开头以问题引入，带动全篇；中间设问，承上启下；结尾设问，深化主题，令人回味。

例：“问人间谁是英雄？有酾酒临江，横槊曹公。”（阿鲁威《双调蟾宫曲·咏史》）

【解析】以设问开篇，点明题旨，领起下面分层次地叙述三国人物的英雄业绩。

八、反问

1. 概念

用疑问的形式表达确定的意思。

2. 作用

加强语气，表达强烈感情。

例：“江东子弟今虽在，肯与君王卷土来？”（王安石《乌江亭》）

【解析】使用反问句式，语气冷峻，强调了历史之必然。

九、互文

“互文”即古代诗文的相邻句子中所用的词语互相补充，结合起来表示一个完整的意思，是古汉语中一种特殊的修辞手法。例如，“主人下马客在船”，是主人和客人都下马上船。

十、迭词

迭词作用不外两种：增强语言的韵律感或是起强调作用。

例：“帘外雨潺潺，春意阑珊。罗衾不耐五更寒。”（李煜《浪淘沙令》）

【解析】这里的拟声词就属于迭词，使诗文更生动形象，使人有身临其境之感。

第三节　表现手法

一、象征

1. 定义

象征是通过特定的容易引起联想的具体形象，表现某种概念、思想和感情的艺术手法。

2. 条件与特征

象征体和本体之间存在着某种相似的特点，可以借助读者的想象和联想把它们联系起来。例如，蜡烛，光明磊落，焚烧自己，照亮别人的具体形象，可以使我们联想到舍己为人的崇高精神。因此，蜡烛是舍己为人的象征。在文学作品中，象征通常是以具体事物来暗示作者的思想、态度与感情的方式。它就像暗喻或明喻省去了第一部分，只留下第二部分，它有自己的实体，却代表另一种东西。

3. 作用

（1）把抽象的事理表现为具体的可感知的形象。

（2）可以使文章更含蓄些，运用眼前之物，寄托深远之意。

例1：“移家虽带郭，野径入桑麻。近种篱边菊，秋来未著花。扣门无犬吠，欲去问西家。报道山中去，归时每日斜。”（皎然《寻陆鸿渐不遇》）

【解析】“篱边菊”象征陆鸿渐具有高洁的节操。

例2：“余既滋兰之九畹兮，又树蕙之百亩。畦留夷与揭车兮，杂杜衡与芳芷。冀枝叶之峻茂兮，愿俟时乎吾将刈。虽萎绝其亦何伤兮，哀众芳之芜秽。”（屈原《离骚》）

【解析】屈原用“兰芷”象征自己的芳香自赏、不与世俗同流合污的高尚节操。

例3：“驿外断桥边，寂寞开无主。已是黄昏独自愁，更着风和雨。无意苦争春，一任群芳妒。零落成泥碾作尘，只有香如故。”（陆游《卜算子·咏梅》）

【解析】陆游以“梅花”象征自己的孤高与劲节。以梅自喻，表现自己不与争宠邀媚、阿谀奉承之徒为伍的品格和不畏谗毁、坚贞自守的铮铮傲骨。

有些是某些诗句本身含有一定象征意义，有些是全诗常通过具体事物来说理，即说理诗或咏物诗。

例如，虞世南的《蝉》中“居高声自远，非是藉秋风”。作者是在强调立身高洁的人，并不需要某种外在凭借，自能声名远播。

二、联想和想象

（一）定义及举例

1. 联想

由一事物联系到与之有关的另一事物，或把事物中类似的特点联系起来造成一个典型。

例：“碧玉妆成一树高，万条垂下绿丝绦。不知细叶谁裁出，二月春风似剪刀。”（贺知章《咏柳》）

【解析】诗人由柳枝的纷披下垂、婀娜多姿联想到翠绿的丝带，运用巧妙的比喻，塑造出一个别具浪漫色彩的新颖形象，一改杨柳抒离情的象征意义。

2. 想象

人们在已有材料和观念基础上，经过联想、推断、分析、综合，创造出新的观念的思维过程。

例：“湖光秋月两相和，潭面无风镜未磨。遥望洞庭山水翠，白银盘里一青螺。”（刘禹锡《望洞庭》）

【解析】这首诗选择了月夜遥望的角度，通过极富想象力的描写，将洞庭的湖光山色别出心裁地再现于纸上。

（二）联想、想象与浪漫主义

联想、想象与浪漫主义关联密切，联想和想象多为浪漫主义诗人所采用。

例如，李白常把现实与梦境、仙境，自然界与人类社会打成一片，他的《梦游天姥吟留别》以飞越的神思结构全诗，诗人的想象犹如天马行空，所描绘的梦境、仙境，正是他所向往追求的光明美好的理想世界。“小时不识月，呼作白玉盘”“我寄愁心与明月，随君直到夜郎西”“我歌月徘徊，我舞影凌乱”都是奇思遐想与自然天真相结合的神来之笔。

（三）联想、想象与夸张

大胆丰富的想象也常表现为夸张手法的运用。在浪漫主义诗歌中，夸张的手法随处可见。

例1：“天台四万八千丈，对此欲倒东南倾。”（李白《梦游天姥吟留别》）

【解析】该句就运用了夸张和烘托的写法来表现天姥山的巍峨高峻。

例2：“遥望齐州九点烟，一泓海水杯中泻。”（李贺《梦天》）

【解析】在诗人的眼中，茫茫中国大地上的九州岛成了微不足道的尘烟九点，浩淼无边的东海成了杯中之物，通过想象和夸张的手法，抒写了诗人对人事沧桑的深沉感慨。

（四）特别提醒——勿泛化使用

联想、想象既是一种表现手法，也是最为普遍的思维方式，几乎没有不含想象的诗歌，因而在考试时往往是顺用而非专用。

三、抑扬

（一）概念

把要贬抑否定的方面和要肯定的方面同时说出来，只突出强调其中一个方面以达到抑此扬彼或抑彼扬此的目的。有先扬后抑和先抑后扬之分。

（二）分类

1. 欲扬先抑

欲扬先抑又叫先抑后扬，即文势先下抑后上扬，或文意先贬抑后褒扬，犹如登山，由谷底到山顶。

2. 欲抑先扬

欲抑先扬又叫先扬后抑，即文势先高扬后下抑，或文意先褒扬后贬抑，好像瀑流，从高处飞泻而下。

例：“闺中少妇不知愁，春日凝妆上翠楼。忽见陌头杨柳色，悔教夫婿觅封侯。”（王昌龄《闺怨》）

【解析】这首诗采用先扬后抑的手法，先写少妇“不知愁”，后面才说她“悔”，通过对少妇情绪微妙变化的刻画，深刻表现了少妇因触景而产生的感伤和哀怨的情绪，突出了“闺怨”的主题。

（三）相关范畴——褒贬

1. 似贬实褒

对值得歌颂的对象不正面褒扬，而寓褒于贬，正话反说，用贬抑的语气来褒扬，看似贬抑实为褒扬。

例：“无故寻愁觅恨，有时似傻如狂。纵然生得好皮囊，腹内原来草莽。潦倒不通世务，愚顽怕读文章。行为偏僻性乖张，那管世人诽谤！富贵不知乐业，贫穷难耐凄凉。可怜辜负好韶光，于国于家无望。天下无能第一，古今不肖无双。寄言纨袴与膏粱，莫效此儿形状！”（曹雪芹《西江月》二首）

【解析】这两首词用似贬实褒、寓褒于贬的手法揭示了贾宝玉的性格。

2. 似褒实贬

对应该贬抑的对象不直接贬抑，而寓贬于褒，反话正说，用褒扬的语气来贬抑，看似褒扬实为贬抑。

四、衬托

（一）概念

利用事物间近似或对立的条件，以一些事物为陪衬来突出某些事物的艺术手法。

（二）分类

1. 性质分类

（1）利用事物的近似条件来衬托一事物，称正衬；正衬通常就叫烘托，烘云托月。衬体做主体的陪衬，突出主体。

例：“楚江微雨里，建业暮钟时。漠漠帆来重，冥冥鸟去迟。海门深不见，浦树远含滋。相送情无限，沾襟比散丝。”（韦应物《赋得暮雨送李胄》）

【解析】此诗除了首句提到“微雨”以外，下面都没有直接写雨，而是通过别的事物把雨写出来：船上的布帆变得重了，鸟儿飞得不那么轻巧了，天灰蒙蒙的一片，远处都看不真切，而江边的树却显得十分滋润。领联和颈联虽未直接写雨，但烘托手法的运用使我们感到，在船帆上、鸟羽上、在天际、在大树上，全都是蒙蒙的细雨。

（2）利用事物的对立条件来衬托一事物，称反衬。

例1：“细草微风岸，危樯独夜舟。星垂平野阔，月涌大江流。名岂文章

著，官应老病休。飘飘何所似，天地一沙鸥。”（杜甫《旅夜书怀》）

【解析】诗中以“星垂平野阔，月涌大江流”的壮阔景象，来衬托“细草微风岸，危樯独夜舟”所营造的冷寂、孤独艺术氛围。

例2：“多少恨，昨夜梦魂中。还似旧时游上苑，车如流水马如龙。花月正春风。”（李煜《望江南》）

【解析】这是南唐李后主亡国入宋以后写的一首词。这首词通篇不对当时的处境做正面描写，而是写梦境，写梦中游上苑的热闹景象和“花月正春风”的美好景色。为什么这样写？是用梦境来反衬现实。梦境写得越是繁华热闹，梦醒后的悲哀越显浓重，对昔日繁华的眷恋越深，便越显得今日处境的凄凉，“恨”的含意便表达得越充分。

例3：“今夜鄜州月，闺中只独看。遥怜小儿女，未解忆长安。香雾云鬟湿，清辉玉臂寒。何时倚虚幌，双照泪痕干。”（杜甫《月夜》）

【解析】颔联、颈联写妻子的美丽，反衬诗人惆怅痛苦的心情。

2. 内容分类

（1）人烘托人

例：《陌上桑》中借“行者”“少年”等的反应来烘托秦罗敷惊人的美貌。

（2）物烘托物

例：“蝉噪林愈静，鸟鸣山更幽”“僧敲月下门”“月出惊山鸟”等以闹衬静。

（3）以景物烘托人物

例：《琵琶行》中三次写江中之月，分别烘托了琵琶声的美妙动听、引人入胜和人物凄凉孤独而悲伤的心情。

3. 特别提醒——烘托实际上是一种侧面描写

它通过侧面描写，即通过对周围人物或环境的描写来表现主要对象，使所要表现的主要对象鲜明、突出。

五、对比

（一）基本概念

对比是把两种对立的事物或者同一事物的两个不同方面放在一起相互比较。运用对比，或使对立事物的矛盾鲜明突出，揭示本质，给人深刻启示；或使事物对立的两个方面互相映衬，相得益彰，给人深刻印象。

例1：“战士军前半死生，美人帐下犹歌舞。”（高适《燕歌行》）

【解析】以战士死在沙场与将帅纵情声色进行对比，形象鲜明，揭露深刻。

例2：“越王勾践破吴归，义士还家尽锦衣。宫女如花满春殿，只今惟有鹧鸪飞。”（李白《越中览古》）

【解析】诗人给我们展示了两幅画面：一幅是越王大败吴国，凯旋而归，战士们个个脱下战袍，换上了“锦衣”，向国人炫耀他们的战功，宫女们个个打扮得花儿一般，在宫殿里恣情欢乐；另一幅则是“只今惟有鹧鸪飞”——现在只有几只鹧鸪在王城故址上飞来飞去，昔日的胜利、热闹早已烟消云散。诗篇将昔日的繁盛和今日的凄凉，通过具体的景物做了鲜明的对比，抒发了盛衰无常之感。对比手法的运用突出了主题，发人深思。

（二）特别提醒：衬托与对比的区别

衬托与对比都是两事物并提，有时易混淆。它们的不同表现有：

（1）它们的目的不同：衬托之所以言及甲事物，是由甲到乙的单向作用。对比则是甲乙二者同时突出，是甲乙之间的双向作用。

（2）修辞作用不同：衬托以宾衬主，揭示主体；对比是两相比较，呈现出差异。

例1：“荷叶罗裙一色裁，芙蓉向脸两边开。乱入池中看不见，闻歌始觉有人来。”（王昌龄《采莲曲》）

【解析】这首诗主要运用了衬托的写作技巧。诗中将采莲少女和美丽的大自然融为一体，让少女的罗裙和碧绿的荷叶、粉嫩的脸庞与鲜艳的荷花互相映衬，衬托出少女的清新娇艳。少女形象在画中若隐若现，若有若无，留下悠然不尽的情味。

例2：“桑条无叶土生烟，箫管迎龙水庙前。朱门几处看歌舞，犹恐春阴咽管弦。”（李约《观祈雨》）

【解析】这首诗在写作技巧上运用了对比手法。前两句写农民祈雨的场面，后两句写朱门歌舞的情景，前者忧，后者乐，对比鲜明，反差强烈，具有震撼人的力量。

五、渲染

参照描写部分的相关内容。

六、用典

（一）概念

用典是古诗词中常用的一种表现方法，即在诗歌中援引史实，使用典故。

（二）作用

1. 优点

使诗歌语言精练，又可增加内容的丰富性，增加表达的生动性和含蓄性，可收到言简意丰、耐人寻味的效果，增强作品的表现力和感染力。

2. 缺陷

在增强了作品意蕴的同时，也给阅读造成了一定的消极影响。对于鉴赏者来说，如果不了解典故的含义，就不能很好地读懂这些诗歌，更谈不上鉴赏。所以必须对作品中的“典故”有个初步的理解，平时积累一定量的典故才能透过原来典故中的本意进而理解用典后所表达出的新的含义。

（三）类别

1. 内容类型

（1）用语

点化前人语句。引用或化用前人诗句，目的是加深诗词中的意境，促使人联想而寻意于言外。

例如，“过春风十里，尽荠麦青青。”（姜夔《扬州慢》）。“春风十里”引用杜牧的诗句，表现往日扬州十里长街的繁荣景况，是虚写；“尽荠麦青青”，写词人今日所见的凄凉情形，是实写。这两幅对比鲜明的图景寄寓着词人昔盛今衰的感慨。

（2）用事

用事是借用历史故事来表达作者的思想感情，包括对现实生活中某些问题的立场和态度、个人的意绪和愿望等等，属于借古抒怀。

①引用神话故事

例：李贺的《李凭箜篌引》有“江娥啼竹素女愁，李凭中国弹箜篌。”，有“女娲炼石补天处，石破天惊逗秋雨。”，还有“吴质不眠倚桂树，露脚斜飞湿寒兔。”的诗句，都是形容李凭弹得好。引用神话传说，能增强诗词的艺术表现力，构成奇特的艺术境界。

②运用历史故事

例：《出塞》中的“秦时明月汉时关，万里长征人未还。但使龙城飞将在，不教胡马度阴山。”三、四句借用飞将军李陵的典故，《史记·李将军传》中的“（李）广居右北平，匈奴闻之，号曰‘汉之飞将军’。”清人沈德潜认为这首诗“盖言师劳力竭，而功不成，由将非其人之故；得飞将军备边，边烽自熄”。因此，三、四句是借用飞将军李广的典故，对当时领兵远征的主将进行了批评。

2. 方式类型

古今人们用典的方式多种多样，一般采用明用、暗用、正用和反用四种方式。

（1）明用典故

古典诗词在使用典故时，如果能使读者从字面上一看便知使用了某个典故的就是明用典故。这种现象在古典诗词中是常见的。

例：“持节云中，何日遣冯唐？”（苏轼《江城子·密州出猎》）

【解析】“持节云中，何日遣冯唐？”这是明用《史记·冯唐列传》中的故事，东坡居士在这里明用这个典故，意在以魏尚自况，希望有一个像冯唐那样识才敢谏之人，为自己在宋神宗面前保荐，派人将自己召回，委以重任。这是古人忧国忧民的忧患意识的反映。

（2）暗用典故

古典诗词在使用典故时，有时表面上看用典处似乎与上下文句融合为一，不细察则不知为用典，这就是暗用典故。

例：《江城子·密州出猎》的末句是：“会挽雕弓如满月，西北望，射天狼。”表面看来好像是写“出猎”，描写猎人弯弓射狼的情况。其实这是暗用了《楚辞·东君》“举长矢兮射天狼”的典故。天狼，是星名，古代用以代表贪残掠夺，作者在此代指辽和西夏统治者；“射天狼”则表明自己御敌保国的决心。

（3）正用典故

例：“蓬莱文章建安骨，中间小谢又清发。”（李白《宣州谢朓楼饯别校书叔云》）以典代人，通过文章既以赞李云，也以自赞。“蓬莱”，为海中神山名，传说仙府中难得的典籍均藏于此。《后汉书·窦融列传》言：“是时学者称东观（后汉政府的藏书机构）为老氏藏室，道家蓬莱山。”这首诗中的“蓬莱”，是借指校书郎李云。“建安骨”为建安风骨之简称。东汉末建安时期，以曹操父子和建安七子为代表的诗歌，风格清新刚健，被后人称为建安风骨。“小谢”，指谢朓；区别于“大谢”（谢灵运）。李白非常推崇谢朓，这里有自比的意思。这两句中，上句称赞李云文章得建安风骨，清新刚健；下句谓自己的诗歌应像谢朓那样清新隽永。

（4）反用典故

有的词人取典故所述之人事而反其意用之。

例：“蜀道登天，一杯送、绣衣行客。还自叹、中年多病，不堪离别。东北看惊诸葛表，西南更草相如檄。把功名、收拾付君侯，如椽笔。儿女泪，君休滴。荆楚路，吾能说。要新诗准备，庐山山色。赤壁矶头千古浪，铜鞮陌上三更月。正梅花、万里雪深时，须相忆。”（辛弃疾《满江红·送李正之提刑入蜀》）

辛弃疾极力鼓励李入蜀做一番事业，首句化用李白《蜀道难》中的“蜀道之难，难于上青天”，将其概括为“蜀道登天”。本来，李白在《蜀道难》中要突出的是蜀道的高危艰险，辛弃疾在《满江红》中却强调通过艰苦的攀登可以上达青天，这就是典型的反用典故了。

（四）常见常用典故

投笔、长城、楼兰、折腰、化碧、鸿雁、尺素、青鸾、双鲤、五柳、东篱、三径、劳歌、长亭、南浦、阳关、柳岸、风骚、雕虫、鸿鹄、杜鹃、鹧鸪、黍离、桑榆、商女、杜康、瑟瑟、红豆、鸡黍、关山月、梅花落、霓裳羽衣曲、后庭花、杨柳曲、行路难……

七、照应

指诗中对前面所写的作必要的回答。恰当运用这种方法使结构显得紧凑、严谨。

例：“楚江微雨里，建业暮钟时。漠漠帆来重，冥冥鸟去迟。”（韦应物

《赋得暮雨送李胄》）首联两句写黄昏时分诗人伫立在细雨蒙蒙的江边，这里点明了诗题中的“暮雨”，又照应了诗题中的“送”字。

八、以小见大

1. 概念

以局部见全体，以有限见无限，通过典型和象征，借助于人们的生活体验，达到以小见大的效果。在古代诗歌中，常常表现了窗中观景的艺术趣味，通过有限联想到无限，“物小蕴大”，意趣无穷。

2. 特点

（1）诗歌抓住具有典型特征的小景物，可以在读者的脑海里唤起大的境界，所谓“以小景传大景之情”。清代刘熙载《艺概·诗概》说：“山之精神写不出，以烟霞写之；春之精神写不出，以草树写之。故诗无气象，则精神亦无所寓矣。”

例：“梅花落处疑残雪，柳叶开时任好风。”（杜审言《大酺》）这是小景，风吹初开柳叶，由此产生联想，东风骀荡、春意盎然的春天景色便浮现于眼前了。

（2）写社会生活，也是借具有典型意义的生活细节来表现重大的社会内容，绝句尤适宜用这一手法。

例：“折戟沉沙铁未销，自将磨洗任前朝。东风不与周郎便，铜雀春深锁二乔。”（杜牧《赤壁》）

【解析】“二乔命运”是小事，小事与东吴霸业有关，以二乔立意，从而反映三国之争大事。

第四节　结构模式

在诗歌的结构安排上，诗人也是独具匠心的。下面是一些常用的结构模式。

一、层层渲染、铺垫

1. 渲染

渲染是用各种表现手法着重描写，以加强气氛，突出人物，深化主题，是描写手法之一。

2. 铺垫

铺垫是为主要人物出场或主要事件发生创造条件而着重描述渲染的技法，描写手法之一。

铺垫种类如下：

（1）从情节发展的方向来分，有正铺、反铺之别。正铺是铺垫的方向与情节发展的方向完全一致，又叫正面铺垫。反铺是铺垫的方向与情节发展的方向完全相反，出乎意料，又叫反面铺垫。

（2）从铺垫手法来分，又有伏笔铺垫、悬念铺垫、衬托铺垫、铺陈铺垫（用铺陈事物的方法，渲染气氛，制造声势）之别。宝玉挨打是伏笔铺垫，《红楼梦曲》就是一种悬念铺垫。

二、伏笔、照应

1. 伏笔

伏笔是在文章的故事发生前对将要出现的人物或事件做出某种暗示性的铺排，当事件发展到一定的时候，再予以“响应”的写作技巧。戏剧、曲艺创作称为“抖包袱”。伏笔，是文章峰回路转、达到情节高潮的精彩揭示。好的伏笔能起到暗示、点题、沟通文章内部联系、逆转人物关系等作用，使文理通顺、合情合理，往往能让人产生会心一笑、心灵共鸣或意外感悟等阅读惊喜；同时，能使文章出色生辉，具有独特魅力。

2. 照应

照应是篇章间的伏笔照应，又叫呼应。一篇文章要有头有尾，前后内容要有内在联系。前面交代过的话，后面得有照应；后边要照应的话，前边得先有个交代。这样，文章前后才能贯串，使读者容易掌握全文的脉络。照应能使情节连贯、脉络清晰、结构紧凑。照应的种类分为首尾照应（开头与结尾的照应）、扣题照应（围绕主题反复照应）、伏笔照应（先设伏笔，后予交代的照应）。

三、结构对比

1. 对比手法在诗歌中运用较多，因其具有层次性特点，结构性较强

例：“百啭千声随意移，山花红紫树高低。始知锁向金笼听，不及林间自在啼。”（欧阳修《画眉鸟》）这首诗就运用了对比手法：前两句（写自由自在，任意翔鸣的画眉）与后两句（写陷入囚笼，失去了自由的画眉）构成对比，结构明晰。表达作者对禁锢思想、束缚人才现象的抨击和对言论自由、解放人才理想的向往。

2. 卒章显志：诗人往往在诗歌的结尾表达自己的心志或情怀

例：李白的《梦游天姥吟留别》结尾句“安能摧眉折腰事权贵，使我不得开心颜！”，结尾直接表达诗人要自由自在，驰骋闲放，不为五斗米折腰的心志。

第五节　表达技巧诸概念辨析

在阅读中，许多同学分不清“表达方式”“修辞手法”与“表现手法”这三个概念，经常张冠李戴，或将其混为一谈，进而影响自己正确地答题。它们虽然都属于表达技巧，却有明显的区别。

一、关于表达方式

表达方式亦可称为表达方法，是作者根据客观事物和表达思想感情的需要而运用的一种语言表达形式，属于文章整体的语言运用形式。

常用的表达方式有五种：记叙、描写、抒情、议论和说明（诗歌中没有“说明”这一种）。

1. 记叙

记叙人物的经历或事情的发生、发展、变化过程。一般用于叙事诗的表达，以高中课文中的《琵琶行》和《孔雀东南飞》为代表，而律诗和绝句当中也有出现，如杜甫的《登岳阳楼》：“昔闻洞庭水，今上岳阳楼。”

2. 描写

用生动形象的语言对人物、事件、环境所做的具体描绘和刻画。例如，《孔雀东南飞》中对刘兰芝的描写：“足下蹑丝履，头上玳瑁光。腰若流纨素，耳著明月珰。指如削葱根，口如含朱丹。”

3. 议论

对人和事物的好坏、是非、价值、特点、作用等所表示的意见。例如，柳永的《雨霖铃》：“多情自古伤离别，更那堪，冷落清秋节！”

4. 抒情

表达作者强烈的爱憎、好恶、喜怒、哀乐等主观感情。（见“抒情方式”）

二、关于修辞手法和表现手法

（一）修辞手法

凡是使句子更加生动形象，富有表现力和艺术美感的方法或手段，都可称为修辞手法。修辞手法是针对具体的句子而言的。

修辞手法的种类很多，内容博杂。但高考语文考试大纲要求学生掌握的修辞手法（辞格）共有八种：比喻、比拟、借代、夸张、对偶、排比、设问和反问。

（二）表现手法

表现手法也可称为表现方法（或表达技巧），凡是能使文章整体或部分产生鲜明强烈的印象，达到感染读者的艺术效果的手段或方法，都可视为表现手法。主要着眼于使文章的整体或部分产生效果。

常见的表现手法有：赋、比、兴、烘托、象征、用典、白描、托物言志、借景抒情、联想和想象等。

例：简析陶渊明的《归园田居·其三》“种豆南山下，草盛豆苗稀。晨兴理荒秽，带月荷锄归。”句的表现手法。

【解析】该句纯用白描手法，寥寥几笔就为我们勾勒出了田园生活图景，表现了诗人对田园生活的热爱。

（三）区别与联系

1. 联系

表现手法和修辞手法都能增强文章的表达效果。

2. 区别

（1）表现手法是用以增强文章的整体或某一部分的表达效果；修辞手法则是增强文章中句子的表达效果，主要着眼于对句子的修饰。

（2）表现手法是从宏观角度表现文章的，而修辞手法是从微观角度表现文章的。

总之，表达方式、修辞手法与表现手法是中学语文教学中经常接触到的概念，不可回避，我们必须在具体的语文实践活动中认真体会，才能真正将它们区分开来，并娴熟地运用。

三、关于手法、艺术手法和修辞手法、表现手法

（1）在解题时，手法与艺术手法内涵与外延基本相同。

（2）手法与艺术手法在外延上不仅包括修辞手法、表现手法，也包括具体表达方式下的子概念。也就是说，描写、抒情等不是手法，也不是艺术手法，但是，怎样描写、怎样抒情，诸如“侧面描写”“白描”“借景抒情”“托物言志”等具体的描写、抒情方式就是手法或艺术手法了。

（本章撰稿人：游景枚）

第十章

高考古代诗歌题常见考点（题型）

《考试大纲》对古典诗词的要求包括默写常见的名句名篇，以及鉴赏古典诗词，本章节笔者仅从“古典诗词鉴赏”部分着手进行解读。

“古典诗词鉴赏”部分的要求有两点：一是“鉴赏文学作品的形象、语言和表达技巧”，二是“评价文章的思想内容和作者的观点态度”，能力层级均为鉴赏评价D。对于这两点要求，可以从以下五个方面进行理解：

1. 鉴赏古代诗歌的形象，就是要把握艺术形象的内涵，分析、判断它们所包含的作者的思想感情和社会意义。诗歌的形象包括意象、人物形象。诗歌的形象倾注了诗人的思想感情，因此，只有真正了解了诗歌的形象，才能深入领会诗人的思想感情。

2. 鉴赏古代诗歌的语言，主要是把握其运用语言的艺术，领会其语言的风格。语言主要是考查诗歌的“炼字”“炼句”和语言特色。诗歌中的词语大多内涵丰富、文学性很强，正确理解这些词语在诗歌中的含义，对于正确理解诗歌的内容，鉴赏诗歌的情感和表达技巧，有着重要的意义。如果对诗歌中词语的含义不能正确理解，也就很难谈得上对于整首诗进行分析和鉴赏。

3. 鉴赏古代诗歌的表达技巧，就是分析诗歌运用了哪些表达技巧，达到了什么效果。

4. 分析作者在诗歌中表达的思想情感和观点态度。“诗言志”，“志”是心灵的行走。诗歌是作者思想情感的产物，面对同一事物，作者的处境不同，审美情趣不同，世界观不同，表现出来的思想倾向就不同。分析鉴赏古代诗歌，就是要透过诗歌的语言外壳，发掘出作者隐藏在作品中的思想情感和观点态度。

5. 要能看懂诗句的含义，这也是深入分析古典诗词的基础。近年的高考试题也越发明确了这样的倾向，即越来越重视考生运用所学知识，再加上联想和想象，对诗句进行合理解释。

第一节　近四年高考古典诗词考点分布及特点分析

近四年新课标全国卷考点分布统计表

考题			考查内容			
年份	卷别	考查题型	篇目及作者	体裁	题材	考点
2019	全国Ⅰ	选择/简答	《题许道宁画》 陈与义	宋诗	题画诗	4/5
	全国Ⅱ	选择/简答	《投长沙裴侍郎》 杜荀鹤	唐诗	干谒诗	3/4/5
	全国Ⅲ	选择/简答	《插田歌》（节选） 刘禹锡	唐诗	田园诗	综合/2
2018	全国Ⅰ	选择/简答	《野歌》 李贺	唐诗	咏怀诗	4/5
	全国Ⅱ	选择/简答	《题醉中所作草书卷后》（节选） 陆游	宋诗	题卷诗	1/4/5
	全国Ⅲ	选择/简答	《精卫词》 王建	唐诗	咏怀诗	2/4/5
2017	全国Ⅰ	选择/简答	《礼部贡院阅进士就试》 欧阳修	宋诗	叙事诗	综合/3
	全国Ⅱ	选择/简答	《送子由使契丹》 苏轼	宋诗	送别诗	1/4/5
	全国Ⅲ	选择/简答	《戏赠元九、李二十》 白居易	唐诗	题卷诗	2/4/5
2016	全国Ⅰ	简答	《金陵望汉江》 李白	唐诗	咏怀诗	1/4/5
	全国Ⅱ	简答	《丹青引赠曹将军霸》（节选） 杜甫	唐诗	投赠诗	3/5
	全国Ⅲ	简答	《内宴奉诏作》 曹翰	宋诗	抒怀诗	4/5

考点：形象；语言；表达技巧；思想情感/观点态度；诗句含义。

综观近几年高考古典诗词鉴赏的命题情况，可以发现有以下特点：

一、选材广泛，而年代集中

在近几年全国卷中，诗歌鉴赏的选材范围涵盖了大多古代诗歌的类别，而其中又以咏怀诗居多，如2018年李贺的《野歌》、王建的《精卫词》、2016年李白的《金陵望汉江》等都是咏怀诗。其中，2016全国I卷既有对大唐一统天下、开创盛世的伟绩的歌颂，同时，诗人觉得太平盛世没有机会施展才干，不免流露出一丝英雄无用武之地的失落；2018年全国I卷李贺整首诗扣题叙事，前四句叙事，后四句抒怀。因事抒怀与叙事抒怀紧密关联。抒怀之时有感叹不遇、不甘沉沦的内心表白，有寒风变春柳、枯柳笼轻烟的艺术遐思。

近几年来全国卷命题基本上就在唐、宋两个朝代，以唐朝居多。近四年全国卷诗歌鉴赏12首诗歌中，唐诗占了其中的7首，而宋朝占5首，这充分说明这两个朝代是受到高考诗歌鉴赏题型的极度青睐的。为何在高考诗歌鉴赏中如此重视这两个朝代呢？归根结底是因为这两个朝代是我国诗歌发展的巅峰时期，同时，无论是在整体的表现手法上，还是思想内容的展示上，都具有较高的欣赏价值。尤其是宋代诗词，继唐朝的诗歌大发展之后，宋人在其基础上进行拓展，并将自己的独特见解融入其中，另辟蹊径，进行多方面的尝试。

二、不回避著名诗人的作品，也有不少“生面孔”

通过对近四年高考语文卷中所出现的诗歌进行统计，我们发现，其中有很多学生在高中课堂了解过的著名诗人，当然，也有高中课本中未出现过、未涉及的诗人。综合统计近四年的高考语文考题发现，全国卷不会避开名家名作，其中出现的诗人有杜甫、李白、白居易、李贺、刘禹锡、欧阳修、苏轼、陆游等。这些诗人均是学生较为了解的、课本中也经常出现的，所以深入了解这些作者会有很大助益。当然也有学生不熟悉的，如2016年的曹翰、2019年的杜荀鹤。这也就说明了在日常学习中，不能只一味地对名家、名篇进行关注，不然则会导致思维僵化陷入窘境。因此，为了避免在高考中陷入进退两难的地步，学生应该要拓展自己的阅读视野，重视日积月累的功用，提前为高考做好准备。

三、考查点覆盖面广，但有所侧重

对古典诗词的考查，考点分布比较全面，诗句含义、形象、语言、表达技巧、情感态度均有不同程度的考查。但从统计情况可以明显看出“诗句含义”和“思想情感/观点态度”是必考点，“表达技巧”次之。

四、分值稳定，题型变化不大，难度值相对固定

近两年来全国新课标卷的诗歌鉴赏题，占分稳定在9分，题数保持2道，其中包括一道选择题和一道主观简答题。2017年则为11分，包括一道双选和一道主观简答题。2016年同样为11分，两个题目全部为主观简答题。试题难度一直维持在中等，但学生答题时明显感到相较其他题型难度更大。预计2020年新课标卷的诗歌试题，很大可能会延续2019年的模式：一道四选一单选题，占3分；一道主观简答题，占6分。试题的难度将维持不变，选诗的范围可能也仍会以七言律诗为主（但也不能完全排除选其他体裁的可能）。

第二节　近三年新课标全国卷真题及详解

2019年新课标全国卷

一、（2019年高考新课标全国Ⅰ卷）阅读下面这首宋诗，完成1—2题

题许道宁画[注]

陈与义

满眼长江水，苍然何郡山？
向来万里意，今在一窗间。
众木俱含晚，孤云遂不还。

此中有佳句，吟断不相关。

［注］许道宁：北宋画家。

1. 下面对这首诗的赏析，不正确的一项是（　　）

A. 这首题画诗写景兼抒情，并未刻意进行雕琢，却能够于简淡中见新奇。

B. 山水是这幅画的主要元素，特别是江水，占据了画面上大部分的篇幅。

C. 诗人透过一扇小窗远距离欣赏这幅画作，领略其表现的辽阔万里之势。

D. 颈联具体写到苍茫暮色中的树木与浮云，也蕴含了欣赏者的主观感受。

【答案】C

【解析】此题考查学生对诗歌的理解鉴赏能力。这是一道综合考核诗歌的形象、语言、表达技巧和思想情感的题目，每个选项一个考点，几乎涵盖诗歌的所有内容，注意结合全诗进行分析，主要的错误是意象的含义不对，手法不准确，手法的解说和艺术效果的分析不对，语言方面主要是风格不正确，内容一般为曲解诗意，答题时注意仔细辨析。“诗人透过一扇小窗远距离欣赏这幅画作”错误，作者表达的是万里江山浓缩在尺牍之间的画作里。故C错误。

2. 诗的尾联有什么含意？从中可以看出诗人对这幅画有什么样的评价？

【答案】

（1）“此中有佳句，吟断不相关”意思是画作里蕴含着美好的诗句，但是怎么吟诵也难以与画意相合，也吟不尽画作包含的丰富意蕴。

（2）从中可以看到诗人对这幅画高度赞美，称赞画之精妙。

【解析】此题考查把握诗歌句子含义、作者观点态度的能力。结合诗歌题目、作者、注释、诗句，整体理解诗歌内容，重点分析指定句子，组织答案。诗歌翻译：画作望去，满眼都是长江水，山体苍翠。万里江山，如今都在尺牍之间。白云飘荡在傍晚的树木上空。画作里蕴含着美好的诗句，但是怎么吟诵也难以与画意相合，也吟不尽画作包含的丰富意蕴。结合苏轼说过的“诗中有画，画中有诗”，即这幅画包含着丰富的诗意，只是言有尽而意无穷，从而表达对画家画作的高度赞美之情。许道宁，北宋画家。生卒年不详，活跃于北宋中期（约970—1052年）。长安（今陕西西安）人。多画林木、野水、秋江、雪景、寒林、渔浦等，并点缀行旅、野渡、捕鱼等人物，行笔简快，峰峦峭拔，林木劲硬。有《秋江渔艇图》《关山密雪图》《秋山萧寺图》传世。

二、（2019年高考新课标全国Ⅱ卷）阅读下面这首唐诗，完成3—4题

投长沙裴侍郎

杜荀鹤

此身虽贱道长存，非谒朱门谒孔门。

只望至公将卷读[注]，不求朝士致书论。

垂纶雨结渔乡思，吹木风传雁夜魂。

男子受恩须有地，平生不受等闲恩。

［注］至公：科举时代对主考官的敬称。

3. 下列对这首诗的理解和分析，不正确的一项是（　）

A. 诗人表示，虽然自己的社会地位低下，但对儒家思想的信奉坚定不移。

B. “朱门”“孔门”分别代指世俗的权势与精神的归依，形成鲜明的对比。

C. 诗人希望自己能凭借真才实学通过正常渠道进身，而不愿去寻找捷径。

D. 诗人表达了自己对待恩惠的态度，不随便接受别人的恩惠，受恩必报。

【答案】D

【解析】D项“不随便接受别人的恩惠，受恩必报”分析不正确。尾联“男子受恩须有地，平生不受等闲恩”表明了自己一般不接受平常的恩惠，接受恩惠一定要符合自己的原则立场，即符合“道义”。故选D。

4. 诗歌的颈联描写了两个具体场景，与其他各联直抒胸臆的写法不同，这样写在情感表达和结构安排方面有什么作用？

【答案】

（1）情感表达：颈联所写场景是作者孤高耿介情怀的形象化表达，可使读者更加直观地感受到作者的心志。

（2）结构安排：舒缓诗歌全篇的节奏，使整首诗歌有委婉从容之致。

【解析】本题考查学生把握诗歌表达技巧及其作用的能力。鉴赏诗歌表达技巧题的答题步骤：准确地指出用了何种手法；结合诗句，阐述为什么用这种手法；阐述此手法有效传达了诗人怎样的感情。本题颈联“垂纶雨结渔乡思，吹木风传雁夜魂”用典故“垂钓”来表达自己热爱田园生活的情趣，用大雁夜半乘风归来，表达渴望能收到好消息，即对取得功名的渴望。这两句从情感表

达角度来看，写出了作者虽有求仕之心，但高洁耿介情怀没有改变，使读者更加直观地感受到作者的心志。从结构安排来看，首联、颔联，表达了求仕之心。尾联表达接受恩惠一定要符合自己的原则。颈联起到过渡的作用，舒缓全篇的节奏，使整首诗歌有委婉从容之致。

三、（2019年高考新课标全国Ⅲ卷）阅读下面这首唐诗，完成5—6题

插田歌（节选）

刘禹锡

冈头花草齐，燕子东西飞。
田塍望如线，白水光参差。
农妇白纻裙，农夫绿蓑衣。
齐唱郢中歌，嘤伫如《竹枝》。

5. 下列对本诗的赏析，不正确的一项是（　）

A. 诗歌以花鸟发端，通过简练的笔触，勾勒出一幅意趣盎然的美丽画面。

B. 诗人举目眺望，能看到远处田埂在粼粼的波光中蜿蜒起伏，时隐时现。

C. 诗中写到了农夫农妇的衣着，白裙绿衣映照绿苗白水，色调分外和谐。

D. 诗的七、八两句通过听觉描写，表现农民们的劳动场面及愉悦心情。

【答案】B

【解析】B“能看到远处田埂在粼粼的波光中蜿蜒起伏，时隐时现”，“田塍望如线，白水光参差”意思是远望田塍像条线，一片白水波光参差。故选B。

6. 与《酬乐天扬州初逢席上见赠》相比，这几句诗的语言风格有什么不同?

【答案】

（1）《酬乐天扬州初逢席上见赠》对仗工整，用典精当，语言雅丽平整。

（2）《插田歌》这几句诗采用了民歌俚曲的表现手法，描写田野风光和劳动场景，语言通俗浅显，清新流畅。

【解析】考查学生鉴赏诗歌语言风格的能力。古代诗歌语言的风格特色是多种多样的，有的清新，有的古朴；有的诗绚丽多彩，有的诗质朴无华；有的诗语言明朗，有的含蓄，言此意彼；有的诗平易近人，有的险怪奇特。体会其风格特色，就是要体会语言的美，体会其内蕴。《酬乐天扬州初逢席上见赠》

是一首七律。此诗首先紧承白居易诗末联“亦知合被才名折，二十三年折太多”之句，对自己被贬谪、遭弃置的境遇，表达了无限辛酸和愤懑不平。然后写自己归来的感触：老友已逝，只有无尽的怀念之情，人事全非，自己恍若隔世之人。无限悲痛怅惘之情，不禁油然而生。诗人于是退开一步，沉舟侧畔，千帆竞发；病树前头，万木争春。一洗伤感低沉情调，尽显慷慨激昂气概。末联点明酬赠题意，既是对友人关怀的感谢，也是和友人共勉，表现了诗人坚定的意志和乐观的精神。全诗感情真挚，沉郁中见豪放，不仅反映了深刻的人生哲理，也具有很强的艺术感染力。《插田歌》以俚歌的形式记叙了农民插秧的场面，以及农夫与计吏的一场对话。首六句以清淡的色彩和简洁的线条勾勒出插秧时节连州郊外的大好风光，以及农妇农夫的衣着，色彩协调，具有浓郁的南方水乡气息。接着六句以自己的听觉写出农民劳动的情绪。全诗用白描手法，语言通俗，对话全用口语，朴素无华，生动有趣，传神地表现出不同身份的人物不同的心理状态和性格特征，深得汉乐府民歌的真髓。

2018年新课标全国卷

一、（2018年高考新课标全国Ⅰ卷）阅读下面这首宋诗，完成7—8题

野　歌

李　贺

鸦翎羽箭山桑弓，仰天射落衔芦鸿。
麻衣黑肥冲北风，带酒日晚歌田中。
男儿屈穷心不穷，枯荣不等嗔天公。
寒风又变为春柳，条条看即烟濛濛。

7. 下列对这首诗的赏析，不正确的一项是（　）

A. 弯弓射鸿、麻衣冲风、饮酒高歌都是诗人排解心头苦闷与抑郁的方式。

B. 诗人虽不得不接受生活贫穷的命运，但意志并不消沉，气概仍然豪迈。

C. 诗中形容春柳的方式与韩愈《早春呈水部张十八员外》相同，较为常见。

D. 本诗前半首描写场景，后半首感事抒怀，描写与抒情紧密关联，脉络清晰。

【答案】B

【解析】古诗词阅读的考查涉及鉴赏形象、语言、技巧、感情四个基本点，其中思想内容是核心，而诗歌中的形象、语言和技巧是诗歌的外在形式、是鉴赏诗歌切入的目标和对象。所以这类题，应在读懂诗歌的基础上去作答。本题考查评价文章的思想内容和艺术手法的能力。主要集中对诗意、思想主旨、语言、技巧、结构等内容的考查，赏析时首先要读懂诗，然后将各个选项代入原诗句中进行分析即可。B项“不得不接受生活贫穷”错误，诗中“穷”意为“身受压抑遭遇理想困窘，处境艰难”，而不是生活的贫困。属于诗意理解错误。

8. 诗的最后两句有何含意？请简要分析。

【答案】最后两句诗的意思是凛冽的寒风终将过去，即将到来的应是和煦春风拂绿枯柳。到那时缀满嫩绿的柳条看上去正好像轻烟笼罩一般摇曳多姿。表达了作者虽感叹不遇于时，但不甘沉沦的乐观、自勉之情。

【解析】本题考查对诗歌情感的评价。对诗歌语句含义的理解，首先要借助重要意象把握诗歌描写的内容，在此基础上，结合时代背景、作者人生经历，考虑诗句表达的思想情感。本题中需注意“寒风变春柳”“烟濛濛”两个关键词，展现了柳条的朦胧多姿。这个意象的深层含义就是希望，所以可知作者在困境中不甘沉沦的乐观、自勉之情。

二、（2018年高考新课标全国Ⅱ卷）阅读下面这首宋诗，完成9—10题

题醉中所作草书卷后（节选）

陆　游

胸中磊落藏五兵，欲试无路空峥嵘。
酒为旗鼓笔刀槊，势从天落银河倾。
端溪石池浓作墨，烛光相射飞纵横。
须臾收卷复把酒，如见万里烟尘清。

9. 下列对这首诗的赏析，不正确的一项是（　）

A. 这首诗写诗人观看自己已完成的一幅草书作品，并回顾它的创作过程。

B. 诗人驰骋疆场杀敌报国的志向无法实现，借书法创作来抒发心中郁闷。

C. 诗人把书法创作中的自己想象成战场上的战士，气吞山河，势不可当。

D. 诗人豪情勃发，他在砚台中磨出的浓黑墨汁，也映射着烛光纵横飞溅。

【答案】D

【解析】本题主要考查学生对诗歌内容的理解能力。此处“飞纵横”指的是诗人下笔纵横如飞，并不指烛光。

10. 诗中前后两次出现“酒”，各有什么作用？请结合诗句简要分析。

【答案】第一个“酒”出现在作书之前，诗人把它比喻成战场上的旗鼓，起到酝酿情绪、积蓄气势的作用；第二个“酒”则用来表现创作完成之后诗人的心理状态，他“如见万里烟尘清”，似乎赢得了一场战役的胜利，心满意足，踌躇满志。

【解析】本题主要考查诗歌意象的作用。“酒”是诗歌中重要物象（但不是抒情意象）的作用，要准确解读就必须读懂原句“酒为旗鼓笔刀槊，势从天落银河倾”和“须臾收卷复把酒，如见万里烟尘清”。这两联包含作者书法创作之前借酒壮势，酒浓意兴的心境，也包含作品完成后作者志得意满的踌躇。

三、（2018年高考新课标Ⅲ卷）阅读下面这首唐诗，完成11—12题

精卫词

王　建

精卫谁教尔填海，海边石子青磊磊。
但得海水作枯池，海中鱼龙何所为。
口穿岂为空衔石，山中草木无全枝。
朝在树头暮海里，飞多羽折时堕水。
高山未尽海未平，愿我身死子还生。

11. 下列对这首诗的赏析，不正确的一项是（　）

A. 作者对精卫辛劳填海的动机感到困惑，因此用提问的方式来开启全篇。

B. 诗的第三、四句设想，若有一天海水枯干，海中的鱼龙也会陷入困境。

C. 第五至第八句着力描写精卫填海的艰辛，不仅奔波劳碌而且遍体鳞伤。

D. 这首诗的语言质朴无华，平白如话，与白居易的《观刈麦》一诗相近。

【答案】A

【解析】此题考查鉴赏古代诗歌作品的形象、语言和表达技巧的能力。本题所选的诗歌材料是一首七言古风，诗歌作者针对精卫填海这个古代神话中“精卫”这个人物展开议论，抒发自己的情怀。对于阅读面广、知道这个神话故事的学生，难度不大；对于阅读面较窄、不了解这个神话故事的学生，则有一定难度。题中所给的四个选项，前三项分别就诗歌的内容进行赏析，后一项对诗歌的语言进行赏析。其中，A项说法涉及诗歌第一句，从诗的后两句“高山未尽海未平，愿我身死子还生”可看出作者对精卫这个神话中人物的赞美，可知该项“作者对精卫填海的动机感到困惑”说法有误。点睛：解答此题，要注意几方面的结合。一是诗句内容的正确理解，二是作者通过全诗所传达出来的思想感情的准确把握，三是对诗歌各句所运用的表达技巧的正确分析，四是对相关诗歌的正确理解和赏析。比如D项，就必须对白居易的《观刈麦》的语言特点有正确的把握。

12. 一般认为，诗最后两句的内容是以精卫的口吻表达的，你是否同意这种解读？请结合诗句说明你的理由。

【答案】

观点一：同意。这两句诗是精卫坚忍不拔、前赴后继奋斗精神的自我抒发；意为即使自己在有生之年不能完成移山填海的事业，也希望子孙后代能够继承遗志，填海不止。

观点二：不同意。这两句诗是作者对精卫的同情与崇敬之情的表达；意为移山填海的事业尚未完成，我愿牺牲生命来帮助精卫，以自己的生命来换精卫的生命。

【解析】此题考查鉴赏文学作品的形象、语言和表达技巧的能力。本题设置开放性答案，利于激发学生的思维张力。由于时代的变迁、语言的变化，对一些古诗的解读是可以多元的，此题可以鼓励考生主动思考、发散思维，因此凡是能够言之成理的答案都可视为正确。这里介绍两种观点：观点一：同意。原因：①这两句诗是精卫坚忍不拔、前赴后继精神的一种自我抒发；②这两句诗的意思是，即使自己在有生之年不能完成移山填海的事业，也希望子孙后代继承遗志，生命不息，填海不止。观点二：不同意。原因：①这两句咏赞了精卫坚忍不拔的壮志、奋斗到底的毅力，表达了作者的赞扬和崇敬；②这两句诗的意思是，移山填海的事业尚未完成，我愿牺牲自我之身，成全精卫之志。点睛：这是一道主观性答题的试题。组织答案时，首先要读懂题目要求。题目要求对“诗最后两句的内容是以精卫的口吻表达的”这个观点发表自己的看法，因此答案要明白无误地表达自己的观点，不能含糊；而且都要说出具体理由。

2017年新课标全国卷

一、（2017年高考新课标全国Ⅰ卷）阅读下面这首宋诗，完成13—14题

礼部贡院阅进士就试

欧阳修

紫案焚香暖吹轻，广庭清晓席群英。
无哗战士衔枚勇，下笔春蚕食叶声。
乡里献贤先德行，朝廷列爵待公卿。
自惭衰病心神耗，赖有群公鉴裁精。

13. 下列对这首诗的赏析，不恰当的两项是（　　）

A. 诗的第一句写出了考场肃穆而又怡人的环境，衬托出作者的喜悦心情。

B. 第三句重点在表现考生们奋勇争先、一往无前，所以把他们比作战士。

C. 参加礼部考试的考生都由各地选送而来，道德品行是选送的首要依据。

D. 朝廷对考生寄予了殷切的期望，希望他们能够成长为国家的栋梁之材。

E. 作者承认自己体弱多病的事实，表示选才工作要依靠其他考官来完成。

【答案】BE

【解析】本题重点考查学生对诗句含义的理解。B项“重点在表现考生们奋勇争先、一往无前”说法错误，此句重点描绘士子答题情况，考生们大清早就入场了，没有一点儿喧闹嘈杂之声。E项“表示选才工作要依靠其他考官来完成”是谦逊之辞。全诗透露出一种惜才爱才的真挚感情，也表达了要为国家选出真正的人才的责任感和使命感。

14. 本诗的第四句“下笔春蚕食叶声”广受后世称道，请赏析这一句的精妙之处。

【答案】①用春蚕食叶描摹考场内考生落笔纸上的声响，生动贴切；②动中见静，越发见出考场的庄严寂静；③强化作者充满希望的喜悦之情。

【解析】本题重点考查学生对诗歌鉴赏形象和表达技巧的理解。“下笔春蚕食叶声”，先点出其修辞手法，比喻：把考生们在纸上答题写字的声音比喻成春蚕嚼食桑叶的声音；再表述其作用、效果：描写了考场上考生们紧张严肃答题的场景，也显示出来考生才华横溢，答题速度快。借此强化作者的喜悦之情。作者用“春蚕食叶声”来反衬考场的安静，是动中见静的方法。

二、（2017年高考新课标全国Ⅱ卷）阅读下面这首宋诗，完成15—16题

送子由使契丹

苏 轼

云海相望寄此身，那因远适更沾巾。
不辞驿骑凌风雪，要使天骄识凤麟。
沙漠回看清禁月①，湖山应梦武林春②。
单于若问君家世，莫道中朝第一人③。

［注］①清禁：皇宫。苏辙时任翰林学士，常出入宫禁。②武林：杭州的别称。苏轼时知杭州。③唐代李揆被皇帝誉为“门地、人物、文学皆当世第一”。后来入吐蕃会盟，酋长问他：“闻唐有第一人李揆，公是否？”李揆怕被扣留，骗他说：“彼李揆，安肯来邪？”

15. 本诗尾联用了唐代李揆的典故，以下对此进行的赏析不正确的两项是（　）

A. 本联用李揆的典故准确贴切，因为苏轼兄弟在当时声名卓著，与李揆非常相似。

B. 中原地域辽阔，人才济济，豪杰辈出，即使卓越如苏轼兄弟，也不敢自居第一。

C. 从李揆的故事推断，如果苏辙承认自己的家世第一，很有可能被契丹君主扣留。

D. 苏轼告诫苏辙，作为大国使臣，切莫以家世傲人，而要展示出谦恭的君子风度。

E. 苏轼与苏辙兄弟情深，此时更为远行的弟弟担心，希望他小心谨慎，平安归来。

【答案】BD

【解析】本题是鉴赏诗歌的表达技巧题型，主要考查尾联用典的意图。应结合全诗及典故的内容分析。B项“即使卓越如苏轼兄弟，也不敢自居第一”错，诗歌的标题是“送子由使契丹”，而典故中李揆因担心被扣留，不承认自己是“唐第一人李揆”，可见诗人此时运用典故的目的应与李揆有相同之处。D项“切莫以家世傲人，而要展示出谦恭的君子风度”有误，这两个选项都忽视了子由出使契丹这一背景及李揆典故的内容。

解答本题之前，考生应先明确典故的类型及诗人运用典故的目的。典故一般分为两大类，一为国家，一为个人。运用前者，多为借古讽今，讽谏君王；运用后者，多为仰慕前人，感怀自己，或者抒发同病之悲等。故解答此类题目，应先关注典故的内容，本题中的典故是“李揆因担心被扣留”而否认是“大唐第一人”，而苏辙出使契丹与李揆之行相同，故苏轼有与李揆一样的担忧。

16. 本诗首联表现了诗人什么样的性格？请加以分析。

【答案】表现了诗人旷达的性格。苏轼兄弟情谊深重，但诗人远在杭州，与在京城的苏辙已是天各一方。这次虽是远别，诗人表示也不会作儿女之态，悲伤落泪。

【解析】本题属于鉴赏诗歌的形象题型。解答本题，不但要关注首联，还应关注全篇。诗歌首联点题，写兄弟宦游四海，天各一方，已是常事，这次也不会因远别而悲伤落泪。苏轼兄弟情谊颇深，苏辙23岁前与兄住在一起，未曾一日分离。23岁进入仕途，从此宦游四方，会少离多。尽管如此，他们仍息息相关。苏轼一生屡遭贬谪，苏辙受累不怨。在“乌台诗案”中，苏辙宁肯舍弃官帽以营救其兄，感人至深。故《宋史·苏辙传》说：“辙与兄进退出处，无不相同，患难之中，友爱弥笃，无少怨尤，近古罕见。”苏辙此去，虽为远别，但暂作分离，一向乐观旷达的苏轼自然不会作小儿女之态。

三、（2017年高考新课标全国Ⅲ卷）阅读下面这首唐诗，完成17—18题

编集拙诗，成一十五卷，因题卷末，戏赠元九、李二十[①]

白居易

一篇长恨有风情[②]，十首秦吟近正声[③]。
每被老元偷格律，苦教短李伏歌行[④]。
世间富贵应无分，身后文章合有名。
莫怪气粗言语大，新排十五卷诗成。

［注］①元九、李二十：分指作者的朋友元稹、李绅，即诗中的“老元”“短李”。李绅身材矮小，时称“短李”。②长恨：指作者的长诗《长恨歌》。③秦吟：指作者的讽喻组诗《秦中吟》。正声：雅正的诗篇。④伏：服气。

17. 以下对本诗的理解和分析，不正确的两项是（　）

A.《长恨歌》和《秦中吟》都是白居易的得意之作，能够作为其诗歌创作的代表。

B. 元稹常常私下对白居易的诗歌进行模仿，这从侧面说明了白诗较高的创作水准。

C. 白居易在诗中称呼李绅为“短李”，也隐含着不太认可李绅诗歌创作的意思。

D. 作者坚信自己必将因文学成就而名扬后世，因此并不介意在当时是否得到认可。

E. 在诗的最后两句中，白居易称，自己新编出的诗集可以成为自我炫耀的资本。

【答案】CD

【解析】本题考查鉴赏诗歌的形象、语言、表达技巧，评价诗歌的思想内容和作者的观点态度的能力。C项“也隐含着不太认可李绅诗歌创作的意思”错误，这是对李绅的一种戏谑称呼；D项整体表述错误，这里虽有对自己诗才的自许，但也蕴含着不平和辛酸。故选C、D。诗歌鉴赏选择题考查得比较全面，基本涉及诗歌鉴赏的所有方面，在判断错误选项的过程中，应当一字不漏地找出各个选项涉及的各方面的信息，然后从选择题设置易错点的角度进行判

断即可。这类试题，需要考生整体把握诗歌，认真思考，准确分析作品风格和写作技法，能够结合社会背景、诗人生平、诗歌内容等准确把握诗歌的主旨。只有做到这些，方可准确作出判断。

18. 请从“戏赠”入手，结合全诗，分析作者表达的情感态度。

【答案】①首联对自己的诗歌创作推崇“风情”“正声”，充满自负态度，并以此态度贯穿全诗。②颔联由自负开始转向友人戏谑自夸，“每被老元偷格律”一句“偷”字写出自己的作品被朋友暗自拿去模仿，有戏谑的成分；“苦教短李伏歌行”，拿朋友的短处、外号呼声，有开玩笑的意思。③颈联由自负、自夸而预言身后定有诗名。④尾联说自己新编成的十五卷诗集，却说“莫怪气粗言语大”，即不要怪里面的内容“言辞夸张”，意为点题之笔。

【解析】此题考查分析诗人的思想情感，应当结合具体诗句分析，因此可以逐句考虑诗歌的大意，进而考虑作者的情感。另外，还要结合标题中的“戏赠”二字及作者的生平经历考虑，意思对即可。诗人在这首诗中所蕴含的感情是复杂的，表面上是自矜自许，是对自己文章的夸耀，是对友人的戏谑，但实质上充满不平、辛酸和自嘲，当然也不乏对自己才能的自豪。对于考查诗歌情感的题目，首先应注意审题，从题干中明确答题的方向及涉及的范围，然后要掌握思考的角度，体悟情感一般从如下几方面入手：一是诗歌的标题，标题可以提示情感、事件、题材，而这些内容都与诗歌情感有关；二是作者、朝代、注释；三是要把握情语，即显性的情感词；四是要把握诗歌中意象的特征。

（本章撰稿人：吴昊）

第十一章

古代诗歌题的一般答题模板

任何活动都是有游戏规则的，诗歌鉴赏也一样。熟悉古代诗歌题的一般答题模板，有助于大家规范作答。就考试来说，答题规不规范，得分差别是很大的。所以，同学们一定要了解并熟练运用古代诗歌题的基本答题范式，规范作答，力争得高分。

第一节　评价思想内容和观点态度题的答题模板

一、理解句意及内容

理解句意及内容，考查对诗歌基本内容的把握，难度较低，会以选择题或简答题的形式考查。理解句意，不仅要知道诗句的字面意思，还要分析诗句的深层内涵。对内容的把握，着重考查理解基础上的概括能力。

命题方式：

1. 下列对本诗的理解，不正确（正确）的是（　　）。

2. ×句的意思是什么？在诗中有什么作用（表达了什么感情）？

3. 请简要概括（分析）××内容。

答题模板：

这首诗（×句）写__________，×句（×词）表现出__________，起到了__________作用。抒发了作者________的情感。

典例示范：

1. 典例示范之一

西　村

陆　游

乱山深处小桃源，往岁求浆忆叩门。
高柳簇桥初转马，数家临水自成村。
茂林风送幽禽语，坏壁苔侵醉墨痕。
一首清诗记今夕，细云新月耿[注]黄昏。

[注] 耿：微明的样子。

下列对本诗的理解，不正确的两项是（　　）

A. 作者到西村"叩门求浆"，是在清风吹拂、新月初现的黄昏时分。

B. "初转马"与"小乔初嫁了"中的"初"都是"当初"的意思。

C.“茂林风送幽禽语”意谓清风送来茂林深处的鸟鸣，衬出西村的幽静。

D.“坏壁苔侵醉墨痕”意谓残壁上青苔侵蚀了昔日醉后留下的字迹。

E. 这首诗和《游山西村》都写乡村风光和对乡村的热爱之情。

【答案】A　B

【解析】

第一步：逐句分析。首联由西村思往事。西村群山环绕，诗人还清楚记得当年游赏时敲门求水解渴的情景。颔联写进山时的情况。走过柳树簇拥的小桥，刚勒转马头转个弯，前面临水数户人家便是西村。颈联写入西村后的所见所闻。周围树木茂密，不见啼鸟，但闻鸟鸣声；坏壁颓垣上，自己曾经醉书于墙上的诗句已是斑斑驳驳，上面布满青苔。尾联以眼前之景作结。诗人觉得应当写一首诗留作纪念，抬起头来，只见空中有几缕纤云、一弯新月，在风景极佳的黄昏之时，清诗自会涌上心头。

第二步：对照选项。A项，“往岁求浆忆叩门”中的“往岁”表明“叩门求浆”是作者回忆的往事，“清风吹拂、新月初现的黄昏时分”即“细云新月耿黄昏”，是作诗的时间，而非“叩门求浆”的时间。A项不正确。B项，“初转马”的“初”是“才”“刚刚”的意思。B项不正确。

2. 典例示范之二

丹青引赠曹将军霸[1]（节选）

杜　甫

先帝天马玉花骢[2]，画工如山貌不同。
是日牵来赤墀[3]下，迥立阊阖[4]生长风。
诏谓将军拂绢素，意匠惨淡经营中。
斯须[5]九重真龙出，一洗万古凡马空。

［注］①曹将军霸：即曹霸，唐代著名画家，官至左武卫将军。②玉花骢：唐玄宗御马名。③赤墀：宫殿前的红色台阶。④阊阖：传说中的天门，这里指宫门。⑤斯须：一会儿。

如何理解曹霸画的马“一洗万古凡马空”？曹霸是怎样做到的？请简要分析。

【答案】

第一问：这一句写曹霸所画玉花骢神奇雄俊，如飞龙跃出，其他人画的“凡马”在此马面前都不免相形失色。

第二问：曹霸先凝神构思，苦心布局，然后落笔挥洒，顷刻之间一气呵成。

【解析】

第一步：疏通句意。“一洗万古凡马空”可翻译为“一下显得万代凡马皆成了平庸”，写出了曹霸所画玉花骢的神奇雄俊，与众不同。

第二步：概括分析。第二问可结合“意匠惨淡经营中”“斯须九重真龙出”两句理解，这两句可翻译为“你匠心独运、苦心构思，片刻间如九天真龙跃出，马就在绢上显现”，由此可见曹霸画马时首先凝神构思，苦心布局，然后落笔挥洒，一气呵成。

二、评价思想感情

评价古代诗歌的思想感情，就是要把握诗歌中所反映的社会现实生活以其中寄寓的作者的情感。古代诗歌反映了广阔的社会生活，主要涉及山水田园、边塞征战、咏史怀古、赠友送别、羁旅思乡、咏物言志等题材。

命题方式：

1. 这首诗（诗的×联）表达了作者（诗中人物）什么样的思想感情（心情）？请简要分析。

2. 结合作品，简要分析作者的情感变化。

3. 分析这首诗与×诗情感的不同之处。

答题模板：

模板1：这首诗（×联）表达了作者__________之情。__________（×词或×句）表明他__________；__________（×词或×句）表明他__________。

模板2：（按诗句顺序）__________表现了作者__________心情；__________表现了作者__________心情（另一种）。

模板3：这首诗写__________，表达了__________之情；而×诗则写__________，表达__________之情。

典例示范：

1. 典例示范之一

残春旅舍

韩 偓[①]

旅舍残春宿雨晴，恍然心地忆咸京[②]。
树头蜂抱花须落，池面鱼吹柳絮行。
禅伏诗魔归净域，酒冲愁阵出奇兵。
两梁[③]免被尘埃污，拂拭朝簪[④]待眼明。

［注］①韩偓（约842—923）：字致尧，京兆万年（今陕西西安）人，这首诗是作者流徙闽地时所作。②咸京：这里借指都城长安。③梁：官帽上的横脊，古代以梁的多少区分官阶。④朝簪：朝廷官员的冠饰。

这首诗的后两联表达了作者什么样的感情？请简要分析。

____

____

【答案】后两联表达了作者内心孤寂愁苦，但仍忠于大唐、心系故国之情。作者通过参禅使自己平静，通过饮酒化解“愁阵”，表明他内心孤寂愁苦；避免染“尘埃”，整理朝冠期待“眼明”，表明他不愿依附奸佞，对大唐一片忠心。（此处运用的是模板1）

【解析】

第一步：概括。颈联，由“悲”可知作者寂寞忧愁的感情。尾联，由“拂拭朝簪待眼明”可知作者心系故国。

第二步：分析。颈联的“禅伏诗魔归净域，酒冲愁阵出奇兵”具体写诗人客居馆舍，内心孤寂愁苦。诗人有时通过参禅来求得内心的安静，有时用酒来冲荡这重重愁阵。尾联表明决心和希望：要好好地保存珍贵的朝帽，千万不能让它被尘埃污染。诗人的言外之意是宁肯终生潦倒，也不改变自己的气节。他轻轻地擦拭着朝簪，心中暗暗地决定：一定要耐心地等待，一直等到大唐复兴，到那时再戴上朝冠、穿上朝服来参与朝政。

2. 典例示范之二

水仙子·舟中

孙周卿

孤舟夜泊洞庭边，灯火青荧对客船，朔风吹老梅花片。推开篷雪满天。诗豪与风雪争先。雪片与风鏖战，诗和雪缴缠。一笑琅然。

结合作品，简要分析作者的情感变化。

____

____

【答案】孤舟夜泊、青荧、客船、朔风等，表现了作者的孤独之感、羁旅之思；漫天飞雪激发了作者的创作豪情。风雪鏖战，“诗豪”与风雪争先，“诗”又与雪缴缠，表现了作者啸傲孤独与风雪的豪迈气概；“一笑琅然”，抒发了作者战胜困境的快意和乐观旷达的情怀。（此处运用的是模板2）

【解析】

第一步：划分层次。前三句交代孤舟夜泊的背景及舟中画面，中间四句写“推开篷”所见的舟外之景，最后一句直抒豪情。

第二步：以景推情。前三句，孤舟无伴，船外白茫茫一片，朔风劲烈，写出了作者的孤寂悲冷。“推开蓬”一句，因为朔风骤起，却有了“雪满天”的全新发现，事出意外，惊喜顿生。最后“一笑琅然”，作者的豪情快意顿时将先前的孤寂悲冷一扫而光。

3. 典例示范之三

内宴奉诏作

曹翰[①]

三十年前学六韬[②]，英名尝得预时髦[③]。
曾因国难披金甲，不为家贫卖宝刀。
臂健尚嫌弓力软，眼明犹识阵云[④]高。
庭前昨夜秋风起，羞见盘花旧战袍。

［注］①曹翰（923—992），宋初名将。②六韬：古代兵书。③时髦：指当代俊杰。④阵云：战争中的云气，这里有战阵之意。

这首诗与辛弃疾的《破阵子》（醉里挑灯看剑）题材相似，但情感基调有所不同，请指出二者的不同之处。

____

____

【答案】①曹诗写自己虽已年老，但报国之心犹存，重在表达“老骥伏枥，志在千里”的豪情；②辛词通过追怀金戈铁马的往事，表达英雄白首、功业未成的悲慨。（此处运用的是模板3）

【解析】

第一步：分析本诗。由“三十年前学六韬”可知作者此时年事已高；“不为家贫卖宝刀”表现作者一直把宝刀藏在身边，时刻准备为国效力；“尚嫌弓力软”“犹识阵云高”表明作者认为自己还能上阵杀敌。全诗表达了作者虽然年事已高，但报国之心犹存的思想感情。

第二步：分析与之相比较的作品。辛弃疾的《破阵子》末句“可怜白发生”点出了全词的情感基调，以沉痛的笔调表达了英雄白首、功业未成的悲慨。

三、评价观点态度

观点态度是指作者在诗中对事、对人、对物的态度，较多的是对社会现实的态度，对历史事件、历史人物的态度，对人生感悟的倾吐等。高考多考查对某种观点的评价、分析，或表达自己的观点。

命题方式：

1. 有人认为本诗是表达××的，有人则认为是表达××的。请谈谈你的理解。

2. 某人认为此诗有某种特点。你对此有什么看法？

3. 诗中借用了××的故事，这有什么用意？

答题模板：

模板1：我认为__________（表明观点）。诗中写__________（结合诗句分析），表现了（抒发了）__________，与观点吻合。

模板2：这种说法有道理（不正确）。此诗描写__________，表达了（表现出）__________，这与__________观点相契合（不符）。

模板3：诗中用__________的故事（典故），含蓄地讽刺__________，表达对__________的不满（愿望）。

典例示范：

1. 典例示范之一

次石湖[①]书扇韵

姜 夔[②]

桥西一曲水通村，岸阁浮萍绿有痕。

家住石湖人不到，藕花多处别开门。

［注］①石湖：南宋诗人范成大（1126—1193）晚年去职归隐石湖（在今江苏苏州），自号石湖居士。②姜夔（1154—1221）：字尧章，号白石道人，饶州鄱阳（今江西鄱阳）人。浪迹江湖，终生不仕。淳熙十四年（1187）夏，曾去拜见范成大，这首诗约作于此时。

有人说，诗的后两句歌颂了范成大的品格，第三句中的“人”是指趋炎附势的人。你对此有什么看法？请简要说明。

____

____

【答案】

观点一：这种说法有道理。此诗赞誉石湖美景，也包含对石湖主人的歌颂。“人”是指势利小人，这些人在范氏去职归隐后便不再与他来往，范氏却不以为意，反而很享受这种田园之乐，这与作者终生不仕的人生态度相契合。

观点二：这种说法不确切。此诗描写了石湖清幽恬静的美景，表现的是作者对石湖主人归隐田园生活的赞赏之情。“人”只是泛指，无人相烦正是幽静的要素，并不是写范氏失势后的世态炎凉。（此处运用的是模板2）

【解析】

第一步：表明观点。先表明自己的观点态度，只要紧扣原诗，自圆其说，观点明确即可。

第二步：结合注释、题干进行分析。解答此题，一定要结合诗歌中的诗句和命题者所给的注释进行分析。从对诗中的“人不到”和注释的分析可知，题干表述的观点是有道理的。也可把“人不到”的“人”理解为泛指，这样，题干表述的观点就不正确。

2. 典例示范之二

鹊桥仙·华灯纵博

陆 游

华灯纵博，雕鞍驰射，谁记当年豪举。[1]
酒徒一半取封侯，独去作、江边渔父。
轻舟八尺，低篷三扇，占断蘋洲烟雨[2]。
镜湖[3]元自属闲人，又何必、管家赐与。

［注］①这三句是追忆当年军中的生活。博，古代的一种棋戏。②占断：占尽。蘋洲烟雨：指长满蘋草、烟雨空蒙的风光。③镜湖：即鉴湖，在今浙江绍兴。唐天宝初，贺知章请求回家乡会稽当道士，玄宗诏赐他镜湖一角。

词的结尾借用了贺知章的故事，这有什么用意？请简要分析。

____

____

【答案】借用典故，含蓄地表现对统治者的不屑及愤慨不平之情。皇帝既置我于闲散，镜湖风月原本就属于闲散之人，又何必要你皇帝恩赐呢？再说，天地之大，何处容不下我一个闲散之人，谁又稀罕你皇帝的恩赐！（此处运用的是模板3）

【解析】

第一步：概括作者的用意。本词为作者闲居故乡山阴时所作，表现的是身寄湖山、心存河岳之情。

第二步：结合诗句具体分析。下片前三句写湖上生活，无拘无束，占断烟雨。第四、五句借用典故翻出新意：官家既置我于闲散，这镜湖风月本属闲人，何用官家赐予？再说天地之大，江湖之迥，谁又稀罕官家赐予？夷然不屑之态，愤慨不平之情，蓄积而出。

第二节 鉴赏诗歌表达技巧题的答题模板

一、鉴赏表达方式

古代诗歌常用的表达方式有叙述、描写、抒情、议论，而描写与抒情为考查重点。

命题方式：

1. 诗中（×句）表现了什么内容？是如何表现的？

2. 这首诗是如何处理情景关系的？

3. 诗中运用××手法，表达了什么样的思想感情？

答题模板：

模板1：诗中（×句）表现（表达）了__________，是通过__________（描写、抒情、议论等）来表现的。×句中__________（分析诗句内容，紧扣前面提到的表达方式及抒发的感情）。

模板2：诗中运用________方式__________（作用）。如诗中__________（结合诗句分析），表现了__________。

典例示范：

1. 典例示范之一

阮郎归·春风吹雨绕残楼

无名氏①

春风吹雨绕残枝，落花无可飞。小池寒渌欲生漪，雨晴还日西。

帘半卷，燕双归。讳愁②无奈眉。翻身整顿着残棋，沉吟应劫③迟。

［注］①作者一说是秦观。②讳愁：隐瞒内心的痛苦。③劫：围棋术语。

末尾两句表现了词中人物什么样的情绪？是如何表现的？需要阐述。

____

____

【答案】末尾两句表现了词中人物思绪纷乱、无法排遣的愁情，是通过人物自身的动作来表现的。回身整理残棋并想续下，借以转移愁情，可又因心事重重，以致犹豫不决，落子迟缓。（此处运用的是模板1）

【解析】

第一步：分析人物情绪。分析时，首先要翻译词句，从句中归纳、提炼体现词中人物情感的肢体语言。“翻身整顿着残棋，沉吟应劫迟”的大意是：主人公回过身来，接着准备下完残局，沉吟之间，应劫时迟缓了。为什么“迟”呢？下阕的前三句交代了原因：看到燕子双飞，主人公感到痛苦，想把痛苦隐藏起来，可是无奈在眉间显示出来。“燕双归”引起的愁思，大约是人不归、身孤独。

第二步：分析表达方式。后两句，“翻身整顿”“沉吟”都是动作描写。愁思挥之不去，主人公转身下棋，显然是想转移这种愁思，于是愁情表现在下棋的动作上：心事重重，以致下手迟缓。一个“迟”字就点出了内心的烦乱无绪。

2. 典例示范之二

北来人二首

刘克庄

试说东都[①]事，添人白发多。寝园残石马，废殿泣铜驼。
胡运占难久，边情听易讹。凄凉旧京女，妆髻尚宣和[②]。
十口同离仳，今成独雁飞。饥锄荒寺菜，贫著陷蕃衣。
甲第歌钟沸，沙场探骑稀。老身闽地死，不见翠銮归。

［注］①东都：指北宋都城汴梁。②宣和：宋徽宗年号。

这两首诗在叙事上有何特色？试做简要分析。

____

____

【答案】①以对比加强叙事的抒情效果。用权贵歌舞宴饮、不问军情与百姓心系故国作对比，表达忧国忧民之情；以主人公一家亡国前后境况的对比，表现百姓流离之苦。②以“北来人”的口吻叙事，表达情感显得更真实、自然。③叙事中流露出个人的情感，如“今成独雁飞”流露了主人公家破人散的凄凉与孤独。（此处运用的是模板2）

【解析】

第一步：细读题干，明确答题。本题要求从叙事这一角度切入，欣赏两首诗歌。鉴赏叙事特色，要以平时所积累的知识为基础，从叙事中的语言特色、修辞特色、抒情特色、叙事人称特色等角度入手进行赏析。

第二步：以诗句为例，分类赏析。这两首诗的叙事、描写都很朴实，近似白描，以“北来人”的口吻叙事，真切自然，与国破家亡的内容相吻合；在叙事中饱含情感因素，如“十口同离仳，今成独雁飞”“老身闽地死，不见翠銮归”，叙事中写出无限悲伤之情；同时，叙事中的对比也十分鲜明，如“甲第”与“沙场”的对比，“十口”与“独雁”的对比等。

3. 典例示范之三

金陵望汉江

李 白

汉江回万里，派①作九龙盘。
横溃豁中国，崔嵬飞迅湍。
六帝②沦亡后，三吴③不足观
我君混区宇，垂拱众流安。
今日任公子，沧浪罢钓竿。④

［注］①派：河的支流。长江在湖北、江西一带，分为很多支流。②六帝：代指六朝。③三吴：古吴地后分为三，即吴兴、吴郡、会稽。④这两句的意思是，当今任公子已无须垂钓了，因为江海中已无巨鱼，比喻已无危害国家的巨寇。任公子是《庄子》中的传说人物，他用很大的钓钩和极多的食饵钓起一条巨大的鱼。

诗中运用任公子的典故，表达了什么样的思想感情？

____

____

【答案】①作者运用任公子的典故，以水无巨鱼代指世无巨寇，表达了对大唐一统天下、开创盛世伟绩的歌颂；②作者自比任公子，觉得在太平盛世没有机会施展才干，不免流露出一丝英雄无用武之地的失落。（此处运用的是模板2）

【解析】

第一步：了解典故。首先阅读注释，了解任公子的典故。“任公子”代表贤臣良将，“垂钓”指平定叛乱，“巨鱼”比喻危害国家的巨寇，“很大的钓钩和极多的食饵”喻指费很大的力气。

第二步：联系诗歌语境，把握思想情感。后两联的意思是，本朝圣明之君统一天下，垂衣拱手，无为而治。今天的任公子，已不需要沧海垂钓了。结合背景可知，当时的唐王朝正处在开元盛世之时，天下一统，河清海晏。诗中用任公子东海钓巨鱼的典故，来表达对太平盛世的称颂。盛世之下，诗人自己空有大才却无用武之地，不免徒增伤悲。

三、鉴赏表现手法

表现手法是作者在塑造形象、创造意境、表达思想感情时所运用的写作方法。常见的表现手法有渲染、烘托、象征、映衬、对比、比兴、铺陈、虚实结合、动静结合、以小见大、欲扬先抑、联想、想象等。

命题方式：

1. 为了表现（突出）××内容，诗人用了什么手法？请简要分析。

2. 诗中是用什么方法表达感情的？请简要分析。

3. 请结合诗句说明本诗（×联）采用了哪些表现手法。

答题模板：

模板1：诗人用_________手法。×句写_________，表现（强调）_________；×句写_________，进一步表现出_________。

模板2：诗人是用_________手法表达感情的。诗中_________（与表现手法相关的内容），表达了_________的感情。

典例示范：

1. 典例示范之一

丹青引赠曹将军霸（节选）

杜 甫

先帝御马玉花骢，画工如山貌不同。
是日牵来赤墀下，迥立阊阖生长风。
诏谓将军拂绢素，意匠惨淡经营中。

斯须九重真龙出，一洗万古凡马空。

为了突出曹霸的高超画技，诗人做了哪些铺垫？请简要分析。

____

____

【答案】①画工如山貌不同：写曹霸要画的马已有众多画家画过，但画得都不成功。强调此马的雄俊非凡手可得，造成此马难画的印象；②迥立阊阖生长风：写真马昂头站立，给人万里生风之感，进一步点出画家要捕捉住此马飞动的神采尤其不易。（此处运用的是模板1）

【解析】

第一步：理解诗意，整体把握。首联写众多画家画马而“貌不同”，颔联写马的神采飞动。后两联写将军曹霸的作画过程及作品的精妙。

第二步：确定铺垫内容并分析。前两联没有直接写曹霸的画技，为铺垫内容。“画工如山貌不同”写多少画家画唐玄宗的御马玉花骢，都与原貌不同，不能与其神似，可见此马难画。用“生长风”形容玉花骢的神奇雄俊，可见画此马需高超技艺。

2. 典例示范之二

含山店梦觉作

韦 庄[注]

曾为流离惯别家，等闲挥袂客天涯。

灯前一觉江南梦，惆怅起来山月斜。

[注]韦庄（约836—910）：字端己，长安杜陵（今陕西西安东南）人。曾流离迁徙于汴洛、吴越等地。

韦庄在诗中是用什么方法表现感情的？请简要分析。

____

____

【答案】诗人是用衬托的方法来表现感情的。诗人虽然到处漂泊，但好像对此并不在意，认为这是“等闲”之事；而客中一觉梦醒，思家乡念亲人的惆怅之情不禁油然而生。（此处运用的是模板2）

【解析】

第一步：确定表现手法。由上联的“等闲”与下联的“惆怅”可见，上下联是对比衬托的关系。

第二步：分析表达效果及感情。一、二句写自己流离失所，早已习惯于离家在外的漂泊生活，认为这是“等闲”之事。三、四句写一觉醒来，面对眼前的孤灯和夜空的斜月，倍感惆怅，思乡念亲之情油然而生。从全诗看，作者的情感是惆怅的，但开头两句一再强调“惯”“等闲”，把分别看作生活常态，这显然是因曾经的无所谓衬托眼下难以摆脱的惆怅。

3. 典例示范之三

赋得暮雨送李胄

韦应物

楚江微雨里，建业暮钟时。
漠漠帆来重，冥冥鸟去迟。
海门深不见，浦树远含滋。
相送情无限，沾襟比散丝[注]。

［注］散丝：古人有“密雨如散丝”的诗句。

对这首诗的赏析，不恰当的两项是（　）

A. 首联既点明了诗题中的“暮雨”，又照应了诗题中的“送”字。

B. 颈联写海门望而不见，自然也看不见行人，令人倍感凄楚。

C. 尾联中将沾襟的别泪与散丝般的密雨交融在一起，十分含蓄地表达了诗人的送别之情，情与景巧妙地结合起来。

D. 首句直接点明“微雨”，后面通过对船帆、鸟儿、天际、大树的描绘来烘托蒙蒙细雨，这样更增强了诗的形象性和表达力。

E. 全诗的主要篇幅是写景，将离别之情寓于景中。“此地别燕丹，壮士发冲冠。昔时人已没，今日水犹寒”与它写法相同。

【答案】C　E

【解析】

第一步：初解诗意。由题目可知，这是一首送别诗。诗歌的前六句都是写景，应该是用了寓情于景的手法。

第二步：对照选项，逐一分析。首联两句写黄昏时分，诗人伫立在细雨蒙蒙的江边，有“雨”有“暮”，暗含送别，A项正确。颈联“海门深不见”写天色朦胧，看不清通海处，联系送别情景，可推知看不见行人，加重别愁，故

B项正确。尾联直抒胸臆，抒发送别时的伤心，并没有写景，C项说“十分含蓄地表达了诗人的送别之情”与诗歌内容不符合。E项中“此地别燕丹，壮士发冲冠。昔时人已没，今日水犹寒”明显用了荆轲的故事，是借咏史以喻今，与本诗写法不同。

三、鉴赏修辞手法

诗歌运用的修辞手法主要有对偶（对仗）、比喻、比拟、借代、夸张、通感、排比、反复等。高考主要考查修辞手法在作品中的表达效果。

命题方式：

1. 试分析×句使用的修辞手法。

2. 这首诗运用了哪些修辞手法？请具体分析。

3. 结合诗句分析这首诗（×句）是运用什么艺术手法来表现情感的。

4. ×句在表达技巧上有何妙处？请结合诗句赏析。

答题模板：

模板1：这首诗（×句）运用了__________修辞手法。×句中把__________比作__________（或：把__________拟人化），生动形象地表现出__________，渲染了__________的气氛。

模板2：这首诗（×句）运用了__________修辞手法。×句与×句构成__________（对偶、排比、反复）句式，句式整齐（增强气势），鲜明地表达了（表现出）__________感情。

典例示范：

1. 典例示范之一

定　林①

王安石

漱甘凉病齿，坐旷息烦襟。
因脱水边屦，就敷岩上衾。
但留云对宿，仍②值月相寻。
真乐非无寄，悲虫亦好音。

［注］①定林：寺院名，位于金陵（今南京）。作者罢官后常到此游憩。②仍：又。

简析第三联中诗人表现情感的手法。

____

____

【答案】运用拟人手法，诗人把“云”和“月”人格化。诗人欲和白云对宿，又逢明月相寻，写出在定林流连忘返的愉悦心情。（此处运用的是模板2）

【解析】

第一步：明确表现手法。本题问的是表现情感的手法，一般说来表现情感的应是动词、形容词，所以由“宿”和“寻”入手作答。“云”“月”是物，而“宿”“寻”则是人的动作，据此判断用了拟人手法。

第二步：分析表达效果。结合诗句，根据拟人手法的作用来回答。诗人想要和白云对宿，又碰上明月相寻，可见诗人流连忘返的愉悦心情。

2. 典例示范之二

红　梅

苏轼

怕愁贪睡独开迟，自恐冰容不入时。
故作小红桃杏色，尚余孤瘦雪霜姿。
寒心未肯随春态，酒晕无端上玉肌。
诗老[注]不知梅格在，更看绿叶与青枝。

［注］诗老：指苏轼的前辈诗人石曼卿。

下列对这首诗的理解，不恰当的两项是（　）

A.“独开迟”既点出了红梅晚开，也赋予了她不与众花争春的品性。

B.“自恐”句不是说真的担心，而是含蓄地表达了不愿趋时的情感。

C.“酒晕”句是说梅花之色仿佛是人饮酒后脸上泛起的红晕。

D. 作者对石曼卿持肯定态度，因为他能通过“绿叶”“青枝”等外形特征，写出红梅的内在品格。

E. 诗人使用拟人手法，以红梅自况，表达了与桃杏一起装点春天的愿望。

【答案】D　E

【解析】

第一步：初解诗意。这是一首咏物诗，一般会用到拟人、托物言志等手法。梅花在古诗词中一般象征高洁、坚强不屈的品质。

第二步：对照选项，逐一分析。首句“独开迟”说明红梅不愿与俗芳同艳，A项正确。“自恐”句表达的意思，应结合全诗来理解。作者要表现的是梅花不愿趋时的高洁品格，因此不是真的担心，故B项正确。“酒晕”即饮酒后脸上泛起的红晕，这里运用拟人手法，写红梅的颜色，故C项正确。最后两句是说，石曼卿老人不懂得红梅风格所在，怎么能从绿叶、青枝来看梅花？可见对石曼卿持否定态度，故D项错误。从全诗看，作者托物言志，借咏梅来赞美不同流俗的孤高品性，而不是“与桃杏一起装点春天的愿望”，故E项不正确。

四、鉴赏结构技巧

在古典诗词中，通常是先写景叙事，后议论抒情，前面的景为后面的议论或抒情做铺垫，而后面的观点态度和思想感情也一定是在前面写景的基础上阐发。此外，我们还要特别注意诗歌常见的结构技巧：开门见山、伏笔照应、层层深入、先总后分、先景后情、画龙点睛、过渡、铺垫等。

命题方式：

1. ×句在全诗中起到了什么作用？
2. 这首诗是以什么线索来写的？请简要说明。
3. 说说这首诗的构思脉络。
4. 这首诗的开篇（结尾）有什么特点？

答题模板：

模板1：×句在诗中起到了__________的作用。×句写了__________，表现了__________，有利于突出诗的主旨（表达情感）。

模板2：这首诗是以________为线索来写的。开篇（前半部分）写__________紧扣与线索有关的词句，中间（后半部分）写__________，结尾写__________。

典例示范：

1. 典例示范之一

关河令·秋阴时晴渐向暝

周邦彦①

秋阴时晴渐向暝，变一庭凄冷。伫听寒声②，云深无雁③影。

更深人去寂静，但照壁孤灯相映。酒已都醒，如何消夜永！

［注］①周邦彦（1056—1121）：字美成，号清真居士，钱塘（今浙江杭

州）人。②寒声：指秋声，如风声、落叶声、虫鸣声等。③雁：古人认为雁能传书。

从上、下两阕的首句看，这首词是以什么为线索来写的？请简要说明。

【答案】这首词是以时间推移为线索来写的。上阕写的情景发生在日间“渐向暝”时；下阕写作者难以入眠的情景已经推移至更深、人去、夜寂静时。（此处运用的是模板2）

【解析】

第一步：抓关键词，明确线索。上阕首句“秋阴时晴渐向暝”，显然是白天，下阕首句写“更深”，显然是夜深人静。综合起来看，词人是以时间先后取序为线索来写的。

第二步：结合词句，简要分析。词的上阕写日间情景，偶尔放晴，却薄暮昏暝。词的下阕写夜间情景，更深人去，酒已都醒。上、下阕以暗移的时间为经线自然衔接，将词境渐次推进。

2. 典例示范之二

春日忆李白

杜 甫

白也诗无敌，飘然思不群。
清新庾开府，俊逸鲍参军。①
渭北春天树，江东日暮云。②
何时一樽酒，重与细论文③。

［注］①庾开府、鲍参军：指庾信、鲍照，均为南北朝时著名诗人。②渭北、江东：分别指当时杜甫所在的长安一带与李白所在的长江下游南岸地区。③论文：此处指论诗。

说说这首诗的构思脉络。

【答案】作者立足于诗，怀念李白：从赞美李白的诗歌开始，转为对李白的思念，最后以渴望相见、切磋诗艺作结。（此处运用的是模板2）

【解析】

第一步：疏通诗意，整体理解。李白的诗作无人能敌，他那高超的才思远远超出众人。他的诗作既有庾信的清新之气，也有鲍照的俊逸之风。如今我在渭北独对着春日的树木，而你在江东远望那日暮薄云，天各一方，只能遥相思念。何时才能一同饮酒，再次仔细探讨诗作呢？

第二步：分层概括。诗歌前两联赞美李白的诗，第三联表达思念之情，结尾表达渴望相见论诗的意愿。

第三节　鉴赏诗歌语言题的答题模板

一、炼字

古人写诗，十分讲究炼字。在一首诗（词）中，最能表达作者思想感情、体现作者匠心的字都是“炼”过的字；一首诗（词）会因一字（或几个字）炼得好而意境全出。一般说来，炼字主要是锤炼诗（词）中的动词、形容词、数词和副词等。

命题方式：

1. 句中×字又作×字，你认为哪个字更好？请简要分析。

2. 请赏析诗中×字的表达效果（妙处）。

3. 有人认为×字是全诗的关键，你同意吗？请说明理由。

4. 全诗是围绕哪个字展开的？试简要分析。

答题模板：

模板1：用×字好。×字表明__________，更能突出作者__________的思想感情。

模板2：×字有__________含义，用在句中，写出了__________，巧妙贴切，富有感染力，表达出作者__________的情感。

典例示范：

1. 典例示范之一

内宴奉诏作

曹 翰[1]

三十年前学六韬[2]，英名尝得预时髦[3]。
曾因国难披金甲，不为家贫卖宝刀。
臂健尚嫌弓力软，眼明犹识阵云[4]高。
庭前昨夜秋风起，羞见盘花旧战袍。

［注］①曹翰（924—992），宋初名将。②六韬：古代兵书。③时髦：指当代俊杰。④阵云：战争中的云气，这里有战阵之意。

诗的颈联又作“臂弱尚嫌弓力软，眼昏犹识阵云高”，你认为哪一种比较好？为什么？请简要分析。

【答案】

观点一：作“弱”“昏”好。①“臂弱”“眼昏”表明作者承认自己年老体衰的客观事实，但强调即使如此，也还是能够冲锋陷阵；②更强烈地表现出作者只要一息尚存，就不忘杀敌报国的刚毅精神。

观点二：作“健”“明”好。①“臂健”“眼明”表明作者认为虽然岁月流逝，但身体依然强健，当然还可以冲锋陷阵，为国驱驰；②表现出作者心存随时准备杀敌报国的坚定信念，而忘记自己老之将至。（此处运用的是模板1）

【解析】

第一步：明确哪一种比较好。一般来说，两种各有妙处，任选其一即可。

第二步：把所选词语放入诗句中阐明句意，点明感情。①认为“健”“明”好。“臂健”“眼明”指臂膀健硕、眼睛明亮；“尚嫌”“犹识”强调尽管岁月流逝，但身体强健，仍识得战阵；全诗表达了作者随时准备杀敌报国的坚定信念。②认为“弱”“昏”两字较好。“弱”“昏”指体弱眼花，表达作者虽承认自己年老体衰，但依旧不忘杀敌报国的刚毅精神。

2. 典例示范之二

卜算子

张元干[注]

风露湿行云，沙水迷归艇。卧看明河月满空，斗挂苍山顶。

万古只青天，多事悲人境。起舞闻鸡酒未醒，潮落秋江冷。

［注］张元干：宋代爱国词人。

请对上片前两句中的“湿”“迷”二字分别作简要赏析。

____

____

【答案】①“湿”字，描写地面浓重的风露水汽使行云也充满湿气而显得厚重凝滞，突出了外在环境的潮湿、阴冷，表现了作者凄凉、沉重的心情。②“迷”字，描写水面迷蒙的雾气使归舟迷失了航向，烘托出朦胧、迷茫的氛围，表现了作者内心的迷惘。（此处运用的是模板2）

【解析】

第一步：弄懂字义。本词中，“湿”用作动词，沾湿；“迷”，使动用法，使……迷路。

第二步：结合作品内容理解关键词的表达效果及情感。风清露冷，弄湿了行云；沙水一色，使归艇迷失了方向，描绘出一片苍茫浩渺之景。最后指出由关键词所表现出来的情感态度。

二、炼句

“炼句”之句，是指诗中格外精警动人的佳句，尤其是在全诗（词）的结构、表情达意、升华主旨等方面起关键作用的句子。这种句子出现的位置虽不固定，但常常统摄全诗的内容、主旨，所以便成了诗歌鉴赏常见的考查点。

命题方式：

1. 请结合全诗简要赏析×句在表情达意上起到的作用。
2. 古人认为×句最为精巧，请指出它巧在哪里，并简要赏析。
3. ×句包含了哪些意思？请结合诗歌简要赏析。

答题模板：

模板1：诗句用________（表达技巧）手法，表现（渲染）出__________内容（气氛）突出表达了__________的情感。

模板2：×句用词（构思）巧妙，__________与__________（动词或形容词），写出了__________，达到了__________效果。

典例示范：

1. 典例示范之一

思远人

晏几道

红叶黄花秋意晚，千里念行客。飞云过尽，归鸿无信，何处寄书得。

泪弹不尽临窗滴，就砚旋研墨。渐写到别来，此情深处，红笺为无色。

这首词表达了什么样的感情？“红叶黄花秋意晚”一句对表达这种感情有什么作用？

____

____

【答案】这首词表达了对远方行人的深切思念。首句起兴，以红叶黄花染绘出深秋的特殊色调，渲染离别的悲凉气氛，增添对远方行人绵绵不尽的思念情怀。（此处运用的是模板1）

【解析】

第一步：分析情感。由题目“思远人”可知，这首词表达的是对“远人”的思念之情。

第二步：分析句子。首句写秋景，林叶转红、菊花开遍，又到了晚秋时节，渲染了一种悲凉气氛，使离愁更浓。

2. 典例示范之二

残春旅舍

韩 偓

旅舍残春宿雨晴，恍然心地忆咸京。
树头蜂抱花须落，池面鱼吹柳絮行。
禅伏诗魔归净域，酒冲愁阵出奇兵。
两梁免被尘埃污，拂拭朝簪待眼明。

古人认为这首诗的颔联“乃晚唐巧句”，请指出这一联巧在哪里，并简要赏析。

____

____

【答案】①构思巧妙，把“花须落”“柳絮行”这些常见的残春景象与“蜂抱”“鱼吹”联系起来，十分新奇；②用词巧妙，“抱”“吹”的使用虽然出人意料，但又显得非常自然。（此处运用的是模板2）

【解析】

第一步：根据诗句分析形象和画面。颔联两句诗展现了如下景象：仰望绿暗红稀的树梢，蜜蜂抱着花须随花飞落；俯观柳絮飘坠的池水，鱼儿吞吐水沫，吹着柳絮玩耍。

第二步：指出动词的作用，写出表达效果。飞花、落絮本是残春景物，而蜜蜂一“抱”，鱼儿一“吹”，就平添了无穷趣味与几分生机。

三、鉴赏语言风格

语言风格，是指不同作者的作品或者同一作者不同时期的作品，所呈现出的不同的语言特色，包括语言的格调、色彩、境界、情味等。

命题方式：

1. 请分析这首诗的语言风格。

2. 这首诗在写作上有什么特色？

答题模板：

这首诗的语言__________（沉郁顿挫、浑厚雄壮、清新自然、朴素淡雅、明快平淡、简洁洗练、委婉含蓄、诙谐幽默、华美绚丽等），如×句（×词）写出了__________，语言__________，表意__________。

典例示范：

1. 典例示范之一

示秬秸[注]

张 耒

城头月落霜如雪，楼头五更声欲绝。
捧盘出户歌一声，市楼东西人未行。
北风吹衣射我饼，不忧衣单忧饼冷。
业无高卑志当坚，男儿有求安得闲。

［注］秬秸：张耒二子张秬、张秸。张耒，北宋著名文学家，曾官任太常寺少卿。

下列的理解和赏析，不正确的两项是（　）

A. 本诗语言富有韵味，如开头两句从视觉角度描画出清冷空寂的景色，透露出作者对卖饼儿的同情。

B. “歌一声”，是说卖饼儿沿街呼卖时有腔有调，生动形象并富于童趣。

C. 五、六句写卖饼儿衣着单薄，凛冽的寒风吹透了他的衣衫，他却担忧饼冷难卖。

D. 作者在诗的最后，对两个儿子提出了谆谆告诫，点明了本诗的题旨。

E. 这首诗语言平实，没有华丽的辞藻，明白如话，通俗浅显。

【答案】A　B

【解析】

第一步：初读诗歌，明确风格。这首诗写卖饼儿的生活，语言浅显易懂。

第二步：逐项分析。A项，分析原诗可知，第一句从视觉角度描写，第二句“声”从听觉角度描写。A项未指出“听觉角度”，不正确。B项，由颔联下句可知，这里是写卖饼儿起得早，生活艰辛，“生动形象并富于童趣”不恰当。

2. 典例示范之二

微雨登城二首·其一

刘　敞

雨映寒空半有无，重楼闲上倚城隅。
浅深山色高低树，一片江南水墨图。

望湖楼晚景

苏　轼

横风吹雨入楼斜，壮观应须好句夸。
雨过潮平江海碧，电光时掣紫金蛇。

以上两首诗，刘诗优美，苏诗壮美，请结合诗句赏析。

____

____

【答案】刘诗用“雨映寒空半有无”作为背景，用“浅深山色高低树”作为主景，虚实结合，浓淡搭配，相互映衬，描绘出“一片江南水墨图”的优美画面。苏诗描绘的是由疾风、骤雨、雷电所构成的壮美景观，“横风吹雨”“电光时掣”先后出现，中间插入“雨过潮平”的短暂平静，跌宕起伏，更突显其壮观。

【解析】

第一步：列举诗句。分别找出刘诗中体现“优美”的诗句和苏诗中体现“壮美”的诗句。

第二步：分析特点。对诗句分析时要讲出其所用的表现手法或表达方式，既有举例，又有赏析。

第四节　鉴赏诗歌形象题的答题模板

一、鉴赏人物形象

诗歌中的人物形象分为两类：一是抒情主人公，即诗人自己的形象。二是诗歌所刻画的人物形象。分析人物形象多出现在叙事诗或抒情诗中。

命题方式：

1. 这首诗（词）塑造了一个怎样的形象？试加以分析。
2. 诗（词）中的人物形象具有怎样的特点？试加以概括（或分析）。
3. 请简要概括（或分析）诗（词）中作者的形象特点。
4. 从诗中哪些内容可以看出人物的××特点（情感）？请简要分析。

答题模板：

模板1：本诗的__________（人物）是一位__________（神态、动作、性格、思想感情等）的形象。

模板2：本诗塑造了__________形象。通过对__________的描写，表现了__________的态度（思想、品质），抒发了作者__________之情。

模板3：从__________句可见__________（特点或情感），从__________句可见__________（另一特点或情感）。

典例示范

1. 典例示范之一

梦江南·千万恨

温庭筠

千万恨，恨极在天涯。山月不知心里事，水风空落眼前花。摇曳碧云斜。

词中三、四两句刻画了一位什么样的主人公形象？请简要分析。

____

____

【答案】词中三、四两句写主人公满腹哀怨，对月怀远，月却不解；临水看花，花自飘零，无人怜惜。刻画了一位孤独寂寞又自哀自怜的主人公形象。（此处运用的是模板1）

【解析】

第一步：身份定位。由“山月”“落花”等意象可见主人公的自哀自怜。

第二步：分析总结。明说“山月不知心里事”，实喻自己的心事无人懂。什么心事？对月怀远，乃天涯之思。山月既让游子思乡，也让闺中女子怀人。下一句中的“空”字再次点染了主人公的心事，花谢花飞，年华渐老，而游子不归。落花看似无意，却徒惹主人公唏嘘。无论是夜晚望月，还是白昼看花，又都写出了主人公的孤独寂寞和无奈的心情。

2. 典例示范之二

竹轩诗兴

张 镃

柴门风卷却吹开，狭径初成竹旋栽。
梢影细从茶碗入，叶声轻逐篆[注]烟来。
暑天倦卧星穿过，冬昼闲吟雪压摧。
预想此时应更好，莫移墙下一株梅。

［注］篆：盘香。因盘香曲绕如篆文，故称。

请结合全诗，简要分析诗人的形象。

____

____

【答案】本诗塑造了闲适、洒脱、高雅的诗人形象。通过对“竹轩”“柴门”“狭径”等简朴清幽的生活环境的描写，表现了诗人日常生活的闲适自得；“倦卧”“闲吟”等反映了诗人洒脱的生活态度；“竹”“雪”“梅”等意象反映了诗人高雅的人生志趣。（此处运用的是模板2）

【解析】

第一步：概括诗人形象。本诗塑造了……的诗人形象。

第二步：结合诗中意象逐条分析。诗人心志清隽，爱好闲雅。他身处竹轩，轻掩柴门，漫步小径，品茶焚香，或倦卧，或闲吟，悠然自得。竹轩之中四时皆佳趣，赏竹、观星、观雪、品梅，均非别处所能领略，亦足见诗人的清雅之趣。

3. 典例示范之三

访隐者不遇成二绝·其二

李商隐

城郭休过识者稀，哀猿啼处有柴扉。

沧江白石渔樵路，日暮归来雨满衣。

诗中从哪些地方可看出“隐者”的身份？请简要概括。

____

____

【答案】从前两句可见隐者的住处城里少有人知，住在深山，居室简陋；从第三句可知其与渔樵为伍。（此处运用的是模板3）

【解析】

第一步：疏通诗意。通读全诗，诗歌并没有直接揭示受访者的隐士身份，而是通过环境描写来暗示。一、二句写隐者所处的环境，三句写隐者的生活（捕鱼、砍柴），四句写作者想象隐者归来时被雨淋湿的情景。

第二步：概括与“隐者”相关内容。“城郭休过识者稀”说明少有人知，“哀猿啼处”说明住在深山，“有柴扉”说明居室简陋，“沧江白石渔樵路”说明与渔夫、樵夫为伍。

二、鉴赏景物形象

景物是指诗歌中描绘的自然景物和人文景物。诗中的景物形象是情中之景，有单个景物形象，也有由多个景物形象组合成的意境。

命题方式：

1. 诗歌描写了什么样的景象？这样写有什么作用？

2. 这首诗为我们描绘了一幅怎样的画面（意境氛围），表达了怎样的思想感情？

3. 诗中×景物有哪些特点？

答题模板：

模板1：诗歌描写了__________的景象。作者意在借此表达__________情感（主旨）。

模板2：本诗用__________的意象，描绘了一幅__________的画面，营造了一种__________的氛围，从而表达了诗人__________的情感（心情、心境）。

模板3：诗中×景物有____________个特点：一是____________，二是__________。诗人用__________手法，写出了__________，形象生动。

典例示范

1. 典例示范之一

金陵望汉江

李 白

汉江回万里，派作九龙盘。
横溃豁中国，崔嵬飞迅湍。
六帝沦亡后，三吴不足观。
我君混区宇，垂拱众流安。
今日任公子，沧浪罢钓竿。

诗的前四句描写了什么样的景象？这样写有什么用意？

____

____

【答案】前四句描写了江水万流横溃，水势浩瀚、气势宏大的景象。作者以此为下文颂扬盛唐天下一家、国运兴盛积蓄气势，有利于突出诗的主旨。（此处运用的是模板1）

【解析】

第一步：概括景物。诗的前四句大意是，汉江回旋万里，分为多支，横行泛滥，冲开中原，高高的山峰也是飞流激湍，写的是汉江奔涌各地的景象，十分雄奇。解答题目第一问，可以简要描摹这四句所写景象。

第二步：分析用意。这四句在诗的开头，表现汉江的气势，肯定是为下文铺垫、蓄势之类。诗的五、六两句，写南朝灭亡之后，三吴之地没有什么大不了的。七、八两句，写“我君”统一天下，垂拱而治，江汉万流，风平浪静。可见，写雄奇景象，正是为颂扬国家一统蓄势。

2. 典例示范之二

琅琊溪①

欧阳修

空山雪消溪水涨，游客渡溪横古槎②。

不知溪源来远近，但见流出山中花。

［注］①此诗写于作者被贬滁州（在今安徽省境内）期间。琅玡溪在滁州琅琊山。②槎（chá）：这里指拼扎而成的简易木桥。

这首诗围绕溪水描绘了哪几幅画面？表达了作者怎样的情感？

____

____

【答案】这首诗描写了雪消溪涨、游客渡溪、古槎横溪、山花随溪水流出等画面。表现了作者对琅玡溪美景的喜爱之情，体现了作者寄情山水的悠然情怀。（此处运用的是模板2）

【解析】

第一步：描绘画面。这首诗围绕溪水来写，描绘了这样的图景：琅玡山上的积雪化为溶溶春水流入了琅玡溪，游客信步走在一座横跨溪流的木桥上，看见落花随溪水自上游漂来。答题时根据不同画面分别概括即可。

第二步：分析情感。诗中描写的风景优美，充满勃勃生机，可见诗人对景物充满喜爱之情。

3. 典例示范之三

山寺夜起

江　湜

月升岩石巅，下照一溪烟。

颜色如云白，流来野寺前。

开门惜夜景，矫首看霜天。

谁见无家客，山中独不眠。

三、四两句中的“烟”有哪些特点？诗人是如何描写的？

____

____

【答案】三、四两句中的“烟”有两个特点：一是色白，二是具有动态。诗人在第三句用比喻的修辞手法，形容山岚在月光下呈现出如云的白色；第四句以“流”字描写山岚之动态，形象生动。（此处运用的是模板3）

【解析】

第一步：找特点。题干已指明三、四两句，界定了范围。三句中的“白”点明颜色，四句中的“流”点明状态。

第二步：分析手法。三句中的“如云白”是答题关键点，明显看出诗人用了比喻的修辞手法，四句中的“流”写出了烟的动态。

三、鉴赏事物形象

事物形象，多指咏物诗或杂诗中的物象。这些物象大多带有诗人的主观色彩，诗人往往用比喻、象征、托物言志等手法，对事物进行人格化的描写，曲折地表现诗人的品格和思想感情。

命题方式：

1. 本诗（×联）描绘了一个怎样的形象？试加以分析。
2. ×句体现了×事物怎样的品性？
3. 诗人借×事物形象传达了怎样的思想感情？
4. 诗中所描写的×意象（形象）有什么含义？

答题模板：

×事物__________（外在特征），具有__________的品质，诗人借×形象表达了__________的思想感情。

典例示范：

1. 典例示范之一

野　菊

杨万里

未与骚人当糗粮[①]，况随流俗作重阳。

政缘[2]在野有幽色，肯为无人减妙香？
已晚相逢半山碧，便忙也折一枝黄。
花应冷笑东篱族，犹向陶翁觅宠光。

［注］①粮粮：干粮。首句典出屈原《离骚》“夕餐秋菊之落英”句。②政：通“正”。

颔联描绘了怎样的野菊形象？

____

____

【答案】野菊生长于山野，花色清淡，香气清馨。不因无人欣赏而自减其香，不为外部环境而改变内心的高洁。

【解析】

第一步：概括特征。仔细品味颔联，可以看出野菊的具体特征一是“在野”，即生长于山野；二是“幽色”，即花色清淡，香气清馨。

第二步：剖析品性。全诗运用拟人手法，显然野菊是人的象征，所以野菊与人的相似点便是答案野菊生长在山野，不因为无人欣赏而减少香气，所揭示的情感意义就在于野菊与人相似的“高洁”特点。

2. 典例示范之二

咏山泉

储光羲

山中有流水，借问不知名。映地为天色，飞空作雨声。
转来深涧满，分出小池平。恬澹无人见，年年长自清。

这首诗中的“山泉”具有什么品格？诗人借咏山泉表现了怎样的情怀？

____

____

【答案】这首诗在表现山泉得天地之声色，具满涧平池之能的同时，又表现了山泉恬淡自然、清高自守的品格。诗人借咏山泉表现了淡泊清高、任性自然的情怀。

【解析】

第一步：逐句分析，抓关键词。一、二句突出山泉淡泊无名；三、四句说它清澈可鉴，飞落如雨；五、六句写它能使涧满池平；七、八句赞扬它恬淡自守。在以上分析的基础上再加以概括，答案就宛然可见了。

第二步：由物及人。因为本诗是托物言志，“物”的品格清楚了，作者的“志”根据物的品性概括即可。

（参考书目：牛胜玉编《高考语文诗词鉴赏》湖南师范大学出版社2017年1月第1版）

（本章撰稿人：严播雨）

后 记

诗歌鉴赏从传统意义上说，是需要知人论世、以意逆志的。这就是说，真正的诗歌鉴赏是需要长期的阅读体验与知识积淀，需要尽可能多地占有资料。所谓皓首穷经，所谓诗无达诂，都说明诗歌鉴赏不是那么简单的。自从1999年高考开始考古代诗歌鉴赏题以来，暴露出了许多问题，其中之一就是，学生本来读的古代诗歌就不多，知识积淀就不够，可是高考诗歌鉴赏题给学生的背景资料却十分有限，考生基本上就是在素读状态下进行考试的，因而每年这道题的得分都不理想。作为一线教师，我们长期被这个问题困扰。我们一直在想这个问题，在想如何切实提高学生这道题的得分率。我们也梦想着能出一本这方面的书，因为已有的教辅资料更多的只是给学生提供应试的基本套路，并不能很好地让学生真正素读懂诗歌。通过长期的酝酿与准备，我们决定将这个课题作为深圳市龙岗区张怡春名师工作室的研修任务，工作室的小伙伴们都很踊跃，大家分工合作，齐心协力，终于拿出了书稿。在编写过程中，我们尽力将自己在这方面的研究成果，将自己多年的教学储备，将自己的心得体会编写进书稿，尽量原创，也有适当借鉴。尽管目前的书稿还较粗糙，也不一定能达到我们要较好地提高学生素读古代诗歌能力的预期目标，但终究是有了一个粗具规模的样品，也还是很值得高兴的。前修未密，后出转精，希望我们的尝试能为广大一线教师积累点经验，闯出条荆棘小路来。

由于出自多人之手，各人在禀赋、积淀、理解及处理材料的能力等方面存在差异，也由于本书各章节之间事实上确实存在交叉之处，更由于我们的水平有限，因而很难避免书稿前后有重合、遗漏甚至矛盾、错讹之处，迫切盼望各位使用者尤其方家批评指正，让我们再版时能够加以纠正、完善。

我们要特别感谢深圳市龙岗区教育局，是区教育局给了我们大力支持；要特别感谢深圳市龙岗区平冈中学，是学校给了我们各种编写书稿的便利条件。没有区教育局和学校的鼎力相助，书稿是很难面世的。

书稿在编写过程中，我们参看了以古诗文网等为代表的一些网站里的资料，参看了牛胜玉、杜晓勤、王霞等先生的书稿、文章里的内容，在这里一并表示衷心感谢。

工作室主持人、本书主编张怡春老师在课题的策划、书稿框架的确立、任务分配、统稿改稿、联系出版事宜等方面，做了大量的工作。工作室成员吴昊老师在一些事务性工作方面，付出了许多艰辛。

文丛老师、彭文友老师、魏惠老师、杜建波老师、韩桑老师、游景枚老师、严播雨老师也为本书付出了很多，在此表示由衷地感谢！

张怡春

2019年6月